LE VIOLON CASSÉ
*est le cent trente-sixième livre
publié par Les éditions JCL inc.*

Le violon cassé

Collection

VICTIME

© **Les éditions JCL inc., 1996**
930, rue Jacques-Cartier Est, CHICOUTIMI (Québec) G7H 2A9 Canada
Tél.: (418) 696-0536 – Téléc.: (418) 696-3132 – C. élec.: jcl@saglac.qc.ca
ISBN 2-89431-136-2

JOHNNY SUBROCK

Le violon cassé

LES ÉDITIONS JCL

*Notre programme annuel de publications
est rendu possible grâce à l'aide
du ministère du Patrimoine canadien,
du Conseil des Arts du Canada
et de la SODEC.*

À Alfred et à Babs,
avec tout mon respect.

L'homme est une plante qui a ses racines au ciel.
Platon

1

Je franchis une porte, un passage bizarre... Ce n'est pas une porte ordinaire, je crois que c'en est une entre deux vies. Ma tête est encore toute pleine de celle d'où on m'a arraché, mais je sais bien que c'est fini. Personne ne me l'a dit, mais je le sens.

Je suis dans un avion, un très gros avion. Même qu'il a fallu aller à Séoul pour le prendre. Séoul, c'est très, très grand. Ça doit être le centre du monde. Avant de monter dans l'avion, je l'ai vu qui brillait comme le soleil. J'étais énervé de savoir que j'allais monter dans le ciel là-dedans. J'étais content d'aller dans le ciel, mais maintenant c'est plus sombre. On dirait que dans ma tête aussi c'est plus sombre. J'entends le ronronnement des moteurs et, tout en dessous de moi, il y a mon ancienne vie qui s'en va. C'est un peu comme si j'étais mort. Une des femmes avec un drôle d'habit m'a dit qu'on traversait la moitié de la terre. Je sais bien qu'elle ne dit pas la vérité, on s'en va ailleurs. Mon cœur cogne fort dans ma poitrine.

Ça ne devrait pas pour un garçon, mais j'ai un peu peur.

Pourquoi est-ce qu'ils sont venus me chercher, moi? Qu'est-ce que j'ai fait? Des gens assez gentils, avec des habits propres de riches, sont venus à l'orphelinat, et ils m'ont dit que j'avais des parents qui m'attendaient dans un autre pays, loin. Je sais bien qu'ils ont menti, parce que mes parents sont morts, et, encore hier, les amis m'ont dit qu'on ne peut pas rejoindre les morts, même en avion.

Mais je me rends bien compte à présent que l'avion, il ne fait pas juste aller ailleurs. Je le sens, tout change. L'air devient comme plus sombre et il y a tous ces drôles de gens autour de moi. Ils ne sont pas méchants, je ne crois pas; quand ils me regardent, ils me sourient, mais c'est comme si ce n'était pas un vrai sourire. Ils doivent savoir quelque chose que je ne sais pas et personne ne veut rien me dire.

J'ai tellement peur que tout à l'heure j'ai un peu fait pipi dans mes culottes. Maintenant, ça me brûle les fesses et je voudrais bien que quelqu'un fasse quelque chose. Je vais crier un peu, peut-être qu'on va s'occuper de moi...

Elles sont là, avec leurs habits pareils et leurs sourires pas vrais. Elles se penchent vers moi, leurs têtes sont grosses comme des melons et elles veulent savoir pourquoi je crie. Elles me demandent si je veux du jus d'orange, de la limonade ou des gâteaux. Oui, je veux bien tout ça, mais je veux aussi changer de culotte. Et puis je veux qu'on me ramène chez moi. Je n'aime pas ça, ici.

J'ai du jus, du chocolat et des gâteaux. Je me goinfre et elles ne comprennent pas pourquoi je pleure encore. Je crois que ça commence à les énerver. Tant mieux, je veux qu'elles fassent quelque chose.

— Le malheureux, il a à peine cinq ans; il doit être fatigué, dit l'une aux autres.

Elle ne comprend rien! Il faut qu'elle le sache:

— Non, je ne suis pas fatigué! Je veux retourner chez moi. J'en ai marre d'ici!

— Mais justement, Yong*, tu t'en vas chez toi. Il y a une belle maison et une gentille famille qui t'attendent. Ça va être formidable, tu vas voir.

— C'est pas vrai! C'est pas vrai! Mes parents, ils sont morts, et quand on est mort on devient une plante ou un animal. Et puis si jamais ils reviennent dans la vie comme des personnes, ils seront trop jeunes pour être mes parents. Je le sais, c'est Monsieur qui nous l'a dit. Monsieur, il ne ment jamais. Et puis Monsieur, il était triste de me voir partir, ça se voyait; alors il devait bien savoir que mes parents sont pas là où va l'avion. Je le sais, moi aussi!

Je crie encore plus fort, il faut qu'elles comprennent. Je veux retourner là-bas. Mes amis doivent déjà se demander où je suis. Je ne peux même pas leur raconter ce qui se passe. Ce serait bien l'avion si au moins, après, je pouvais leur raconter ce que c'est, mais si après je suis ailleurs et que je ne peux les voir, à quoi ça sert?

— Arrête de crier, me dit l'une, il y a des gens qui dorment et d'autres qui veulent dormir...

— Je m'en fiche! Je veux qu'on me ramène.

Celle qui a beaucoup de rouge sur les joues se penche un peu plus vers moi et me fait un de ces grands sourires comme il y en a sur les grands panneaux réclame dans le centre-ville. Les panneaux dont Monsieur a toujours dit que c'était des mensonges pour faire vendre des produits dont on n'a pas besoin. Qu'est-ce qu'elle veut me vendre, celle-là?

— Tu ne te rends pas compte de la chance que tu as? Tous tes amis restent à l'orphelinat où il n'y a

---

* Yong en coréen signifie dragon. La croyance populaire veut qu'une femme qui rêve de dragon pendant sa grossesse engendre un enfant doué de qualités artistiques.

presque pas à manger, où il n'y a personne pour les aimer, et toi, tu vas avoir tout ça...

— Je vous crois pas! Et puis c'est pas vrai qu'il n'y a personne qui vous aime à l'orphelinat, on s'aime tous. On est comme une grande famille.

— Attends au moins de savoir ce qu'il y a pour toi avant de rouspéter...

— Non! Je veux retourner chez moi. Et puis j'ai les fesses qui me brûlent! Tu comprends rien, tiens!

Je lui ai donné un coup de pied sur la jambe. Elle me regarde comme si elle était surprise, la bouche grande ouverte. Elle ne s'y attendait pas, ça lui apprendra à me raconter des mensonges. Quand je vais raconter ça aux amis, ils vont bien rire... Mais c'est vrai, au fait! à qui je vais le raconter? Ils m'emmènent trop loin des autres, on dirait que ça fait des jours que je suis dans cet avion, je ne pourrai jamais revenir...

L'avion n'arrête pas de ronronner. Comme un gros chat. Je me sens tout plein de ce que je quitte. J'ai beaucoup plus envie de pleurer que de crier maintenant. C'est vrai qu'il n'y avait pas beaucoup à manger chez nous, mais Monsieur, il s'arrangeait tout le temps pour nous donner des biscuits secs. Pourquoi tout me paraît déjà comme dans un rêve qui s'en va? Un joli rêve qu'on ne veut pas oublier. Le vert et la lumière, les longues histoires de Monsieur qui nous font entrer dans les secrets de la nuit, les matins calmes qui sentent bon la douceur, le rythme de la pluie sur les grandes feuilles, nos jeux de guerre et nos cris dans la forêt, les grands oiseaux qui glissent au-dessus de l'eau, libres comme nous. J'ai l'impression que tout ça est loin derrière moi. Quelqu'un me l'a ôté. Qui?

Je me gratte la tête comme un fou, jamais mon eczéma ne m'a autant fait souffrir. Pourquoi est-ce que ça ressort tout à coup, comme ça?

C'est un mauvais rêve! Ce que je ne comprends pas, c'est que c'est passionnant. D'habitude, quand c'est passionnant, j'aime ça.

Je me sens en danger et je regarde partout. Jamais Monsieur n'a inventé une histoire comme celle-là. Il y a du monde partout. Des gens étranges avec des drôles d'yeux. Il y a des tapis qui montent et d'autres qui descendent en roulant. Des voix partout, mais je ne comprends rien. C'est comme un vacarme affreux. Il n'y a que la femme de l'avion qui m'accompagne qui dit des choses que je comprenne. Il y a aussi une voix de femme qui vient de nulle part; ça doit être la reine de ce monde. À chaque fois, il y a deux notes de musique claire avant qu'elle parle. Elle doit donner ses ordres. En sortant de l'avion, j'ai vu un peu de ciel, il ressemble à du fer. Ce n'est pas le vrai ciel ici. Et ce n'est pas un vrai monde.

Où vont tous ces gens bizarres? Je voudrais remonter dans l'avion, m'en retourner. Je ne l'aimais pas beaucoup l'avion, mais au moins il venait de chez moi. Si je le perds, je ne pourrai plus jamais repartir. Et toutes ces odeurs! J'ai mal au cœur. Si au moins je pouvais me réveiller, au milieu des autres, sur mon tatami. Je pourrais voir la lune ou le soleil. Ici il n'y a que des lumières. Des lumières qui rendent ma peau un peu verte. C'est sûr que je vais vomir avant longtemps!

Il n'y a qu'une chose qui ne soit pas trop moche, c'est le bruit. Il y a tellement de bruits étranges et divers que c'en est presque une musique. Ça évite de penser longtemps à la même chose. À cause de tous ces bruits, je regarde partout autour de moi sans pouvoir me contenter. C'est comme ma faim perpétuelle dont je ne peux jamais venir à bout. Dans l'avion ils m'ont donné tout ce que je voulais, j'ai rêvé de repas comme ça depuis aussi loin que je peux me souvenir, mais je me suis aperçu qu'on a beau manger tant qu'on veut, on n'est jamais satisfait. Il manque encore quelque chose. Je me demande bien quoi.

Je pense à tout ça pour m'empêcher de penser à ce qui m'attend. Si la femme de l'avion ne me tenait pas si fort par la main, je me sauverais. Je me sens vraiment en danger et il n'y a aucun de mes jeux qui m'ait appris à faire face à cette menace. Est-ce qu'ils me retrouveraient si je courais vite vers l'avion et que je me cachais sous un siège? Peut-être qu'avec leurs yeux bizarres ils peuvent voir partout? Une chose est sûre, ils portent un parfum qui me donne mal au cœur! Leurs visages me font peur, je n'arrive pas à savoir à quoi ils peuvent penser. Peut-être qu'ils ne pensent pas? qu'ils ne sont pas de vraies personnes? Et si on devenait comme eux, une fois mort? Peut-être que dans le fond ils ont dit la vérité et que mes parents m'attendent vraiment quelque part?

Maman... Je ne la connais pas, mais d'y penser, ça me fait mal partout. J'ai comme un grand vide partout. Ce serait tellement bien...

Non, ce n'est pas maman! Je le savais qu'ils mentaient, je le savais que c'était un piège. Pourquoi? Qu'est-ce que j'ai fait de mal?

Il y a bien une grosse femme qui me tend les bras, mais je ne la connais pas, je ne l'ai jamais vue et je voudrais ne pas avoir à la connaître davantage. Pourtant c'est bien vers elle que me pousse la femme de l'avion. Et c'est à moi que cette inconnue adresse un sourire d'affiche.

J'ai l'impression que ce n'est pas vrai, que tout va s'arrêter et reprendre enfin comme avant. Ça ne se peut pas que cette femme que je n'ai jamais vue ait pu dire qu'elle était ma mère. Il y a une erreur quelque part, quelqu'un va réparer ça.

Je ne veux plus quitter la femme de l'avion à présent. Au moins, elle, elle sait d'où je viens. Elle peut m'y ramener. Si je la laisse s'en aller, je suis perdu. Il y a une grave erreur et personne ne s'en rend compte.

La femme m'attire contre elle. C'est mou, je n'aime pas ça. Elle pue le parfum, elle aussi. Elle parle, mais je ne comprends rien. Elle doit bien se rendre compte qu'elle n'est pas ma mère, on ne peut même pas se comprendre. Elle me présente à ceux qui l'entourent. L'homme est un peu moins bizarre, il pourrait presque venir de chez nous, mais il y a quatre enfants très blancs qui me regardent attentivement comme si j'étais un animal étrange. J'ai l'impression qu'ils ne m'aiment pas. Je vois de l'ennui et du reproche dans leurs yeux. Est-ce que tous les enfants ici sont comme ça? J'ai l'impression qu'ils ne sont pas tout à fait vivants; je les imagine mal courir dans la forêt en criant avec une mitraillette en bois. Où est la mienne, au fait?

Il faut que je leur prenne la main et que je la secoue. Pour quoi faire? Qu'est-ce qu'ils ont à voir avec moi? L'homme me pose une main sur l'épaule et me parle. Pourquoi s'imagine-t-il que je comprends ce qu'il dit? Comment lui expliquer qu'il y a une erreur?

La femme de l'avion m'abandonne! Je veux la retenir mais elle me dit que tout va bien maintenant, que je suis avec mes parents.

— C'est pas eux! Me laisse pas! Ramène-moi chez nous, je veux pas rester là avec eux!

— Mais il le faut, Yong, ils sont là exprès pour toi. Ils vont s'occuper de toi maintenant.

— Non! Non! Ils sont moches, ils puent et ils ont pas l'air vrais. Je veux pas rester!

Sans me répondre, elle sourit à la femme, bredouille quelques paroles incompréhensibles et commence à s'éloigner. Je crie et la grosse femme blanche me retient par le bras. Je sens ses gros doigts autour de mon poignet. Ils me font mal. Pourquoi est-ce qu'elle m'empêche de repartir chez nous? Elle est trop forte pour moi, je vais être obligé de la mordre si je veux qu'elle me laisse aller.

Elle a crié. Ses yeux sont grands ouverts et sa bouche est comme celle d'un poisson. Les enfants me regardent maintenant comme si j'étais un monstre. Je voudrais me trouver ailleurs.

Je n'ai rien demandé, moi. Je ne veux pas être là avec eux qui ne savent même pas parler comme il faut. Qu'est-ce qu'ils vont faire s'ils m'emmènent avec eux? Si mes amis étaient là, ils leur sauteraient dessus pour me libérer, pour me ramener chez nous.

La femme regarde sa main, je crois qu'elle hésite en me regardant. J'espère bien que je lui ai fait assez peur et qu'elle va me laisser repartir. Mais non! Elle me sourit et pose sa main sur mon épaule? Pourquoi est-ce qu'elle fait ça puisque je viens de la mordre? Ces gens-là ne sont pas normaux.

La grosse femme me montre les enfants et me dit des mots. J'imagine que ce doit être leurs noms. Des noms qui ne ressemblent à rien. Voilà qu'elle me reprend la main et l'enfouit dans la sienne. Je ne vois plus nulle part la femme de l'avion. Je suis perdu.

Quand elle s'adresse à moi, la femme ne cesse de dire «Mathias... Mathias...»; je suppose que c'est un mot gentil. Peut-être après tout qu'il vaut mieux se montrer gentil, ils me laisseront peut-être repartir. Je me montre du doigt et leur dis mon nom:

— Yong. Yong Sub...

La femme secoue la tête en riant.

— Mathias, répète-t-elle.

Je m'apprête à lui répondre que oui, Yong Sub est *Mathias*, mais je me demande aussitôt si Mathias ne serait pas le nom qu'elle croit être le mien.

— Mathias, dit-elle encore.

Je secoue énergiquement la tête et lui dis une nouvelle fois mon vrai nom.

Les enfants se regardent entre eux d'un air découragé. Qu'est-ce que j'ai qui ne leur plaît pas? Et qu'est-ce qu'ils ont à voir avec moi?

Je ne me pose pas la question longtemps, voilà qu'elle me tend un énorme gâteau. Comment a-t-elle deviné que j'avais tout le temps faim? C'est un gros gâteau plein de crème. Ça a un goût nouveau, mais c'est très bon. Je dois avoir de la crème tout autour de la bouche, car ils se mettent tous à rire.

Je ris à mon tour. Rire et faire rire, c'est ce que j'aime le plus, après les gâteaux.

***

Nous sommes sortis de l'immense bâtiment et nous nous trouvons le long d'une drôle de rue pleine de voitures étranges. Que des voitures, pas de vélo! Il y a une odeur lourde qui flotte dans l'air, mais elle n'est pas très différente de celle qu'il y avait autour de l'avion à Séoul. C'est peut-être l'odeur des avions.

J'ai récupéré mon écureuil et mon sac d'affaires. Je suis content de le retrouver, c'est mon ami animal. Je me sens un peu moins seul. Lui aussi doit trouver que c'est un drôle d'endroit. Moi, je trouve que ça manque de couleur. C'est gris par terre, gris sur les murs et gris dans le ciel. Les gens aussi sont gris. J'ai hâte de repartir dans la couleur.

La grosse femme m'a redonné un autre gâteau. Un

gâteau long avec du chocolat brillant dessus et plein de crème au chocolat à l'intérieur. Je le mange presque tout d'un coup. C'est bon et ça enlève le mal de cœur le temps que ça passe.

Nous entrons dans une voiture blanche. Il y a des explications entre les enfants et la grosse femme. Je ne sais pas ce qu'ils disent, mais j'imagine qu'ils veulent tous une place spéciale. Moi, j'aurais bien aimé être devant pour voir, mais, sans que je puisse résister, la femme m'a attiré en arrière et sur ses genoux. Pour qui me prend-elle! Je ne suis pas un bébé! Il n'y a que les bébés qui sont assis comme ça sur les genoux d'une femme. Je voudrais me débattre, mais elle me donne un autre gâteau. Je ne peux pas résister à cela.

Il fait chaud sur ses genoux. Elle n'arrête pas de m'entourer de ses bras énormes. Elle me colle ses lèvres humides sur la joue sans arrêt et chaque fois ça fait un bruit qui me fait mal aux oreilles. Dans le rétroviseur en avant, j'aperçois le regard de l'homme qui m'observe souvent. Parfois il se tourne et il me sourit comme si on avait fait quelque chose ensemble qui n'appartiendrait qu'à nous deux.

Ils se sont trompés de personne et ils ne s'en rendent pas compte. Ils doivent être complètement fous.

Nous avons passé une ville étrange où tout le monde a l'air malade. Ça doit être une ville-hôpital ou une ville-prison, car personne n'a l'air content. J'espère bien qu'ils ne vont pas me laisser là! Du doigt, la femme m'a montré au loin une grande tour de fer qui monte dans le ciel. Je ne vois pas ce qu'elle y trouve de beau, elle est toute rouillée. Je suis sûr que si elle était chez nous, elle serait en couleurs. Et puis, moi, si j'avais une tour comme ça, j'y accrocherais des dragons de tissus qui voleraient au vent. Ça serait joli.

Mais ça se peut que ce soit une tour pour les gardiens qui surveillent tous les prisonniers...

J'ai trop chaud, assis sur cette femme. Elle est toute molle et j'ai un peu l'impression qu'elle va m'engloutir. Et puis je suis fatigué, je voudrais bien retrouver mon tatami pour dormir...

Je ne sais pas combien de temps j'ai fermé les yeux; ce que je sais, c'est que ce n'est plus la grande ville. Maintenant, autour de la route, il y a une espèce de campagne morte avec des bâtiments morts, eux aussi. Le vert est fade et il n'y a pas de lumière. Ça ressemble à une terre dans un cauchemar et, visiblement, les plantes ne poussent pas beaucoup par ici. Quelques arbres qui ont l'air figés dans la tristesse, de la terre brune et de l'herbe sans force. J'espère qu'on ne s'arrêtera pas là non plus. J'aime les plantes. Dans mon sac, j'en ai quelques-unes que j'ai fait sécher.

La femme a ôté ma chemise et montre aux autres les cicatrices de brûlures que j'ai dans le dos, sur ma main et mon bras droit. Ils observent tous avec des yeux curieux et me regardent comme si ça pouvait encore me faire mal. Je ne me rappelle même pas ce que j'ai eu. C'était il y a trop longtemps.

Elle m'énerve avec ses mains qui n'arrêtent pas de me tripoter! Comment lui faire comprendre que je ne suis plus un bébé et que je ne lui appartiens pas?

Des gestes comme ceux-là, il n'y aurait que ma mère qui en aurait le droit. Quand je suis malheureux, comme maintenant, j'essaye parfois de me la rappeler, mais c'est trop loin, je ne la revois pas. À peine entends-je une voix infiniment douce qui chante comme le clapotis clair d'un ruisseau. Puis il y a eu un grand boum et je n'ai plus jamais entendu la voix.

Après, j'ai eu faim et je n'ai plus pensé qu'à manger. J'ai oublié tout le reste.

Voilà que le mal de cœur revient. Ça doit être leur odeur de lait sur. Je voudrais bien descendre un peu de cette voiture et respirer de l'air. Si ça continue, je vais renvoyer partout sur eux et ils ne seront pas contents.

Je fais signe que je veux descendre, mais elle secoue la tête et me serre encore plus fort. Je me débats: il faut que je descende. Quand j'essaie de me dégager, ma tête heurte son menton. La femme lâche un cri aigu. Dans le rétroviseur, le regard de l'homme ne rit plus du tout. Il me fait peur, je veux descendre et les quitter tout de suite. Je ne sens rien de bon avec eux.

Comme je crie et me débats de nouveau, pour la première fois de ma vie, je reçois une gifle sur la joue. Il m'est arrivé une fois de voir quelqu'un en recevoir une, mais c'est la première fois que ça m'arrive à moi. Je n'ai pourtant rien fait de mal! L'autre, il avait à moitié étranglé sa petite sœur en voulant jouer aux pendus, mais moi?

Je ne bouge plus. J'ai fermé les yeux et c'est à peine si je respire. Je voudrais bien comprendre ce qui m'arrive. Pourquoi est-ce que le gros avion s'est posé dans cette vie triste où des gens qui sentent mauvais me forcent à m'asseoir sur leurs énormes cuisses et me tapent parce que j'ai mal au cœur?

***

La voiture s'est garée près d'un gros immeuble dur et fermé. C'est curieux, il n'est pas vraiment gris, mais, comme le reste, il le paraît. Depuis que je suis monté dans cet avion, j'ai l'impression que quelqu'un a fermé une lumière dans ma tête. Je regarde autour, un peu surpris que l'air ne soit pas mauvais à respirer. Non, l'air est un peu frais, mais assez léger. Au moins, l'air n'est pas mauvais. Je m'attendais un peu à ce que dehors ça sente le cachot. Je n'ai jamais été dans un cachot, mais je peux imaginer comment ça sent. Il y a des choses, comme ça, qu'on ne connaît pas mais qu'on sait d'avance.

On entre... Mes yeux se posent partout. Ils voudraient tout voir et tout comprendre. Il y a ici plein de choses que je ne connais pas. Ça me fait un peu peur et en même temps ça me passionne.

Je comprends que la grosse femme molle, l'homme un peu de chez nous et les enfants pâles forment une famille, et que cette maison doit être la leur. Ce que je ne sais pas, c'est ce que je viens y faire.

Suivie de tous les autres, la femme me montre les pièces les unes après les autres. Je n'arrive pas à comprendre à quoi la plupart peuvent servir. Dans une grande pièce avec des espèces de coussins solides, un des garçons va toucher à une grosse boîte d'où sortent soudain des images. Je n'en ai encore jamais vu, mais je devine que c'est ça, une télévision. Des amis en ont déjà vu et ils m'en ont parlé. Ils m'ont dit qu'on pouvait y écouter des histoires comme celles de Monsieur, mais qu'en plus il y avait les bruits et les images. Dans le fond, de voir ça, ça valait le voyage. Quand je vais le leur dire...

Non, c'est vrai, ils sont très loin maintenant. Je ne pourrai pas leur en parler. Je ne pourrai peut-être même plus jamais?

J'aurais bien voulu rester devant la télévision où les images bougent plus vite que la vraie vie, mais la grosse femme vient de me faire asseoir près d'elle autour d'une table où tout le monde est réuni.

Chacun a la tête penchée et les mains jointes. Je ne sais pas de quoi il est question, il n'y a que la femme qui parle et j'entends plusieurs fois le mot Mathias. J'ai l'impression que c'est une cérémonie. Je regarde autour de moi sans voir Bouddha. C'est sans doute autre chose.

Il y a deux grands plats sur la table, l'un avec des légumes que je ne connais pas et dont l'odeur ne me dit rien qui vaille, l'autre avec un gros poulet tout doré. Ça, je connais, j'en ai mangé une fois. Je me demande ce qu'ils attendent pour se servir plutôt que de rester les mains jointes et la tête basse. Et puis, quelle position pour manger! Ils ont placé un gros livre et un coussin sur une chaise pour que je sois au même niveau que les autres. Je regarde toute cette nourriture. C'est drôle, ils ne boivent pas le thé sacré en mangeant.

Ça y est, la grosse femme a pris des instruments inquiétants et la voilà qui coupe le poulet en morceaux. J'en imagine déjà le goût dans ma bouche et je tends la main. Elle fait signe que non et je ne comprends pas pourquoi. Je n'y ai pas droit?

Je me suis trompé; elle en dépose un morceau dans l'espèce de grand bol plat qui est devant moi. Je m'apprête à prendre la viande, décidé à n'en faire qu'une bouchée; une nouvelle fois, elle m'en empêche et me montre le couteau et l'autre instrument de chaque côté du grand bol sans rebord. Qu'est-ce qu'elle veut que j'en fasse?

Elle me fait signe de la regarder et me montre quoi faire avec les instruments. Ça paraît simple. J'essaie, mais ce n'est pas si facile. Non, tout compte fait, je préfère avec les mains. Une nouvelle fois elle m'en empêche. Elle me montre comment tenir le couteau et l'autre machin. Ce n'est pas facile du tout; comment veut-elle que j'y arrive? J'ai appris à manger avec les mains, moi. On prend la nourriture dans la main gauche et, sans jamais mettre les doigts dans la bouche qui est impure, on pousse le manger entre les lèvres. C'est comme ça que j'ai appris à manger. Pourquoi est-ce que ce n'est plus comme ça ici? Eux, ils poussent leur nourriture d'un instrument de métal, ils essuient leur assiette avec du pain et ils portent un grand carré de tissu dans le col, avec lequel ils se tamponnent la bouche.

Je m'apprête à me fâcher, mais mes gestes font rire les autres. Je le vois bien, même s'ils mettent la main devant la bouche pour le cacher. C'est curieux de se cacher pour rire!

J'ai envie de rire avec eux, mais la femme, avec des gestes un peu secs, me force à tenir les instruments à sa façon. Je les pose, je veux manger avec les mains. Elle fait non de la tête et ses yeux n'ont pas l'air commode. Tant pis, je ne vais pas gâcher du poulet pour faire le fou avec des instruments... Je n'ai pas le temps de prendre le poulet, elle retire le grand bol plat qui le contient et le place devant elle. Veut-elle ma part? C'est arrivé autrefois que des plus forts aient volé mes biscuits, mais à la longue, on s'entraidait les uns les autres pour ne pas se faire voler le manger par des plus forts. Deux petits valent souvent mieux qu'un grand, et si ce n'est pas assez, eh bien on se met à trois. Mais ici, je suis tout seul. Il n'y a aucun des enfants autour de la table qui visiblement va m'aider à récupérer le morceau de poulet.

Encore une fois, la grosse femme me montre comment tenir les instruments. Je comprends qu'il faut que je fasse comme elle si je veux manger de ce poulet. Je ne comprends pas du tout pourquoi elle veut me forcer à faire quelque chose que je n'aime pas. Jamais personne ne m'a fait ça. C'est comme si on voulait m'enlever un morceau de moi. Je me demande si je ne dois pas me passer de poulet.

Je tiens quelques instants, mais le poulet paraît trop bon. Je vois les autres qui mâchent et j'entends la peau rôtie qui craque entre leurs dents. Non, ce serait trop bête de laisser passer ça! Je regarde comment elle fait et je prends les instruments dans mes mains. Le grand bol plat revient devant moi. Ces gens-là aiment se donner du mal, c'est pas possible! Et pourquoi est-ce qu'il faut mettre la main devant sa bouche quand on bâille?

La grosse femme veut mettre des légumes dans mon espèce de bol, mais je fais non de la tête. Ces machins jaunes et verts ne me disent rien du tout. Elle ne m'écoute pas et remplit presque mon récipient. Je grimace et ça paraît la fâcher. Pourquoi? C'est moi qui décide de ne pas manger, pas elle. Je ne la prive de rien, pourquoi est-ce qu'elle veut me forcer?

Aucun encouragement de nulle part autour de la table. On dirait bien qu'il faut que je mange ce qu'elle m'a donné. C'est la première fois que je refuse quelque chose à manger et ça me vaut des yeux menaçants; je n'y comprends plus rien. S'ils aiment ça tant que ça, pourquoi est-ce qu'ils ne prennent pas ma part? Je la leur laisse, moi.

Je suis resté tout seul avec mon grand bol plein de leurs légumes qui sentent bizarre. Tous les autres ont fini et la grosse femme a apporté un gros gâteau plein de crème. Ça, s'ils veulent que j'en mange, il n'y a pas de problème. Je peux même tout manger s'ils le veulent.

Ils ne savent pas ce qu'ils veulent! Je viens de montrer le gâteau du doigt et la grosse femme a fait signe que non. J'ai regardé l'homme, lui aussi a fait non. Je commence à comprendre, ce sont des mauvais esprits! Ils voyaient que j'étais heureux avec mes amis dans l'autre vie et ils m'ont fait venir exprès dans celle-là pour me torturer. Ça doit être des esprits inférieurs qui ne trouvent du plaisir qu'à faire souffrir. Je me rappelle que Monsieur nous a dit que ça faisait partie de la vie.

Encore avec des gestes, la femme me fait comprendre que si je mange les légumes, avec les instruments, je pourrai ensuite avoir du gâteau. Je regarde mon récipient. Non, décidément, ça n'a pas l'air bon. Je porte un morceau de légume jaune à ma bouche... C'est pâteux... Non, ce n'est pas vraiment mauvais. Je vais essayer de tout manger pour avoir du gâteau.

Ils me parlent et me parlent et je ne comprends rien. C'est de plus en plus fatigant. Plus encore de ne pas pouvoir se faire comprendre. Maintenant nous sommes tous assis dans la pièce où il y a des coussins durs et il est de nouveau question de Mathias. Qu'est-ce que ça peut bien vouloir dire?

La grosse femme a pris un livre, a regardé dedans et, en détachant les mots, elle me dit:

— Moi, ton nouveau (et un charabia que je ne comprends pas).

Je fais signe que ça ne veut rien dire; ça semble l'énerver. Elle regarde de nouveau le livre, chuchote entre ses lèvres puis essaie de nouveau:

— Moi... ta... nouveau... mère...

— Non!

Non, il n'est pas question qu'elle soit ma mère. Ma mère est morte. Je l'aurais aimée si je l'avais connue, mais maintenant elle n'est plus là et je n'ai pas besoin d'une remplaçante. La grosse femme comprend que je ne veux pas d'elle comme mère et en semble fâchée. Elle parle avec l'homme qui hausse les épaules. Je ne sais pas ce qu'il lui a dit, elle me fait un petit sourire triste. Je veux lui faire comprendre que moi j'y suis pour rien dans toute cette histoire. Je n'ai rien demandé.

Nous sommes dans une pièce où se trouvent deux espèces de tatamis superposés. La femme me fait comprendre que celui du bas est pour moi, et celui du haut pour le plus jeune des garçons; il a environ mon âge. Je vois bien que ça ne fait pas du tout plaisir à ce dernier et moi je voudrais retrouver la salle où je dors avec tous mes amis.

Tout à l'heure, dans une autre pièce où l'on se lave, tout le monde près de la porte, il a fallu que je me déshabille et que je rentre dans une baignoire d'eau chaude ou flottaient des petits canards en plastique jaune. Devant toute la famille, comme si je me donnais en spectacle, elle a pris un morceau de tissu épais et elle m'a frotté avec du savon qui sentait les fleurs. Elle n'a été contente que lorsque j'ai été tout rouge, mais ce n'était pas désagréable. Puis elle m'a donné une brosse pour que je frotte mes dents avec une pâte qui brûlait la langue. J'ai recraché tout plusieurs fois, mais à chaque fois elle en remettait sur la brosse. J'ai fini par tout avaler pour la contenter, mais ça ne lui a pas plu non plus. Je ne comprends pas ce qu'elle veut. Si au moins elle pouvait parler normalement!

Tout à l'heure, elle m'a fait enfiler une espèce de petit costume léger. J'imagine que c'est un vêtement pour dormir. Tout est tellement compliqué ici!

Elle m'installe dans l'espèce de tatami épais, pose ses lèvres humides sur mon front avant que je puisse l'éviter, et va vers la porte où elle éteint la lumière. Elle parle; elle doit me souhaiter une bonne nuit. Je lui en souhaite une aussi et j'espère que demain je vais me réveiller chez nous.

Le silence a vite envahi la maison. Je n'entends plus rien. J'ai l'impression qu'il n'y a que moi qui ne dors pas. Comment dormir, aussi, sur ce tatami ridicule? Sans faire de bruit, je vais m'allonger sur le plancher. Comme ça, c'est mieux, même s'il n'y a pas, ici, de rondin lisse pour y poser la nuque.

Par la fenêtre, j'aperçois un morceau de la lune. Enfin ça y ressemble, mais je vois bien que ce n'est pas la même que chez nous. Là-bas, c'est une lune plus vivante, plus belle. Celle-ci est tout engourdie, comme le reste. En parlant de la nôtre, Monsieur disait qu'elle était blanche parce que les dieux y avaient versé du vin blanc, tout comme le soleil est rouge parce que les dieux y versent du vin rouge. Mais cette lune-ci, on dirait de la cendre refroidie.

Parfois j'entends au loin des bruits de voiture. C'est un complet mystère que cette vie que je ne connaissais pas. La nuit non plus n'est pas comme chez nous. Ici elle ne me parle pas, on dirait qu'elle cache quelque chose. Je n'entends que le murmure grave des esprits qui rôdent ici depuis très, très longtemps. Ils sont inquiétants, ils n'ont pas vécu pour la joie, seulement pour la force.

Je secoue la tête; je ne veux pas appartenir à cette vie qui ressemble à la mort! Elle est trop sombre, trop dure! Comment vais-je retourner à l'autre?

2

Le temps passe et on ne m'a pas ramené chez moi. Petit à petit, je m'enfonce dans cette nouvelle vie et l'autre s'efface derrière moi, comme un ancien mirage.

Avec des privations de gâteau si ma mémoire fonctionne mal, à force de regards sévères de la grosse femme, qui s'appelle Chantale, et que je dois appeler maman si je ne veux pas d'histoires, j'apprends les mots d'ici.

Je sais maintenant que je vis dans un pays qui s'appelle la France, plus exactement dans la province de Normandie où se trouve la ville de Grand-Couronne. Comme aux premiers jours, tout me paraît gris. Je crois que les gens d'ici n'aiment pas la joie. Quelquefois, à la campagne, je surprends des endroits où la beauté essaie de percer le décor, mais il ne faut pas lever les yeux trop loin, car aussitôt le paysage est gâché par ce que les hommes lui font. Le plus inquiétant, c'est qu'ils ont l'air d'en être fiers.

Je ne peux pas dire, par contre, que je n'aime pas vivre dans tout ce confort que je n'avais jamais connu. C'est agréable de ne jamais avoir trop chaud ou trop froid, de ne pas être mouillé pour un rien; c'est fantastique de pouvoir manger tant qu'on veut, jusqu'à en oublier la faim.

Il y a beaucoup de différences avec lesquelles j'ai du mal à m'habituer. Les odeurs de cuisine sont très différentes, même qu'il m'arrive encore d'avoir mal au cœur lorsque Chantale prépare certains plats. Bouddha n'est nulle part; à la place, sur les murs, il y a un homme dans le genre fakir, qui est cloué sur une croix de bois. Ils disent que c'est leur Dieu. J'ai du mal à comprendre comment on peut croire à un Dieu que n'importe quel soldat peut clouer sur deux bouts de bois, et, s'il existe vraiment, comment ce Dieu-là apprécie-t-il que tout le monde reproduise ses souffrances sur tous les murs? Chantale a dit que je comprendrais avec le temps.

Chantale... C'est elle au fond le cœur de mon problème; elle exige tout le temps que je fasse ceci ou cela. C'est comme si elle ne voulait pas me laisser vivre comme je le veux. Et ça doit être ça, puisqu'elle dit que les enfants c'est comme les plantes: si on ne les attache pas à un tuteur, elles poussent n'importe comment. Seulement, moi j'ai couru dans la forêt sauvage, et je peux lui répondre que les plantes y sont beaucoup plus belles que dans les pauvres jardins de Grand-Couronne. En fait, je le lui ai dit une fois et elle m'a répondu que c'était la réponse d'un singe ouistiti. Je n'ai pas compris le rapport, mais en y pensant, je me suis dit que je préférerais vivre dans la forêt comme un ouistiti plutôt que chaque jour, à chaque instant, devoir faire ce qui m'ennuie.

Si au moins on ne me forçait pas, ce serait peut-être intéressant d'apprendre le français si compliqué, de manger «comme il faut» avec une fourchette et un couteau, de mâcher la bouche fermée, de ne jamais mettre ses doigts dans l'assiette, et encore moins dans le plat. Ce serait peut-être intéressant d'apprendre ce qu'a dit leur Dieu avant d'être cloué sur une croix, de manger la baguette du matin sans faire des miettes partout, de boire son Banania sans faire de bruit avec la gorge, de ne pas aspirer la soupe dans la cuillère, de ne pas péter devant les gens, de se brosser les dents matin, midi et soir, de ne pas dormir sur le plancher et, surtout, de ne jamais rester sans rien faire car «la paresse est la mère de tous les vices».

— C'est quoi un *vice*? ai-je demandé la première fois à Chantale.

Aussitôt elle a ouvert le dictionnaire français-coréen qu'elle traîne partout et m'en a donné la définition dans ma langue que depuis des mois je ne parle plus qu'avec moi-même, au point que j'en oublie déjà certains mots.

— Ah c'est ça... ai-je répondu, pas très convaincu, car même en coréen le mot ne me disait pas grand-chose.

— Le vice, a-t-elle expliqué davantage, c'est le besoin de faire du mal.

Je ne vois toujours pas le rapport entre le désir de ne rien faire, celui de regarder passer les nuages dans le ciel et celui de *faire du mal*. Surtout que, d'après elle, le mal c'est d'être «trop gourmand», comme elle dit que je suis.

Pour tout dire, j'ai l'impression qu'on m'a coulé dans le même béton gris que l'on retrouve partout à Grand-Couronne. Pour une raison que je n'ai pas encore comprise, on m'a volé ma liberté, et «pour mon bien» personne ne semble disposé à me la rendre. Je ne comprends pas du tout ce qu'on attend de moi.

Je n'ai pas le choix, pour «mériter le confort» je dois faire comme les autres, manger comme elle veut, m'habiller selon ses goûts, me lever à l'heure qu'elle a décidée, ne pas prononcer tous les mots qui me viennent aux lèvres, réciter matin, midi et soir une prière à ce Dieu qui n'est pas le mien, ne pas rire n'importe quand, ne jamais utiliser ma propre langue en public – à moins qu'on ne me le demande pour satisfaire la curiosité des voisins –, l'appeler maman et lui papa, ne plus croire que Bouddha soit sérieux et surtout, surtout, répondre à cet affreux nom de Mathias qui n'est pas le mien. Il paraît que Yong, ce n'est pas un nom chrétien, et elle dit que plus tard, à l'école, tout le monde se moquerait de moi avec ce nom-là.

Il faut accepter et faire tout ça si l'on veut ne pas avoir faim, avoir un toit sur la tête et pouvoir écouter la télévision. Chantale répète sans arrêt:

— La règle d'or, c'est qu'on doit mériter de s'amuser.

Je lui ai dit une fois qu'avant je pouvais m'amuser comme je le voulais; elle a cru me menacer:

— Tu veux y retourner, dans ton pays de sauvages?

— Oui!

— Et qui donc s'occuperait de toi?

— J'ai pas besoin de personne...

— Tu ne m'aimes pas! après tout ce que je fais pour toi?

— J'aimerais mieux retourner chez moi...

— Tu n'es qu'un ingrat! après tout ce qu'on fait pour toi... Tu as le cœur sec. Pourquoi est-ce qu'on est tombé sur toi... Il y en a des millions, tu peux me croire, qui voudraient bien être à ta place.

— Ça me fait rien de la leur donner...

— Tu aimes ça, toi, faire de la peine aux gens.

Je crois que mes quatre «frères et sœurs», les enfants «biologiques», ne m'aiment pas beaucoup. Ils ne m'adressent jamais la parole. Ils s'entendent très bien entre eux, mais moi ils me laissent sentir qu'ils ne considèrent pas comme l'un des leurs. Surtout Paul-

André, le plus jeune, qui a dû me céder la moitié de sa chambre. Pour ça, lui, je le comprends un peu, mais les autres? Le plus vieux s'appelle Francis, il porte des lunettes et est un peu renfermé; ensuite il y a les deux filles: Marie-Frédérique qui feuillette tout le temps le dictionnaire et Anne-Céline qui lit tout le temps l'encyclopédie; enfin, il y a Paul-André: il a un an de plus que moi. Ils s'amusent ensemble, ils rient, mais dès que j'arrive, les sourires s'éteignent. Je sens que je les dérange. C'est peut-être parce que Chantale et son mari, Laurent, me donnent beaucoup de leur attention?

Ce n'est déjà plus du tout pareil, mais au début, il faut le dire, il n'y en avait que pour moi. Il ne se passait pas deux jours sans que m'arrive un cadeau. Une moto à pédales, un vélo avec quatre roues, des petites voitures, des soldats, des legos et des maquettes d'avion. Quand Laurent rentrait du travail, il se dirigeait vers moi, les bras ouverts, et j'étais le premier à qui il disait bonjour.

Aujourd'hui ce n'est plus ça, mais Paul-André a développé une jalousie qui est restée. Il a un caniche, Quick; il le dresse à me mordre les pieds et, dès que Chantale a le dos tourné, il lui commande de m'attaquer, et je n'ai pas d'autre choix que de danser pour sauver mes orteils.

***

Tous les matins, je dois m'asseoir sur le sofa du salon avec Chantale pour la séance de français. J'en ai pour des heures. Des heures infernales où, je ne sais pas pourquoi, à force de me creuser la tête, ça me donne une faim immense. Une faim que les repas ne suffisent plus à combler. Depuis quelque temps, j'ai commencé à prendre des biscuits ou des carrés de sucre dans le placard. Quand tout le monde dort, je me lève même la nuit pour aller manger en cachette.

Aujourd'hui, en plus des verbes, nous révisons des mots à propos du temps. J'ai des trous de mémoire et je sais que ça va encore me valoir des insultes. Je n'aime pas les insultes et, à l'idée d'en recevoir, je crois que ça m'empêche de retenir les mots comme il faut.

Un mot m'a échappé, elle s'impatiente. Je l'entends qui respire plus fort et plus vite. Je vois ses doigts boudinés qui triturent les pages du dictionnaire. Elle dégage une odeur de plus en plus aigre. C'est mauvais signe. Elle fronce les sourcils, comme chaque fois que je la regarde dans les yeux.

— Alors, demande-t-elle, comment on appelle ça quand la mer est démontée par le vent? C'est facile pourtant.

— Un, une tem...

— J'écoute, j'attends...

— Ça m'embête...

— Comment! Tu ne vas pas encore buter sur un mot qu'on a vu et revu! Et regarde-toi les cheveux... on dirait un porc-épic! C'est pourtant pas dur de répondre, en plus je t'ai aidé en te montrant des grosses vagues...

— Je sais plus...

— Comment ça, tu ne sais plus! Tu ne l'as jamais su, tu n'es qu'un bourricot, t'as rien dans le crâne. Mais qu'est-ce qu'on va faire de toi? Ils disaient à la télé que les petits Asiatiques apprenaient mieux que les Blancs; il faut croire qu'on a pigé le mauvais numéro. Tu ne vas pas me dire qu'il va falloir te faire avancer avec une carotte comme on le fait pour les ânes; on n'a pas besoin d'un âne dans la famille! Bon, je répète la question, on a déjà vu ce mot-là au moins dix fois: comment on appelle...

— J'en ai marre du français!

34

— Comment ça, marre du français? Tu ne sais pas que c'est la plus belle langue du monde!

— Pour ceux qui en connaissent pas d'autres...

— Hein! Qu'est-ce que tu veux dire par là?

— Je trouve que ce n'est pas la plus belle langue. J'aime mieux entendre le coréen.

— Je vois, tout comme le chien doit préférer japper.

— Ça doit...

— Tu te fous de moi?

— Non...

— Alors pourquoi dis-tu des âneries? Tu crois que j'aime ça, moi, passer mes journées à essayer de te mettre quelque chose dans le crâne? Ah mon vieux, tu n'es pas sorti de l'auberge, c'est moi qui te le dis!

Ça, c'est vrai, je ne comprends pas du tout pourquoi elle se donne tout le mal qu'elle dit avoir alors que moi je préférerais retourner chez moi, oublier le français et courir de nouveau dans la forêt, rire quand j'en ai envie et attraper une poignée de riz dans ma main sans avoir à jongler avec une fourchette. Je propose une solution simple:

— Alors pourquoi ne pas me renvoyer chez moi?

— Pourquoi! Mais parce que désormais c'est ici chez toi, désormais tu es Mathias Bastarache, petit Français de Grand-Couronne, et que c'est inutile d'imaginer que tu puisses retourner dans l'enfer d'où tu viens.

— C'était pas l'enfer...

— Ce n'était pas! On dit ce n'était pas. Et puis tu te trompes, tu as déjà oublié parce que tu es jeune, mais, si tu y retournais, tu pleurerais toutes les larmes de ton cœur en réalisant tout ce que tu aurais perdu en repartant. Bon, à présent, te rappelles-tu le mot pour quand la mer est démontée par le vent?

— Je l'ai, là, quelque part, mais je ne le trouve pas...

Elle pose violemment le dictionnaire sur le plancher.

— Qu'est-ce que tu peux m'énerver! Bon, à partir d'aujourd'hui, si tu ne sais pas bien tous tes mots, tu seras privé de dessert. C'est compris?

— Mais pourquoi?

— Parce que tu n'as qu'à te dégourdir le cerveau. Si tu continues comme ça, tu vas être le pire des paresseux. Les rois fainéants à côté de toi, c'était des travailleurs de force.

Je me dis que ça ne va pas être drôle si, en plus de tout supporter, je n'ai même plus droit au dessert. Que va-t-il rester d'intéressant?

— Autre chose, dit-elle, il va falloir que tu fasses ta part dans cette maison; alors, puisque tu n'es pas capable de retenir quelques petits mots, viens, je vais te montrer comment on cire les souliers. Ce sera ton travail de tous les jours, cirer tous les souliers de la maison. Et puis ça va te faire un peu les muscles des bras; tu en auras besoin quand tu seras à l'armée.

— Pourquoi j'irais à l'armée?

— Parce que c'est obligatoire et puis qu'il faut défendre ton pays. Tu as de ces questions...

J'aimais bien jouer à la guerre avec les amis, j'aimais bien ma mitraillette en bois qui me faisait sentir fort, mais j'ai du mal à m'imaginer tuant du monde pour faire plaisir aux gens de Grand-Couronne dont, quand je passe dans la rue, les enfants de certains me lancent des: Citron, Bruce Lee, Pacman ou Yamamoto.

Je lui demande si le pays a des ennemis.

— Les étrangers! Ils sont tous jaloux de la France. Ils savent bien que c'est le pays de la douceur de vivre, le plus beau pays du monde. Ils voudraient tous y habiter.

C'est pour ça qu'il faut se défendre contre les étrangers qui, si on les laissait faire, se répandraient partout comme des rats. Quand on vit en France, on parle français et on vit à la française: la France aux Français!

La douceur de vivre! Comment peut-elle penser ça? Même si parfois c'était dur d'avoir faim, moi je l'ai connue la douceur de vivre; ça n'a rien à voir avec la vie qu'on mène à Grand-Couronne. Je vois bien comment ils vivent ici. Tout le monde se dispute, les voitures se klaxonnent, les gens se regardent par en dessous les sourcils, comme si chacun s'attendait à ce que l'autre lui vole sa montre ou son portefeuille; ils font leur épicerie presque en courant, jamais contents de rien, râlant sur tout; quand on passe devant les bistrots, on entend les bonshommes qui jurent parce que rien ne marche à leur goût; les femmes s'en vont avec leur panier au bout du bras, le dos un peu rond, la démarche raide, le regard fixe, presque éteint. Rien à voir avec les femmes de chez nous dont le pas danse lorsqu'elles reviennent avec quelque chose à manger. Et ici, quand il ne pleut pas, il fait gris; tout est gris et quand ce n'est pas gris, c'est couleur rouille. Il n'y a même pas assez de végétation pour cacher toutes les laideurs, pas assez de lumière pour se lever en chantant. Non, il faut qu'elle sache!

— Tu sais, maman, la vie était plus douce en Corée...

Vlan! J'ai la tête qui chavire, des picotements dans la joue. Qu'est-ce qui s'est passé? La surprise m'a un peu fait mouiller mon slip. C'est la deuxième fois que je reçois une gifle, et en plus celle-là me fait mal. Je n'ai pourtant rien fait de mal? Rien du tout!

— Je ne me laisserai pas insulter par un mioche! hurle Chantale. Jamais, tu m'entends! Jamais! Petit morveux! Mais qui est-ce qui m'a fichu ça!

— J'ai rien dit de mal...

— Ah, tu continues! Eh bien tu vas me refaire tous les lits de la maison, et au carré! Et si c'est mal fait, tu recommenceras, jusqu'à ce que ce soit parfait. Non mais!

Elle a défait tous les lits de la maison, jeté tous les draps et les couvertures à terre. Je dois tout refaire sans qu'il n'y ait d'angle arrondi et encore moins de pli. Je suis fatigué du pays de la douceur de vivre. Si ça continue, je vais même être fatigué de vivre tout court.

***

Chaque jour apporte de nouveaux apprentissages. La façon de se brosser les dents, de se coiffer avec une raie sur le côté, de se nettoyer entre chaque orteil et sous la peau du zizi, refermer une porte sans qu'elle soit emportée par un courant d'air, allumer la gazinière, ne pas laisser déborder le lait, tenir le couteau et la cuillère à droite, la fourchette à gauche, ne pas mettre les coudes sur la table. Au début, elle me disait ces choses-là sur un ton ferme et ça n'allait pas plus loin, mais depuis l'autre jour, depuis que je lui ai dit que j'aimerais mieux retourner au pays, on dirait qu'elle fait tout pour que ça aille mal et que ça lui donne de bonnes raisons de me crier après. Ça ne s'arrête que lorsque les autres reviennent de l'école ou Laurent de son travail.

Ce matin, j'ai récité tous mes verbes sans me tromper, j'ai ciré tous les souliers, même ceux qui n'ont pas servi hier, ensuite j'ai fait tous les lits. C'est maintenant l'heure de ma sieste, mais je suis assis sur le bord du lit et je regarde par la fenêtre où j'aperçois des garçons qui jouent au ballon. Je suis un peu fatigué, je le suis tout le temps ces derniers jours, mais je n'ai pas envie de dormir; j'aimerais aller jouer au ballon avec les autres.

— Qu'est-ce que tu fais, assis sur ton lit!

Je me rallonge brusquement, mais il est trop tard. J'ai oublié de surveiller le bruit que fait le frottement de ses bas lorsqu'elle marche.

— Je regardais un peu les autres qui jouent au ballon.

— Tu ne sais pas que c'est l'heure de ta sieste! Mais tu désobéis tout le temps! Qu'est-ce que je vais faire de toi? Comment je vais te rentrer le bon sens dans le crâne? En plus, tu sais très bien que tu désobéis, tu le sais que tu fais du mal. Eh bien, tu vas voir ce qui arrive quand on n'écoute pas...

Avant que je puisse dire quoi que ce soit pour la calmer, elle est au-dessus du lit dont elle arrache un drap. Elle m'ordonne de m'étendre sans bouger et, passant le drap sous le matelas comme une lanière, elle me ligote sur le dos. Elle a serré si fort que je ne peux rien faire du tout. J'ai envie de crier et envie de pisser. Je lui dis:

— Il faut que je fasse pipi!

— Retiens-toi. Ça t'apprendra à te contrôler.

Mais elle est à peine sortie que, dans un sanglot, je ne peux faire autrement que de me laisser aller. C'est de sa faute aussi: si elle ne m'avait pas attaché, ça ne serait pas arrivé. Je me demande ce qu'elle va me faire lorsqu'elle va revenir. J'ai bien peur que ce ne soit pas rigolo.

Je ne réponds pas lorsque, de retour, elle me demande si j'ai bien compris ce que c'est, l'obéissance. Je sais que dans un instant elle va être là et remarquer mon dégât.

Comme prévu, avant même de voir quoi que ce soit, la voilà qui plisse le nez à deux reprises.

— C'est pas vrai! C'est pas vrai! Tu n'as quand même pas pissé sur le beau matelas de laine! Tu n'as pas fait ça!

Elle feint la surprise, mais, à l'éclair dans ses yeux, je me rends trop bien compte qu'elle est presque contente que ce soit arrivé; ça va lui donner une bonne raison de crier encore une fois et d'inventer une nouvelle punition.

— Ce n'est pas de ma faute, j'ai essayé de me retenir, mais je ne pouvais plus attendre...

Elle est furieuse. Elle dénoue le drap et, brutalement, m'appuie le visage tout contre le rond de pisse sur le matelas.

— Vois-tu ce que t'as fait? Est-ce que tu vois bien, petit salopard!

Ça m'écœure, j'ai le goût de la pisse sur mes lèvres, dans mon nez, et je voudrais hurler, cracher. Je sens qu'elle alimente elle-même sa colère. Je voudrais être mort, tout ça ne sert à rien. Pourquoi est-ce que je ne me suis pas sauvé avant qu'ils ne me mettent dans le grand avion?

— Tiens! Tiens! Quand je pense que j'ai dû emprunter à ma sœur pour te faire venir de là-bas et que tu n'as même pas assez de cœur pour en être reconnaissant...

Ses coups pleuvent sur mes fesses puis dans mon dos, sur mes épaules et sur ma tête. Je me recroqueville pour tenter de lui échapper, mais elle est déchaînée.

— À partir de maintenant, crie-t-elle, tu vas faire tout ce que je te dis. On va voir qui c'est qui aura raison... Pour commencer tu vas aller te laver, puis tu laveras ton matelas. Tu pues comme un bouc. Tu mériterais que je te passe à l'eau de Javel; ta peau, on dirait toujours qu'elle est sale. Regarde toute cette crasse que tu as sur les reins...

Je pleure, mais je n'ose pas dire quoi que ce soit. Avant, jusqu'à l'autre jour, je croyais encore que je pouvais lui faire confiance, je croyais qu'elle m'aimait un peu, mais je sais à présent que ce n'est pas le cas. Je ne sais pas ce qu'elle aime avec moi, mais une chose est certaine, ce n'est pas moi.

***

Le soir, quand les autres sont là, elle est plus douce. Au moins, elle ne me fait pas mal. Moi j'aimerais bien regarder la télé ou jouer aux jeux qui m'intéressent; mais non, c'est elle qui décide de tout ce que je dois faire. Je dois jouer au rami pour apprendre à compter jusqu'à cinquante et un. Ce soir elle veut que je joue au Monopoly.

Les dés jetés, je dois compter les points que ça fait. Je m'apprête à avancer mon pion d'autant de cases, mais elle dit non: elle dit que je dois avancer d'un seul coup à la case qui correspond au chiffre ajouté.

— Ici, on ne joue pas pour rien, explique-t-elle, il faut que ça serve à quelque chose. De compter les points dans ta tête, ça va t'entraîner au calcul mental. Tout est négligé avec toi: tu es incapable de contrôler ta vessie, tu ne veux pas te donner la peine de compter. Je n'ose pas imaginer comment est ta conscience... Ça ne doit pas être joli à voir...

Le jeu se poursuit et le sort fait que ça ne va pas trop mal pour moi. Francis dit qu'à ma place il achèterait des maisons. Je réponds en plaisantant que j'aimerais mieux acheter une voiture de sport. Chantale s'écrie qu'elle s'attendait bien à ça de moi.

— Ah ça non, ça ne m'étonne pas du tout de toi... Une voiture de sport à la place d'une maison! On voit bien la mentalité... Mais qu'est-ce que tu vas faire plus tard: un bandit? Mais non, tu es bien trop paresseux pour faire un bandit, qu'est-ce que je raconte... Tu seras clochard. C'est ce qu'ils deviennent tous, ceux qui sont comme toi, des clochards: tu m'entends!

Pourquoi est-ce que je ne peux rien dire sans qu'elle trouve ça mal? Sans compter qu'il y a quelque chose qui ne va pas dans son raisonnement.

— Si c'était juste les clochards qui aimaient les Ferrari, personne ne pourrait jamais en acheter...

— Si, les fils à papa, les play-boys. Ceux-là, ils ne pensent qu'à gaspiller ce que leur famille a souvent durement gagné. C'est ces gens-là qui achètent des Ferrari et je ne sais quelle autre voiture italienne, pas des paresseux comme toi. Toi, tu n'auras jamais de voiture de sport, même pas de voiture du tout; tu n'auras rien parce que tu ne sauras rien mériter. T'as un gros poil dans la main, flemmard!

J'ai envie de pleurer et d'envoyer promener le jeu de Monopoly avec tous les pions, les billets et les maisons qui sont dessus. Pourquoi dit-elle que je n'aurais rien? Moi aussi je veux des choses, comme les autres. Est-ce que je vais souffrir ici tout le temps que je serai petit pour ensuite souffrir parce que je n'aurais rien? À quoi ça sert?

J'ai envie de partir. Ouvrir la porte, sortir dans la nuit et aller droit devant moi. En marchant des jours et des jours, sans doute que je finirais bien par arriver chez moi. Les autres m'attendraient et on aurait beaucoup de choses à se raconter. Les autres... C'est drôle, je ne me rappelle plus très bien leur visage. Ça ne fait pourtant pas si longtemps!

Je me rends compte qu'il n'y a pas que les visages de mes amis qui s'effacent, il y a aussi le souvenir de la lumière; j'y pense moins souvent. Je la désire toujours, mais on dirait que je m'habitue à ici. Est-ce qu'on peut s'habituer à la tristesse? Non! Si je sortais dans la nuit une fois qu'ils se seraient endormis, je pourrais aller loin avant qu'ils s'aperçoivent que je ne suis plus là. Je marcherais comme Charlot. Il lui arrive plein de choses, à Charlot, et ça ne l'empêche pas de marcher.

J'y pense, mais je sais aussi que je ne peux pas m'en aller. Je ne sais pas du tout ce que c'est, mais quelque chose m'en empêche. Est-ce que c'est la peur?

À défaut de Ferrari, j'achète des maisons. Après tout, si je gagne au Monopoly, elle ne pourra pas dire que je suis si mauvais. Elle dit tout le temps qu'elle aime les gens qui réussissent.

Je ne gagne pas. Anne-Céline a plein d'hôtels et, partout où je passe, il faut que je la paie. C'est énervant. J'ai pas du tout envie d'aller dans ses hôtels et pourtant à chaque fois les dés m'envoient dedans et il faut payer. C'est un peu comme ma vie, dans le fond.

— Comment ça se fait que tu ne gagnes pas? me demande Chantale.

— Je tombe toujours sur les hôtels d'Anne-Céline...

— Il faut t'aider et le ciel t'aidera...

Je ne comprends pas du tout comment je peux m'aider à ce que les dés tombent comme il le faudrait pour moi. Est-ce qu'elle veut dire qu'il faut tricher? Non, ça ne doit pas être ça. Je la regarde.

— Comment je pourrais faire pour que les dés tombent bien pour moi?

— Peut-être que si tu devenais celui qu'on attend de toi...

Je n'ose pas demander quoi. Ça pourrait me valoir des reproches et des punitions.

— Mathias, continue-t-elle, tu sais ce que ça veut dire, ton prénom?

— Hein?

— On ne dit pas hein, on dit pardon ou excusez-moi. T'écoutes rien que ce que tu veux entendre. Je te demandais si tu te rappelais ce que veut dire Mathias.

— Je sais pas... Je comprends pas la question.

— Mais qu'il est stupide! Est-ce que tu sais pourquoi tu es là, au moins? Eh, oh! Reviens un peu sur terre, t'es toujours dans la lune; c'est ici que ça se passe.

— Je sais pas très bien...

— Quoi, qu'est-ce que tu ne sais pas très bien?

— J'me rappelle plus c'est quoi ça veut dire, Mathias.

— Je le savais! Je savais que cet enfant-là avait décidé de me rendre folle! Ah mon Dieu! Mais j'ai bien dû te l'expliquer mille fois. Qu'est-ce qu'il y a dans ta tête? De l'eau de vaisselle?

— J'me rappelle plus, c'est pas de ma faute...

— Mais si, c'est de ta faute! Si tu faisais un peu attention à ce qu'on te dit, tu le saurais. Bon, je te le répète une dernière fois: Mathias, c'est l'apôtre qui a remplacé Judas. Mathias, ça veut dire don de Dieu. Bon sang de bonsoir! combien de fois faut-il te redire des choses pourtant si simples! Je t'ai même précisé qu'il ne faut pas confondre avec le judas de la porte. Tu te souviens ce que c'est, au moins, le judas de la porte?

— Heu...

— Heu! Heu! Il ne sait dire que ça! Quel imbécile! On ne lui a vraiment pas trouvé le nom qu'il fallait... Il ne se souvient que des heures de ses émissions de télé. Les dessins animés! Ah ça oui! pour s'en souvenir, pas de problème. Cet enfant-là ne retient que ce qui l'intéresse. Qu'est-ce qu'on a fait pour mériter ça? Je ne sais plus quoi faire pour lui faire entrer un peu de bon sens dans la caboche.

Elle me tombe sur la rate! Elle n'est jamais contente, il faut toujours qu'elle trouve une raison pour me crier après. Je me demande pourquoi elle tient tant à faire de moi un autre que je ne suis pas. Et pourquoi elle m'a fait venir ici. Et pourquoi, puisque je ne lui plais pas, est-ce qu'elle ne me renvoie pas en Corée?

***

Il est question de déménager. Je ne sais pas trop ce que cela signifie; tout ce que j'en ai retenu, c'est qu'on va aller vivre dans une maison beaucoup plus grosse, à ce qu'il paraît. Ce que Paul-André et moi n'aimons pas, c'est que Laurent a dit qu'on n'avait pas le droit d'avoir des animaux où nous allions. Lui a peur de devoir se séparer de Quick, et moi je crains qu'on ne donne Jiun, mon écureuil. Il est tout ce qui me retient encore à mon ancienne vie. Je me demande aussi, parfois, s'il n'est pas aussi malheureux que moi d'avoir traversé la moitié de la Terre. Dans sa cage, il reste parfois des heures sans bouger, les yeux perdus très loin.

Enfin, on trouvera peut-être une solution; pour le moment, tout le monde est en fête parce que Chantale a annoncé qu'on allait pique-niquer dans la forêt. Je n'ai pas encore vu de forêt ici, je me demande à quoi ça ressemble.

— On va emmener Quick et l'écureuil, dit Laurent, on ne va pas les laisser s'ennuyer ici...

Ça me rassure sur leur sort. Si Laurent ne veut pas les laisser le temps qu'on aille en forêt, il voudra encore moins les laisser pour déménager.

Le voyage en voiture n'a pas été long. La forêt est petite et traversée par la route; pas du tout comme celle où je courais avec mes amis. Ici les arbres sont

éloignés les uns des autres et il faut marcher longtemps pour se cacher.

Pendant que je regarde autour de moi, Chantale a
étendu une nappe par terre et elle a sorti deux paniers
où je devine de bonnes choses.

— Ça te plaît, ici? me demande-t-elle.

— Est-ce que c'est une vraie forêt?

— Évidemment que c'est une vraie forêt! Qu'est-ce
que tu voudrais de plus que ça?

— Rien, rien du tout.

Je ne veux pas la contrarier, même avec une simple
opinion; je sais que ça fait toujours mal de ne pas être
tout à fait de son avis. Il me semble qu'ici la végétation
est beaucoup moins joyeuse. Je n'ai pas l'impression
d'être à une fête comme chaque fois que je pénétrais
dans la forêt avec mes amis. J'ai l'impression que ça
n'est peut-être pas drôle tous les jours d'être un arbre
ou une fougère par ici. Les autres n'ont pas l'air de se
rendre compte de ça, mais ils ne sont pas amoureux
des plantes comme moi.

— Est-ce que je peux aller me promener un peu?

— Tout seul! Tu es fou, tu te perdrais.

— J'allais souvent en forêt avant...

— Dans tes rêves, Mathias, dans tes rêves. Tu étais
trop jeune, tu ne peux pas te souvenir de ce que tu
faisais. Personne n'a pu te laisser aller tout seul dans la
jungle qu'il doit y avoir là-bas, tu ne serais pas ici... Et
puis, de toute façon, on va manger. Après on ira faire
un tour tous ensemble et on étudiera les arbres et les
feuilles. Il faut toujours joindre l'utile à l'agréable. Tu
ne sais pas les noms d'arbres, pas vrai?

— Ça ne sera pas long, ils sont tous pareils...

— Ne sois pas impertinent, s'il te plaît! Et n'essaye
pas encore de me dire que c'était mieux en Corée!

Il y a des beurrées de pain et du saucisson à l'ail;

comme dessert, des tartines à la confiture et des petits-beurres Lu. Puis, comme c'est une occasion spéciale, il y a du Coca-Cola à boire.

Lorsque j'ai tendu mon gobelet pour en avoir à mon tour, Chantale m'a regardé puis elle a secoué la tête.

— Pas avant que tu ne dises que c'est la plus belle forêt que tu as vue dans ta vie...

— Heu... C'est une belle forêt...

— La plus belle?

— Bah...

Comment choisir entre la vérité et le Coca-Cola? Et puis d'un autre côté, si je lui dis que c'est la plus belle forêt, elle saura bien que je mens pour avoir du Coca, et elle saura en même temps qu'elle pourra tout avoir de moi en me menaçant.

— La plus belle? répète-t-elle.

— Non, dis-je, en sachant que ça va me coûter un gobelet de boisson pétillante. Je suis désolé, mais je ne peux pas dire qu'elle est plus belle, je mentirais.

— Et depuis quand ça te dérange de mentir?

— J'ai jamais aimé ça!

— Tu vois que tu mens! Je te prends sur le fait, là, hein?

Laurent secoue un peu la tête.

— Donne-lui son gobelet, dit-il. C'est peut-être vrai que pour un enfant les forêts doivent paraître plus fantastiques dans les climats plus chauds. Donne-lui son Coca et qu'on ait la paix au moins aujourd'hui...

C'est bon, toutes ces bulles sucrées dans la bouche. C'est agréable quand ça passe dans le gosier, mais je suis sûr que ça doit être encore meilleur lorsqu'on a pu l'avoir sans histoire. J'ai l'impression que je ne pourrai plus jamais boire de Coca-Cola sans penser à tout à l'heure où elle aurait voulu que je mente.

Elle ne veut pas que je sois quelqu'un de bien, elle veut que je sois son adorateur.

Comme elle l'a dit, pendant que Laurent fait une sieste «bien méritée», nous la suivons à travers un sentier et il nous faut arrêter partout pour qu'elle nous explique que tel ou tel arbre est un hêtre ou un peuplier ou un chêne, qu'on peut tous les reconnaître à leurs feuilles qui, en France, sont toutes du genre caduc, pas comme dans «les pays du Tiers-Monde» où il n'y a pas de saisons comme ici, où tout est «toujours pareil et ennuyeux», et où les arbres ne perdent pas leurs feuilles.

J'ai toujours aimé les plantes et leurs secrets, mais les explications de Chantale sont ennuyeuses. Je suis certain qu'elle ne nous apprend pas ça pour le plaisir de découvrir les merveilles de la nature, mais simplement pour qu'on le sache. On dirait que pour elle la tête est comme un vaste casier de rangement où l'on doit mettre tout ce qu'on peut; le principe est que ce soit rempli au maximum et que ça serve, plus tard, à avoir une «belle situation». J'écoute quand même, parce que je suis certain qu'un de ces jours elle va ressortir des feuilles et demander de quel arbre elles viennent. J'ai bien assez de faire les lits et de cirer les souliers.

Nous revenons et Laurent paraît catastrophé.

— Vous n'avez pas vu Quick et l'écureuil? demande-t-il.

Comme chacun secoue la tête, il nous explique qu'il les a laissés libres pour qu'ils s'amusent un peu et qu'ils on dû détaler comme il s'assoupissait un peu. Il dit qu'il les cherche depuis ce temps-là.

Il ment! Je sais qu'il ment! C'est lui qui a dû les emmener quelque part pour les perdre dans la forêt. Il a fait exprès! C'était juste pour ça le pique-nique en famille, juste pour pouvoir abandonner les animaux et déménager tranquille.

Je voudrais être en colère, mais je suis trop triste. Que va faire mon écureuil dans cette forêt toute nue? J'ai envie de pleurer. Il n'y avait plus que lui à qui je pouvais raconter mes peines tout bas. Il m'écoutait et nous étions amis. C'était mon seul ami. Maintenant ils ont fait exprès de le perdre dans cette forêt qui n'en est même pas une.

— Il faut les rechercher! déclare Paul-André qui a l'air de ne rien soupçonner.

Laurent fait signe que non.

— C'est inutile, Paul-André, dit-il, j'ai été partout depuis que vous êtes partis et rien. Dans une forêt comme ça, on pourrait chercher des mois sans les trouver. Non, je crois qu'il vaut mieux rentrer. Quelqu'un les trouvera bien et s'en occupera. Autrement, eh bien ils seront libres. Dans le fond, ils préfèrent sans doute pouvoir gambader dans la forêt que de rester enfermés toute la journée dans une cage ou dans une pièce.

Sur ce point, je lui donne raison. Moi aussi j'aimerais mieux gambader libre dans ma forêt que d'être prisonnier de ce qu'ils veulent pour moi.

3

C'est mon premier jour à l'école «des grands», et tout ce que j'entends, ce sont les autres qui me donnent des noms comme j'en ai déjà entendus dans la rue. Est-ce que je vais rester le Chintok, le mandarin, la peau de banane, ou Mao toute ma vie? Je me vois comme eux; est-ce qu'ils vont toujours me mettre à part? Si au moins mes «frères et sœurs» étaient de mon bord; mais non, ils rigolent avec les autres. De toute façon, autrement que pour rire de moi, ils ne restent jamais avec moi à l'école. On dirait même que je les dérange.

Cette journée a bien mal commencé. D'abord Chantale trouvait que ça me prenait trop de temps à déjeuner, elle a poussé la baguette brutalement dans ma bouche et maintenant j'ai les gencives qui saignent et la langue qui me fait mal.

La classe aussi, c'est embêtant; il faut rester là, assis sans dire un mot, à écouter et à retenir tout ce que dit la maîtresse. Le temps ne passe pas vite, d'autant plus que tout ce qu'elle montre, Chantale me l'a déjà fait apprendre.

Mais c'est vrai aussi qu'ici on ne fait pas faire des pompes ou on ne donne pas de claques si on bute sur un mot. Dans le fond, il suffit de penser à autre chose pour passer le temps. Je n'ai qu'à me dire que pendant que je suis ici, je ne suis pas à la maison à me demander ce qu'elle va avoir inventé de nouveau comme punition.

C'est midi, nous entrons dans la cantine. Un voisin, un ancien sans doute, me dit que ça va être «dégueulasse, comme l'année dernière». Pourtant, moi je trouve que ça sent plutôt bon.

C'est pas *dégueulasse* du tout! C'est vrai qu'il y en a beaucoup qui font des grimaces, mais moi je remplis mon assiette. Est-ce que ça va être comme ça tous les jours? Est-ce que je vais pouvoir manger autant que je veux? Ça me paraît fantastique de pouvoir manger sans que Chantale soit là à observer tout ce que je fais et me dire que j'en ai assez pris.

On est retournés en classe et je regarde autour de moi ce décor qui va être le mien pour toute l'année. Ça manque un peu de lumière et la peinture jaune pâle n'est pas très gaie. Je me demande pourquoi ce n'est pas plus gai. Il y a quelque chose que je ne comprends toujours pas dans ce pays: c'est le plaisir, on dirait, que les gens ont de tout rendre triste. Ça serait plus gai d'aller à l'école s'il y avait des belles couleurs, ça serait plus gai de vivre chez les Bastarache s'il n'y avait pas tout le temps quelque chose à faire comme ci ou comme ça. Mais tout marche avec des «règles de vie» que Chantale n'arrête pas de répéter pour n'importe quoi. Combien de fois ai-je entendu que la nuit tous les chats sont gris, que les bons comptes font les bons amis, que le soleil luit pour tout le monde, que les petits ruisseaux font les grandes rivières, que l'habit ne fait pas le moine, que trop prouver ne prouve rien, qu'à chaque jour suffit sa peine, qu'il ne faut pas se fier à l'eau qui dort, que la fin justifie les moyens ou que le silence est d'or! Avec des phrases comme ça, elle est capable de tout expliquer de la vie et de dire comment ça marche; sauf que la vie qu'elle me fait vivre «pour mon bien», je m'en serais bien passé...

La maîtresse parle, je pense un peu à autre chose...

— Mathias, tu es dans la lune? Mathias Bastarache, tu m'entends?

— Heu! Hein! Oui!

— Oui qui?

— Oui, madame.

— Tu ne réagis pas à ton nom lorsqu'on t'appelle?

— C'est que j'y suis pas encore bien habitué...

Toute la classe se met à rire, je me demande pourquoi. La maîtresse se fait leur complice.

— Tu vois, les autres aussi sont étonnés qu'à ton âge tu ne saches pas encore très bien ton nom.

— C'est peut-être parce que ce n'est pas vraiment le mien, madame...

— Qu'est-ce que tu veux dire?

— Avant, je m'appelais Yong Sub. Depuis que je suis en France, je m'appelle Mathias Bastarache.

Tout le monde me regarde, il y en a qui ont l'air intéressés par mon histoire, d'autres qui ont plutôt l'air soupçonneux. La maîtresse me demande depuis combien de temps je m'appelle Mathias.

— Un peu plus d'un an, je crois.

Elle a un drôle de regard, comme si elle trouvait curieux que l'on puisse changer de nom. Je voudrais bien lui demander ce qu'elle en pense et si elle trouve que c'est normal qu'on doive avoir un autre nom que celui que nos vrais parents nous ont donné, mais j'ai peur qu'elle en parle à Chantale et que celle-ci me trouve une autre corvée à faire.

— Tu parlais le français avant de venir en France?

— Non, je l'ai appris juste depuis que je suis là.

— C'est très bien, tu parles très bien pour quelqu'un

qui n'est pas d'ici. Tu féliciteras aussi ta maman de te l'avoir appris aussi rapidement.

Ah! Je voudrais pouvoir lui dire comment Chantale m'a tout fait rentrer les mots de force! Mais j'ai l'impression que les adultes doivent tous être ensemble, elle ne me croirait pas. J'oublie ma vraie langue et tout le monde s'en fiche, j'apprends le français et tout le monde trouve ça merveilleux. À l'orphelinat, il y avait un poulailler, un jour on a trouvé un tout petit chiot et on l'a mis avec les poussins. Il grandissait avec eux, si bien qu'au bout d'un certain temps, il se prenait lui-même pour un poussin. Il prenait des attitudes exactement comme eux. Je me demande si je ne suis pas en train de devenir comme lui. Je ne me sens pas moi et je n'aime pas ça.

C'est la récréation. Je m'approche d'un tas de sable où plusieurs s'amusent à débouler.

— Eh, Bol-de-riz, tu ne joues pas avec nous? demande un gars qui me regarde en rigolant.

Je suis son regard: pas de doute, il s'adresse bien à moi. Pourquoi Bol-de-riz? Je le lui demande.

— Pourquoi? Mais parce que tous les Chinois bouffent du riz, pas vrai? Tu bouffes pas du riz, toi? Où est-ce qu'elles sont, tes baguettes, Chinois?

— Je suis pas un Chinois.

— Bah! qu'est-ce que t'es?

— Je viens de la Corée.

— Je sais pas où c'est et je m'en fous. Tu ressembles à un Chinois. Est-ce que tu viens jouer?

— Si tu m'appelles plus un Chinois.

— Bon, si tu veux. Mais sais-tu au moins comment on appelle un Chinois qui tombe du haut d'un immeuble de trente étages?

— Non.

— Un Chin-toc...

Je ris et vais le rejoindre sur le tas de sable. Il m'attrape par les épaules, je fais pareil et nous tombons.

— Le premier arrivé en haut? propose-t-il. Il faut que tu m'empêches d'y arriver par n'importe quel moyen.

Nous nous retenons par les vêtements, par les jambes, nous tombons sans arrêt et on roule dans le sable. C'est la première fois que je m'amuse vraiment depuis que j'ai pris l'avion.

Le bruit d'un déchirement! En voulant me retenir par ma chemise, mon copain l'a un peu déchirée.

Je m'assois et regarde le dégât.

— Est-ce que tu vas te faire engueuler par ta mère? demande-t-il.

— C'est sûr...

— Elle est sévère, ta mère?

— Elle me donne des claques et elle me fait faire tous les lits et cirer toutes les chaussures.

— Merde! Ça rigole pas, chez toi. Tu peux lui dire que c'est de ma faute, moi je m'en fous: ma mère, elle, ne dit jamais rien. Elle est super, ma mère...

— Moi, elle est morte...

— Ah! tu es en adoption, alors... Les belles-mères, c'est toujours mauvais, il paraît. Comme dans *Cendrillon*.

Je pensais que Chantale allait crier un peu, mais j'étais loin du compte! Je viens à peine de rentrer et, voyant la couture décousue de ma chemise, elle m'attrape par les cheveux.

— Comment tu as fait ça? Hein! Comment?

— On s'amusait et puis...

Je ne peux pas finir, je reçois un grand coup sur la joue. Ça me brûle et j'entends comme du vent dans mon oreille.

— Et tu es sale comme un éboueur! Mais qu'est-ce qui m'a fichu ça! Je m'en vais te montrer, moi... Regarde! t'as la tête pleine de sable, tu dois avoir des poux!

Toujours par les cheveux, elle m'attire sous le robinet du lavabo et me place la tête sous l'eau froide. Je veux m'en aller mais elle me retient.

— Tiens! Tiens! Ça t'apprendra à te conduire comme un animal. T'es rien qu'un dégoûtant, un vrai cochon... Tiens! Et arrête un peu de gueuler comme ça, on va croire qu'on t'égorge...

Elle a pris le savon et, avant que je comprenne, elle me le fourre dans la bouche. Je veux recracher, mais elle le tient en place. Je ne comprends plus ce qu'elle hurle, j'ai l'impression que je ne peux plus respirer. Est-ce que je vais mourir?

Quelque chose me remonte le long de la poitrine; c'est comme une envie de vomir, mais il n'y a rien qui vient. J'ai peur!

Elle retire enfin le savon de ma bouche. Je recommence à voir clair. Je ne voyais plus rien, tout était comme gris-rouge. Je respire, ça fait du bien de retrouver de l'air.

— Alors, demande-t-elle, est-ce que tu reviendras encore de l'école dans cet état?

— Non...

— Non qui?

— Non, maman...

— Et arrête de pleurnicher, s'il te plaît! Qu'est-ce que tu t'imaginais, que t'allais pouvoir rentrer tout sale et les vêtements déchirés sans que je dise rien? Tu trouves ça normal, toi? Tu penses que ça m'amuse de recoudre des habits tout neufs? Maintenant essuie-toi la tête et file dans ta chambre, je ne veux plus te voir ce soir ou je t'assomme. Œil pour œil, dent pour dent; si tu me donnes du travail en plus, tu vas me le payer cher, très cher...

J'en ai marre de toutes ces histoires de vêtements! Il faut mettre les «beaux habits» pour aller à l'école, s'arranger pour qu'ils restent toujours impeccables, ce qui empêche de jouer comme on veut dans la cour, et le soir, dès qu'on arrive, tout comme le mercredi après-midi ou le samedi, il faut enfiler du vieux linge usé pour faire le ménage. Quant au linge du dimanche! Je me sens toujours coincé là-dedans, même si elle dit qu'il ne faut pas que ces habits-là aient l'air triste parce que c'est le jour du Seigneur.

***

Les jours se suivent et se ressemblent. Le ciel est tout le temps gris, il pleut souvent, une pluie fine et froide qui nous gèle jusqu'au milieu des os. Par ces matins luisants, tout le monde part à l'école ou au travail. Le soir, on rentre, on fait des devoirs et le ménage ou on s'installe devant la télé, où ça paraît tout de même un peu moins gris que dans la vie, même si c'est en noir et blanc. Ici, j'ai de plus en plus l'impression que la télé est la gardienne de tout le monde. On doit même penser comme elle.

Lorsque je rentre, en plus du linge, je dois changer mes espadrilles pour des pantoufles, et la seconde obligation est de montrer à Chantale le contenu de ma trousse d'école pour qu'elle vérifie si je n'ai rien perdu. Il a aussi fallu que je retourne toutes mes poches, car elle craint que je cache des bonbons qui ne seraient pas à moi. Ensuite je dois lui montrer la liste des devoirs à accomplir et elle compte chaque soir les pages de mon cahier de leçons pour s'assurer que je n'en ai pas arraché. Après ça, si tout lui convient

parfaitement, j'ai le droit à un goûter. C'est généralement une tartine au beurre de noisette ou les fameux
biscuits «éducatifs», dont l'emballage étale toujours
un tas de questions auxquelles il faut répondre. QUI A
INVENTÉ LE GOLF? QUI A INVENTÉ LES NOUILLES? QUI A
DÉCOUVERT LE PACIFIQUE? Une réponse de travers et il
n'y a pas de biscuit avant au moins le lendemain.
Fabricants de biscuits, s'il vous plaît! arrêtez de mettre
des questions sur vos emballages.

Tout cela n'est rien: il y a les soirs où je ramène le
bulletin de notes. Il n'y a pas longtemps, on a écouté
un programme sur la Corée, et, encore une fois, il a
fallu qu'ils disent que les petits Coréens étaient des
enfants très doués pour apprendre les langues et la
musique. Pourquoi a-t-il fallu qu'ils racontent ça? Je
dois maintenant avoir des notes meilleures que tout le
monde. Si je dis un mot en coréen, on me rappelle que
je suis dorénavant français, mais si j'ai une note un peu
faible, aussitôt on me rappelle que les Coréens sont
doués pour les études et que je ne suis pas le premier
juste parce que je suis un fainéant. Et même quand je
suis le premier, si je le suis avec un huit sur dix, elle me
fait savoir que je n'ai pas assez travaillé.

— Encore des notes comme ça, et je te fais un
bonnet d'âne avec lequel tu devras aller à l'école. On a
passé le week-end, tous les deux, à réviser tes tables de
multiplication: tu n'avais pas le droit de te tromper.
Six fois six, trente-six, toc! Il n'y a pas à hésiter ou à se
tromper. Mais qu'est-ce que tu veux faire plus tard?

— J'sais pas...

— J'sais pas, j'sais pas: tu ne sais pas dire autre
chose. Il va falloir que tu y penses, il faut faire quelque
chose dans la vie. On n'est pas là pour se tourner les
pouces. Et puis ne me regarde pas comme si j'étais je
ne sais pas quoi; je ne suis pas une de tes copines

d'école, moi! J'ai le droit à un peu de respect. Alors, comme ça il n'y a rien qui t'intéresse pour plus tard?

— Bah peut-être que je vais devenir un joueur de foot, comme Pelé ou Platini. Pis aussi, je vais faire rire les gens. J'aime ça, faire rire les gens...

— Parce que tu t'imagines que tu es capable de prendre le ballon, de courir et de marquer un but alors que tu es lent comme une limace! Juste à faire ta toilette, tu en as au moins pour une demi-heure...

— À l'école, c'est tout le temps moi qui marque des buts, c'est moi qui en marque le plus...

— Mais t'es encore très loin de jouer dans une véritable équipe. Le foot, comme à la télé, ça prend de la discipline; c'est juste les meilleurs qui arrivent là, pas les rêveurs comme toi. Crois-tu que Platini, il se traînait comme toi?

— Y a pas besoin des tables de multiplication pour faire du foot...

— Quoi! Qu'est-ce que tu es en train de me dire! Je suis ta mère, au cas où tu l'aurais oublié. Non mais! je vais te montrer à répondre mal aux adultes... Tu verras quand tu seras balayeur de rue, là tu pourras dire: ah! si j'avais écouté ma mère... Mais on ne sera plus derrière toi pour te préparer ton casse-croûte. Il sera trop tard.

Et pour bien me faire comprendre tout ça, elle m'a tiré l'oreille.

— Aïe!

— Comment ça, aïe? Je t'ai juste un peu tiré l'oreille. Tu es le roi des comédiens! Tu demanderas aux petites Lavniczack ce que c'est que de vraiment se faire battre. Leur père, lui, c'est au martinet qu'il les fait marcher. Tu peux y aller, ça ne rigole pas chez eux. Dans le fond, ça te prendrait peut-être un peu plus de discipline...

Depuis quelque temps, elle me fait écouter les feuilletons américains à la télé. Elle dit que c'est bon pour apprendre l'anglais. Moi, je voudrais bien écouter un peu les histoires, mais elle me demande tout le temps la traduction des pancartes. Si Starky passe devant une pancarte où l'on peut lire FOR SALE, je dois aussitôt lui dire que ça veut dire à vendre, et dès que j'entends un nouveau mot, je dois copier sa définition dans mon carnet et la réciter une cinquantaine de fois pour le mémoriser.

J'ai l'impression que je l'énerve de nature. Dès qu'elle me voit, elle exige quelque chose de moi, comme pour avoir une bonne raison de se mettre en colère. Je passe ma vie à essayer de l'éviter. Et pour ne pas y penser, je m'attarde sur des rêveries où j'ai la faculté de me transformer en oiseau.

***

Aujourd'hui n'est pas un jour comme les autres: la famille va s'agrandir d'un nouveau membre.

Hier soir, au salon, Chantale et Laurent nous ont expliqué qu'ils avaient adopté une «nouvelle petite sœur» et qu'ils allaient aller la chercher ce matin à l'avion.

En entendant ça, je me suis souvenu de ma propre arrivée et j'ai commencé à plaindre cette nouvelle petite sœur qui, elle aussi, provient de l'autre bout du monde.

Ils nous ont expliqué qu'elle venait des Indes, de Calcutta, et que c'était un endroit où les gens mouraient de faim.

— On nous a assurés qu'elle était très gentille, a dit Chantale; on espère seulement qu'elle ne sera pas comme Mathias; on n'en mérite pas deux comme toi...

Ils arrivent avec elle. Je suis à la fenêtre, au sixième de l'immeuble, et je les vois descendre de voiture. Ma nouvelle sœur est toute petite et tout enflée de partout. Je crois savoir ce qui se passe dans sa tête. Je la plains et je me dis que tous les deux, on pourra se comprendre. Avec elle, je serai sans doute moins seul.

Nous sommes présentés chacun notre tour. Ils l'ont appelée Laetitia, qui veut dire la joie. La pauvre a l'air un peu effrayé. Je demande si elle parle le français.

— Elle doit comprendre quelques mots, répond Chantale. Elle n'est pas comme Laurent: sa famille ne vient pas de Pondichéry, qui est un ancien comptoir français des colonies. (Elle se tourne vers elle.) Est-ce que tu comprends un peu ce qu'on dit, ma chérie?

Laurent lui parle un peu dans sa langue. Mais la fillette ne comprend visiblement rien. Je voudrais la prendre par la main et l'emmener loin d'ici, dans un pays de couleurs et d'amour.

— Pourquoi est-ce qu'elle a un gros ventre comme ça? demande Paul-André.

— Parce qu'elle n'avait pas assez à manger; c'est pour ça qu'elle est tout enflée.

Je demande si elle était dans un orphelinat comme moi.

— Pire. Elle était dans un centre de Mère Teresa. Tu connais Mère Teresa, on a vu une émission sur elle à la télé l'autre soir.

— Ah oui, je me souviens, c'est la bonne sœur qui ramasse les malheureux.

— On ne dit pas la bonne sœur, Mathias, ce n'est pas respectueux; on dit la sœur ou la religieuse.

Je n'en peux plus, il faut que je demande à Chantale:

— C'est une fille; tu ne vas pas lui apprendre les choses comme tu l'as fait pour moi?

— Qu'est-ce que tu veux dire?

— Est-ce que tu vas la punir, lui faire cirer les chaussures ou lui faire faire les lits quand elle va oublier un mot?

— Je n'aime pas beaucoup le ton que tu prends; qu'est-ce que ça signifie, tout ça?

— Bah elle est toute petite, il ne faudrait pas lui faire du mal...

J'en ai trop dit; je vois ses yeux qui se remplissent de la fameuse lueur jaune qui annonce les pires tempêtes.

— Ça, tu vas me payer ça! hurle-t-elle. Trop, c'est trop!

Je détale, ouvre la porte donnant sur le palier, et je sors, prêt à m'enfuir pour de bon, mais elle me rattrape à la porte de l'ascenseur.

— Où est-ce que tu comptes aller, comme ça?

— J'en sais rien... Laisse-moi partir!

— Tu crois ça... Mais tu as décidé de faire de ma vie un enfer, tu es le diable!

— Non, c'est pas moi, le diable...

J'ai ouvert la porte de l'ascenseur, elle la referme violemment sur mes doigts. Je crie de douleur. Elle m'ordonne de me taire en regardant autour d'elle comme si elle avait peur que des voisins s'en mêlent.

— Tiens, ça t'apprendra, fait-elle d'une voix contenue. Et tiens!

Une nouvelle fois, puis une autre, elle referme la porte de fer sur mes doigts. Je n'ai même pas le temps de les ôter, la douleur me paralyse.

— Maintenant tu vas m'écouter! hurle-t-elle. Tu vas faire tout ce que je te dis et tu vas filer droit. Avec moi on ne se sauve pas. Ah je vais te dresser, je te le jure! Tu vas faire quelqu'un de toi et tu vas m'aimer comme on doit aimer sa mère. Tu m'as bien compris?

— Oui...

— Oui qui? Mon chien?

— Oui, maman.

— Est-ce que je suis ta mère, oui ou non?

— Oui, maman.

— Bien! Alors maintenant tu vas dans ta chambre et tu penses à tout ça. Quand je pense qu'il a encore fallu que tu me fasses tourner en bourrique le jour d'arrivée de ta nouvelle petite sœur... Allez, file faire ton examen de conscience! Après ça, t'as intérêt à ce que ça marche comme sur des roulettes quand on te demande quelque chose, au lieu de te rebiffer.

Je pense à cette petite sœur et, je ne sais pas pourquoi, mais j'ai l'impression d'être plus malheureux pour elle que pour moi. Je crois savoir ce qui l'attend et ça me fait encore plus mal que mes doigts.

D'après ce que j'ai pu en voir à la télévision, je me dis que Laetitia aurait été mieux avec Mère Teresa qu'avec Chantale.

***

C'est la récréation de l'après-midi. Je tourne en rond sans savoir si je dois rentrer dans un groupe ou attendre qu'on m'invite. Il y en a qui jouent ensemble. C'est vrai aussi qu'il y en a d'autres, des vrais Français blancs, qui ont l'air aussi abandonnés que moi et regardent autour d'eux comme je le fais. Je m'approche d'un groupe où l'on joue aux osselets. Un des gars lève les yeux vers moi.

— Salut, Mao. C'est ta mère, la grosse qui était avec toi l'autre jour?

— C'est elle qui m'a adopté... Elle est pas si grosse que ça...

— Pas si grosse! Merde, on pourrait lui garer un

camion de pompiers dans le cul, et avec la grande échelle levée avec ça...

Je ne sais pas pourquoi, je me sens insulté. Avec tout ce qu'elle me fait, je devrais rire d'elle avec lui; mais non, il me semble qu'il faut que je la défende.

— Oh! elle est pas si grosse, dis-je. Elle est un peu forte, mais pas si grosse...

— Je te dis qu'elle est grosse comme une vache. Et puis en plus on la connaît bien dans le quartier, elle est sévère et elle pue le vieux camembert. Pis elle a tellement de poils en dessous des bras qu'on dirait un gorille.

— Comment tu sais qu'elle a des poils sous les bras?

— Parce qu'ils dépassent, Machiasse!

— Tu me fais chier, toi, et tu pues de la gueule.

— Et toi, pauvre con de Chintok! Kung-fu... Kung-fu... Kung-fu...

Les autres rigolent; il faut que je fasse quelque chose, sinon ça va être comme ça tout le temps. Je me mets en position de karatéka, comme j'ai vu faire à la télé dans un film que Chantale ne savait pas que je regardais. Le gars ne rigole plus, je comprends que dans sa tête il fait l'addition entre la couleur de ma peau et la position que j'ai prise. Tout le monde sait que le karaté vient d'Asie. Je fais celui qui est sûr de soi, je demande froidement:

— Tu veux que je t'éclate le foie?

— Te fâche pas, mec, c'était juste pour rigoler. Moi, je m'en fous de ta vieille, elle peut bien peser une tonne...

Pourquoi est-ce que je la défends? C'est vrai qu'elle est sévère, grosse et qu'elle pue. Je ne comprends pas bien les sentiments que j'ai, c'est compliqué. Si au moins je savais pourquoi exactement elle m'a adopté! Je ne vois d'avantages ni pour elle ni pour moi. Je ne peux pas croire qu'elle m'ait fait venir exprès pour faire les lits et cirer les chaussures. Elle n'avait pas besoin non plus d'un enfant de plus, puisqu'elle en avait déjà quatre. Est-ce que ce serait vraiment, comme elle le dit parfois, pour arracher des pauvres enfants à la misère? Je n'arrive pas à y croire non plus. Si c'était le cas, ça voudrait dire qu'elle a du cœur, et moi, du cœur, je ne lui en trouve pas.

Mais peut-être après tout qu'elle le cache bien et que c'est pour ça que, quelque part au fond de moi, je sais qu'il faut la défendre quand les autres se moquent d'elle.

**

Laetitia est comme moi, elle a tout le temps faim. Elle, c'est normal, elle est arrivée il n'y a pas longtemps, mais moi? Je mange à ma faim depuis que je suis en France; pourquoi est-ce que je rêve sans arrêt de nourriture et que je ne peux pas m'empêcher d'en resquiller en dehors des repas?

Laetitia et moi, nous devons prendre tous nos repas tous les deux sur la petite table dans la cuisine. Après, c'est nous qui devons assurer le service pour les autres. J'aimerais bien que l'on mange tous ensemble, mais ça n'a duré que quelques jours au début. C'est moi qui suis chargé de dresser la table. Je ne dois rien oublier; il faut mettre le sel, le poivre, les sauces, la bouteille de Viandox, les dessous de plat, les yaourts pour chacun, le sucrier, les serviettes, enfin un tas de choses, et ça va très mal pour moi si j'en oublie une seule.

Après les repas, Laetitia et moi nous mangeons les bandes de gras que laissent les autres. Nous le faisons un peu en cachette, parce que je sais que Chantale n'aimerait pas ça. Laetitia connaît la valeur des miettes. Après les repas, dès qu'elle en aperçoit sur la nappe qu'elle a la charge de secouer, peut importe les fruits, le fromage ou le yaourt qui sont à notre disposition, elle mouille son doigt pour les attraper et elle les met sur sa langue. Par solidarité, et aussi parce que j'ai horreur de voir de la nourriture partir pour la poubelle, je fais pareil. C'est justement ce que je suis en train de faire et je me rends compte que Chantale m'observe avec son sourire que je n'aime pas.

— Tu trouves qu'on ne te donne pas assez à manger? demande-t-elle d'un ton sec.

— C'est une habitude qu'on a...

— Qui, ça, *on*? Tu parles pour Laetitia? Tu ne te rends pas compte que tu donnes le mauvais exemple à ta petite sœur! Nous sommes dans un pays civilisé ici, on ne mange pas les miettes qui traînent sur la table. Pour la peine, tu ne regarderas pas le match de foot à la télé, ce soir.

— Mais, maman, Castaneda joue ce soir?

— Qu'est-ce que tu veux que ça me fasse! Et puis, de toute façon, tu écoutes trop de foot; c'est pas bon pour toi, ça te met des idées dans la tête...

Elle le fait exprès! Elle a deviné que je pense au match d'aujourd'hui depuis des jours. Et elle sait qu'elle ne pouvait pas trouver pire comme punition. Je me vengerai! Un jour, je vais m'en aller d'ici et c'est sûr qu'ils n'entendront plus jamais parler de moi. J'en ai marre! Elle le sait que le foot, c'est ma passion. La preuve, c'est que, moi qui ai tout le temps faim, j'échange même mes collations contre les cartes de mes joueurs préférés.

Un jour, ce sera moi qui vais courir derrière le ballon. C'est moi qui réussirai toutes les feintes devant la foule qui sera debout. C'est moi qui vais déjouer les

66

attentions du gardien de but le plus redoutable du *Mundial*. Oui, je vois déjà le moment où, avec le monde entier, je lèverai les bras vers le ciel, un moment extraordinaire où tout s'arrêtera, un moment unique qui sera plus fort que toute la vie et qui rachètera tout ce que Chantale me fait. Elle verra quand mon équipe me portera dans ses bras et que ce sera la gloire pour moi. Elle verra quand on m'aimera!

4

Trois ans que je suis arrivé et, parce qu'on m'a
défendu de l'utiliser, j'ai presque complètement oublié
ma langue maternelle. Et Chantale me répète qu'il
faut que j'apprenne l'anglais pour devenir bilingue.
Elle dit que c'est utile de connaître plusieurs langues.
Bien sûr, je ne lui dis pas que le coréen en est une aussi
bien que les autres, elle me traiterait d'impertinent et
j'aurais une paire de claques.

Au bout d'un an et demi, nous avons déménagé.
Nous n'habitons plus dans l'immeuble, mais dans
une maison avec un jardin, un poulailler et même un
terrain où l'on peut jouer au foot en arrière. Chantale
dit que nous grimpons dans l'échelle sociale. À peu
près en même temps que le déménagement, pour
que je sois comme les autres, Chantale m'a inscrit à
l'école de musique. J'apprends le solfège, la vie des
grands compositeurs, et je joue du violon. J'aime
beaucoup la musique, mais malheureusement Chantale s'en sert aussi pour me faire mal. Pour que
j'apprenne à suivre le métronome et à taper la mesure comme Paul-André qui le fait du pied en jouant
de la flûte, elle me plaque plusieurs fois la main à
toute allure sur la table, jusqu'à ce qu'elle soit rouge
et que je sente mes doigts raides comme du bois.
Elle répète sans arrêt qu'il me faudra monter les

échelons de la société si je ne veux pas finir balayeur de rue.

J'avoue que je ne suis pas passionné par ce qu'on apprend à l'école. Ce que j'aime, c'est dessiner et peindre. J'aime beaucoup aussi regarder des photos ou imaginer celles que je pourrais prendre. Je lis beaucoup aussi, c'est le meilleur moyen de m'évader. Dans l'Ancien Testament, j'ai pris une phrase que j'ai notée sur la couverture d'un de mes cahiers: «Mieux vaut un plat de légumes où il y a de l'amour qu'un bœuf gras assaisonné de haine.»

Je pense à cette phrase depuis que je suis rentré avec un billet de la maîtresse signalant que je ne fais pas assez d'efforts en calcul. Chantale a dit que cette fois c'était trop, que j'étais un vrai cancre irrécupérable, et elle m'a planté une cuillère entre les dents avec une patate en équilibre dessus.

— Tu fais deux cents flexions des jambes et si jamais la patate tombe, tu recommences. Et tu vois, cette patate, ce sera ton seul souper ce soir, alors fais-y attention...

J'ai envie de sauter par la fenêtre. Hier j'ai eu le malheur de chanter en faisant mes devoirs, alors elle m'a fait descendre dans le jardin pour me rouler en slip dans un tas d'orties.

— Ça te rappellera que, quand on chante faux, on n'écorche pas les oreilles des autres. Et puis d'abord, il n'y a pas de chanteur jaune! On n'en entend jamais à la radio. Tu devrais le savoir...

Qu'est-ce qu'elle a contre les Jaunes? Qu'est-ce qu'ils ont tous contre ceux dont ils disent que ce ne sont pas de «vrais Français blancs»?

Cet après-midi, à l'école, j'étais près du concierge de l'école qui est noir et, lorsque des gars de la classe sont passés près de lui, ils ont ri quand l'un d'eux a dit:

— Eh, les mecs, il fait noir comme dans le trou du cul d'un nègre... Blanche-Neige... Blanche-Neige...

Le concierge n'a pas bronché, il a continué à fumer sa cigarette comme si personne n'avait rien dit.

— Pourquoi tu les laisses faire? lui ai-je demandé.

— C'est juste des gosses, ils ne savent pas ce qu'ils disent.

— Moi aussi, j'en entends parce que je suis un Jaune.

— Laisse, béton...

— Qu'est-ce que ça veut dire?

— Laisse tomber, n'y pense pas, c'est dans les habitudes. D'habitude, est-ce que tu tutoies ou tu vouvoies quand tu rencontres un adulte?

— Pourquoi? Je dis vous, sinon ça irait mal pour mon matricule.

— Tu vois! Parce que je suis un négro, tu m'as dit tu...

— Merde alors! J'y ai même pas pensé...

— C'est pareil pour eux, ils n'y pensent pas. Ils sont pas méchants, c'est juste dans les habitudes, pour rigoler... Fais comme moi, ne leur réponds pas; si tu ne dis rien, ils vont finir par se dire que ça te ne te fait aucun effet.

— Ma mère, elle, j'ai l'impression que c'est pour être méchante qu'elle dit que les Jaunes sont ceci ou cela, qu'ils ne savent pas chanter...

— C'est ton père qui est chinois? Il est parti?

— Non, je vis en adoption. Je viens de Corée. Mes deux parents étaient coréens et ils sont morts. Mon père adoptif, lui, il est à moitié vietnamien, à moitié indou.

— C'est Babel chez vous!

— J'ai même une sœur de Calcutta.

— Vous êtes combien en tout?

71

— Six enfants. Quatre biologiques et deux adoptés.

— Bien dis donc, ça doit leur faire de belles allocations familiales...

— Qu'est-ce que c'est que ça, des allocations familiales?

— Un montant que le gouvernement donne à ceux qui ont des enfants pour aider à les élever. Plus il y a d'enfants, plus le chèque est gros...

— Ça pourrait vouloir dire qu'on ma fait venir de Corée pour grossir le chèque?

— J'ai pas dit ça, j'ai pas dit ça...

Il ne l'a pas dit, mais ça me reste dans la tête avec un gros point d'interrogation.

La patate est tombée! Chantale s'approche, lève la main, le coup m'arrive derrière la tête et, parce que la douleur me fait ouvrir la bouche, la cuillère tombe aussi.

— Aïe! Ça fait mal...

— J'espère! Tu ne t'imagines pas que c'est pour te faire du bien, quand même...

— Avec toi, ça m'étonnerait...

— Quoi! Quoi! Qu'est-ce que ça veut dire, ça?

— Ça veut dire ce que ça veut dire. J'en ai marre que tu t'amuses à me faire mal!

— Mais tu es insolent!

— C'est l'effet recherché...

— Continue comme ça, et je te jure que tu vas passer l'après-midi avec la cuillère dans la gueule. Tu vas y passer le temps qu'il te reste avant d'aller tout droit dans une maison de redressement. Je te le promets!

— Ce sera moins pire qu'ici...

Son poing m'écrase le nez violemment, je ne l'ai pas vu venir. Sonné, j'ai du mal à tenir debout. Je porte la main à mes narines et m'aperçois que je saigne. Le goût du sang se répand dans ma gorge.

— Je saigne...

— Et alors? Tiens un peu ta tête penchée vers l'arrière et ça va s'arrêter. Tu ne vas pas nous en faire un feuilleton.

— Tu n'es pas une vraie mère! Tu n'es pas une vraie mère!

Je vois son visage qui se tord méchamment et elle s'élance vers moi. Elle a l'air tellement furieuse que je me sauve. Je passe la première porte devant moi, celle de sa chambre, et vais me réfugier sous leur grand lit de bois.

— Sors de là! hurle-t-elle. Sors de là tout de suite!

Je refuse. Je me dis qu'elle est bien trop grosse pour venir me chercher là et que le lit est beaucoup trop lourd pour qu'elle puisse le soulever. Ahuri et la peur me tordant le ventre, je regarde la tache de mon sang qui s'agrandit sur le plancher.

Je devais avoir un pied qui dépassait, je me sens soudain attiré avec force. Une violente douleur me traverse la tête. Je ne comprends pas ce qui se passe, je me débats et m'agrippe comme je peux. Je comprends! j'ai la peau du crâne accrochée dans la broche d'un des ressorts du sommier. J'ai l'impression absurde d'être un gros poisson qui vient de mordre à l'hameçon.

Je hurle que je suis accroché par la tête, mais elle continue de tirer.

Est-ce que je vais mourir là?

Mon crâne me brûle affreusement. J'ai l'impression que la tige de fer me fouille la tête. Est-ce qu'elle est plantée dans mon cerveau? Je me retiens comme je peux tandis que Chantale continue à tirer malgré mes cris.

Du sang roule sur mon front puis dans mes yeux.

Je vois tout rouillé. Est-ce que c'est toujours comme ça quand on va mourir?

Je ne comprends pas ce qui s'est passé, me voici sorti de sous le lit. Elle me regarde avec les yeux grands ouverts, comme si j'étais un fantôme.

— Mais qu'est-ce qui se passe? demande-t-elle. Qu'est-ce que c'est que ça?

— Je te l'ai dit, j'avais un ressort accroché après la tête.

— Mais tu criais tellement, qu'est-ce que tu voulais que je comprenne... Viens vite dans la salle de bains, il faut nettoyer ça.

Au-delà de ma douleur et de mes craintes, je comprends qu'elle a peur. Elle a peur que quelqu'un voie ce qu'elle m'a fait. Elle a toujours peur de ce que les autres peuvent dire. Je ne sais pas pourquoi, ça me rappelle Sophie qu'elle avait voulu prendre en adoption mais qu'elle a gardée seulement quelques jours parce que celle-ci ne reparlait plus depuis qu'elle avait vu sa mère se jeter par la fenêtre et se tuer en bas de leur immeuble.

— Les gens pourraient penser qu'elle ne parle pas à cause de nous, avait-elle dit à Laurent.

Je comprends que maintenant c'est pareil; elle ne regrette pas le mal qu'elle vient de me faire, elle a peur que ça se sache.

J'ai l'idée que je pourrais peut-être ainsi me libérer d'elle en parlant à quelqu'un, mais je la repousse; dans le fond, je ne suis pas certain qu'elle soit comme je le crois. J'essaie toujours de me dire qu'elle n'est pas aussi mauvaise que je veux bien le croire.

— Tu diras aux autres que c'est un accident, dit-elle en me tamponnant le crâne avec de l'eau oxygénée. Est-ce que ça te fait mal?

— Ça pique.

— Est-ce qu'il y a un match de foot à la télé, aujourd'hui?

— Non, ce soir c'est Starky et Hutch.

— Ah c'est bien, ça, il y a de l'action. Tu veux l'écouter ce soir?

— Je veux bien, merci.

— Ce n'est pas très grave, rassure-toi, juste une égratignure... Ça paraît plus grave que c'est parce que dès qu'on se blesse à la tête ça saigne beaucoup. Je vais te faire un bandage et puis ensuite je vais te préparer un bon bol de lait chaud au miel. Tu veux du lait chaud au miel?

— Oui, je veux bien, merci.

Il y a des années qu'elle ne m'a pas pris comme ça dans ses bras. Dans ce temps-là, je me rappelle que je n'aimais pas ça; aujourd'hui je ne sais plus. Ça me paraît mieux que rien.

***

Aujourd'hui, au réfectoire de l'école, mon copain Xavier a lancé deux défis. Le premier consistait à roter plus fort que les autres, le vainqueur se méritant les desserts de toute la tablée. Pour le second, c'est à celui qui pètera plus fort que les autres pendant la classe, et le vainqueur aura le vieux ballon de foot de Xavier. Je voulais les desserts, mais aussi et surtout le ballon. Je n'en ai pas et je n'en ai jamais eu de ma vie. J'ai toujours rêvé de pouvoir avoir le mien, de le transporter dans son sac-filet, de pouvoir jongler avec tant que je veux. Il me fallait remporter les deux défis.

Au réfectoire, j'ai gagné sans peine et j'ai ramassé tous les desserts de la table. Je me suis dit que c'était assez pour la journée et que j'allais essayer de remporter le concours de pets du lendemain. Mais voilà, une surveillante s'est aperçue que j'avais le dessert de tous les autres et, sans qu'il soit possible de rien lui expliquer, il a fallu que je ramène à Chantale un mot lui racontant que j'avais fait main basse sur le dessert de tous mes «petits camarades».

Chantale tient le papier entre ses doigts et elle est furieuse. Si c'était la vérité qui serait écrite, je la comprendrais un peu, mais ce n'est pas ça du tout.

— La surveillante a rien compris: je les ai gagnés, ces desserts...

— Et qu'est-ce que t'as fait pour les gagner? Quelle bêtise il a fallu que tu fasses?

— C'était à celui qui roterait le plus fort...

— Roter le plus fort! Mais tu es vraiment une mouche à merde. Comment tu as pu accepter de prendre le dessert des autres pour roter le plus fort! Tu n'as pas honte?

— C'était un concours...

— Eh bien! Quoi qu'il en soit, tu es privé de dessert pour la semaine; ça t'apprendra. Roter le plus fort...

Elle me laisse sur cette punition et je suis un peu étonné qu'elle ne m'ait pas battu.

— Mouche à merde, mouche à merde... me chuchote Paul-André dans le dos. Y en a marre de toi; depuis que t'es arrivé, maman s'use la santé à te crier après.

— Toi, viens pas m'emmerder ou je te fais une grosse tête comme t'en as jamais eue...

— Tu me fais pas peur.

— Parle toujours, un jour ta mère sera pas là pour que tu ailles te réfugier dans ses jupons. Ce jour-là, je te jure que tu va y goûter, tapette à mouche!

Il n'est pas question que je m'en laisse imposer par lui. Il me déteste depuis le premier jour, et Chantale qui n'arrête pas de dire que c'est grâce à eux, ses enfants biologiques, grâce à leur bon cœur, si Laetitia et moi on est là au lieu de traîner dans les bidonvilles de nos «pays sous-développés».

***

Ce matin, c'est décidé, je gagne le ballon de foot. Il me suffit de péter très fort.

Autour de moi, toutes les têtes sont penchées au-dessus d'un exercice d'écriture, on n'entend pas un bruit, c'est le moment.

J'ai bien peur de faire dans ma culotte, mais il me faut ce ballon, il faut que ce soit retentissant...

J'ai bien eu quelques gaz qui en font pouffer quelques-uns autour, mais vraiment pas assez forts pour mériter le ballon. Il faut que je réussisse un exploit.

Ça y est! Celui-là, ils ne pourront pas dire que ce n'est pas un vrai de vrai. Toute la classe rit et me regarde; j'aime ça, mais s'ils ne retournent pas à leur travail, ça va encore m'attirer des histoires...

— Mathias, amène-moi ton cahier de textes au lieu de faire rire toute la classe avec tes cochonneries.

— Mais... Je vais être sage, madame! Je vais être sage...

— Il fallait y penser avant.

— Non; si vous marquez un truc dans mon cahier, ma mère va me tuer... S'il vous plaît...

— Ta mère fera ce qu'il faudra; c'est une personne raisonnable, elle.

La maîtresse a écrit quelques lignes que je parcours rapidement. «Votre fils, Mathias, s'amuse en classe à émettre des bruits incongrus.» Je lève la main.

— Quelque chose à dire, Mathias?

— Oui, madame. Pourquoi vous ne mettez pas tout simplement que j'ai pété?

— Continue comme ça à faire rire les autres et tu resteras en retenue après les cours, après avoir été t'expliquer avec le directeur dans son bureau...

— Mais, madame, vous ne savez pas ce que ça va faire, un pareil mot chez moi. Si vous mettez que j'ai eu des gaz, ça peut toujours s'expliquer, mais des bruits incongrus, elle va croire que j'ai fait exprès.

— Ce qui est le cas.

— Elle va me tuer...

— Elle est si sévère que ça, ta mère?

— Oui.

— J'ai l'impression que tu en rajoutes un peu. Enfin, en attendant, tu lui feras signer cette note. Tu as compris?

— Oui, madame.

Maintenant, Chantale regarde dans mon cahier. Je vois ses lèvres qui bougent toutes seules. Qu'est-ce qu'elle va me faire, cette fois?

— Qu'est-ce que c'est que cette histoire de bruits incongrus? me demande-t-elle.

— J'y peux rien, moi, j'ai pété. C'est venu tout seul.

— Ta maîtresse a bien marqué *des bruits*, ça veut dire qu'il y en avait plusieurs.

— Bah! oui, c'était une série de pets...

— Tu te fous de moi, là!

— Mais non, je dis ce qui s'est passé. C'est naturel de péter, non? Tout le monde pète. Pourquoi, quand c'est moi, ça fait des histoires? Je dois bien avoir le droit de péter comme les autres...

— J'en ai plus qu'assez de toutes tes saletés. Avec toi il y a toujours une histoire de pisse, de merde, de morve ou de pet. Eh bien! puisque tu aimes tant que ça toutes ces histoires écœurantes, ce soir tu iras manger dans les toilettes. Là, tu seras vraiment dans ton élément.

Elle a rempli une pleine assiette de riz et de patates. Elle a tout barbouillé de sauce tomate. C'est écœurant à regarder. Je suis assis sur la toilette avec cette assiette sur les genoux. Jamais je ne pourrai manger ça ici. J'en ai mal au cœur.

La porte doit rester ouverte, elle vient voir où j'en suis.

— Eh bien, tu ne manges pas? Je te préviens, si tu ne manges pas toute ton assiette ce soir, tu devras la manger demain. Et si ce n'est pas demain, ce sera le jour suivant. Tu n'auras rien d'autre avant d'avoir fini ça. Puisque tu ne veux rien comprendre avec la douceur, alors on va faire rentrer les choses autrement dans ta petite tête. Maintenant, ça va être comme à l'armée, tu marches ou tu crèves...

Cette fois c'en est trop! J'en ai marre de tout ça! Il n'y a aucune raison pour qu'on me force à manger dans les chiottes! Je me lève pour aller porter l'assiette dans la cuisine. Elle fera ce qu'elle voudra, je m'en fiche.

— Qu'est-ce que tu crois que tu es en train de faire? hurle-t-elle.

Je n'ai pas le temps de me retourner pour lui répondre, son pied m'arrive dans les fesses. La douleur me fait monter les larmes aux yeux. Je reste un moment sans pouvoir bouger. Elle a le visage déformé par la colère.

— Tu vas manger ça! Tu vas manger ça!

Elle m'arrache l'assiette des mains, prend une poignée de riz et de patates et me la fourre d'office dans la bouche. Je voudrais tout recracher, mais j'ai top peur. Ça ne veut pas passer non plus, j'ai des haut-le-cœur.

— N'essaie pas de renvoyer par terre! N'essaie surtout pas ça! me prévient-elle.

Rien à faire, un peu de ce que j'ai dans la bouche va s'écraser sur le sol. Voyant venir un coup de sa part, je me sauve dans le corridor où elle me rattrape tout de suite par les cheveux. Elle tire tellement fort qu'une poignée lui reste entre les doigts.

Elle est enragée, je voudrais disparaître. D'une main, elle me force à ouvrir la bouche encore pleine de riz et de patates et elle y glisse la poignée de cheveux qu'elle vient de m'arracher de la tête.

— Avale! Avale tout, tu m'as compris!

Elle est capable de me tuer, je le vois dans ses yeux. Elle me déteste. Je ne sais pas comment, je parviens à avaler. J'ai l'impression que ça reste bloqué dans ma poitrine. Je voudrais tout régurgiter. Je me sens sale en dedans.

— Maintenant, tu te tournes vers le mur et tu le fixes comme tu sais si bien fixer les gens. Tu resteras là jusqu'à ce que ce soit le temps de faire la vaisselle.

Je fais comme elle dit. Tous les autres sont dans la salle à manger, personne n'a bougé. J'entends la voix d'Anne-Céline qui annonce tout calmement:

— Mam, ton repas va être froid...

— J'arrive, ma chérie, commencez sans moi.

— Laisse-le et viens manger, insiste Anne-Céline, on n'en a rien à faire de lui.

Je ne suis pas un membre de cette famille, j'en suis l'ennemi. Je le sens très bien. L'éternelle question revient toujours dans ma tête: pourquoi?

Si seulement je pouvais retrouver ma mère à moi; je voudrais tellement rencontrer une personne qui m'aime un peu. Si seulement ils avaient pu me laisser là-bas, dans mon pays que j'oublie, j'aurais au moins mes amis qui seraient ma famille. Ici je n'ai rien, je ne suis pas ce qu'ils veulent et en plus ils veulent faire de moi ce que je ne suis pas. Il faudrait interdire aux gens d'adopter des enfants d'ailleurs. Je ne suis pas de leur monde et ne le serai jamais. Ça me fait penser à mon copain Henri qui s'imagine que ses parents sont bien gentils parce qu'ils ont fait venir un perroquet de la forêt amazonienne pour le mettre en cage dans leur salon.

Mais au moins, je suis certain qu'ils ne lui font pas avaler ses plumes, au perroquet. De toute façon, il en mourrait; nous, on a la vie trop dure.

***

Pour Noël, les autres ont eu des cadeaux, pas moi. Ou plutôt, j'ai eu une cloche. Comme ils déballaient leurs paquets, Chantale s'est approchée de moi en tenant une cloche comme celles mises au cou des vaches. La cloche et le collier.

— C'est pour toi, a-t-elle dit. Comme ça, on saura tout le temps où te trouver.

Elle l'a mise à mon cou en me faisant bien remarquer que ce n'était pas une récompense. Elle n'avait pas besoin de me le dire.

Je ne sais pas pourquoi je pense à ça, parce que ce qui est en train de se passer dans le salon est bien pire. Ma maîtresse est venue et je viens d'entendre à travers la porte que le pot aux roses est découvert. J'avais beaucoup de zéros et j'ai ajouté des 1 devant. Je ne pensais pas que la maîtresse viendrait jusqu'ici.

Qu'est-ce qui va m'arriver cette fois? Des coups, j'en reçois déjà à peu près tous les jours. La vaisselle je la fais, comme les lits et les souliers. Et les fables de La Fontaine qu'il faut apprendre la nuit pendant qu'elle écoute la télé, et les pompes qu'il faut faire sur une main, et les douches glacées à minuit lorsque mes devoirs ne sont pas terminés à temps. Qu'est-ce qu'elle va trouver d'autre?

Chantale a trouvé.

— Désormais, puisque tu n'es pas capable de te comporter comme quelqu'un, tu vas vivre comme un rat... À partir de ce soir, tu quittes ta chambre et tu t'installes dans la cave. C'est un milieu qui va te convenir...

— Dans la cave!

— Oui, dans la cave.

Je tremble. La cave ressemble à un cachot comme dans les films. Des murs presque noirs, un plancher de béton, un soupirail qui ne laisse pas entrer assez de lumière pour voir clair, de la poussière, des toiles d'araignée et une ampoule nue qui pend du plafond.

— Tu peux pas me mettre dans la cave pour ça!

— *Pour ça!* c'est ainsi que tu appelles le fait de falsifier tes notes? Tu ne te rends même pas compte de ce que tu fais! Non seulement tu as des zéros, mais en plus tu les dissimules. Donc tu es un fainéant et un menteur. Tu n'as aucune qualité.

— Je suis comme je suis, j'y peux rien...

— Eh bien moi je vais y pouvoir quelque chose! Je vais te changer, que tu le veuilles ou non. Des zéros! Quand je pense qu'il a le toupet d'aller récolter des zéros après tout le mal qu'on se donne... Comment peux-tu faire pour avoir un zéro puisque je me donne la peine de te faire réciter tes leçons tous les jours? Et tu demanderas à tes copains si leurs parents, à eux, passent des nuits blanches à leur expliquer la même chose des centaines de fois!

— Quand je suis fâché, je n'écris rien.

— Quand est-ce que tu es fâché?

— Chaque fois que tu me tapes, chaque fois que je dois faire toutes les corvées dans cette maison...

— Si je te les donne à faire, c'est parce que tu les

mérites. Les autres n'ont jamais été comme toi, jamais ils n'ont rechigné à faire la vaisselle.

— Peut-être, mais les autres, ils sont avec toi depuis qu'ils sont au monde, tu les as faits comme tu voulais les avoir; moi, tu m'as pris comme j'étais et tu veux que je sois différent. Ça ne marche pas...

— Mais tu ne voudrais pas me donner de leçons, par hasard? Tu oublies que j'ai été une éducatrice spécialisée. Je sais ce qu'il faut faire avec les jeunes dans ton genre, des jeunes voyous en puissance à cause de leurs idées.

— Je veux pas être un voyou, je veux faire du foot.

— Pourquoi veux-tu faire du foot?

— Parce que j'aime ça.

— Non, c'est parce que tu rêves d'avoir de l'argent, beaucoup d'argent; tu rêves à la gloire, à une Ferrari, à la vie facile sans travailler, quoi. Eh bien, tout ça, c'est des idées de voyou en herbe. Oui, oui, c'est ce que tu es, un voyou en herbe; et c'est pour ça, pour te mettre un peu de plomb dans les idées, que tu vas aller voir comment ça se passe à la cave...

***

Les nuits sont froides, très froides. Si j'avais au moins un matelas, ce serait un peu mieux, mais je dois coucher sur le ciment par terre. Elle m'a dit que, puisque je dormais par terre en Corée, ça ne ferait pas de différence, que ça ne valait pas le mal de déménager un matelas.

Souvent, je me réveille au milieu de mon mauvais sommeil et j'ai peur. J'ai l'impression d'être enfermé dans les entrailles d'un monde mauvais.

Ce soir, je n'ai même pas eu droit à autre chose qu'à un morceau de pain rassis. Tout ça parce qu'en sortant de l'école j'ai fait un détour pour raccompagner un copain chez lui.

— Où étais-tu? tu as cinq minutes de retard.

— J'ai raccompagné un copain, il voulait me montrer sa nouvelle bécane.

— À qui as-tu demandé la permission? a-t-elle crié. Réponds: c'est qui qui décide ici? Même les grands me demandent pour aller quelque part. Ils me demandent même pour changer de chaîne à la télé; ils ont du respect, eux, mais toi tu veux n'en faire qu'à ta tête... Et puis on ne parle pas argot ici. Qu'est-ce que c'est que cette manie? Je te le dis, c'est en prison que tu vas finir, et ne viens pas compter sur moi pour t'en sortir, tu l'auras bien cherché. Et je te préviens: si ça arrive, tu ne t'appelleras plus Bastarache non plus. À propos, j'ai entendu dire que tu te faisais encore appeler Yong; qu'est-ce que c'est que cette histoire?

— Non, c'est juste quand il y en a qui me demandent comment je m'appelais quand j'étais en Corée.

— Qu'est-ce que tu dis quand les gens te demandent d'où tu viens?

— Que je viens du pays du matin calme...

— *Du matin calme*! Il faut vraiment que tu te fasses remarquer... Pourquoi ne pas dire tout simplement que tu viens de Corée, tout le monde ne sait pas ce que c'est que le pays du matin calme. Je t'en ferais, moi, des pays du matin calme...

— C'est pas plus mal que la douce France...

— Ah non! Pas d'impertinences, tu sais que je ne supporte pas. Et n'essaie pas de me dire qu'on n'est pas bien en France.

— C'est pas si bien que ça...

— Tu veux retourner là-bas et crever de faim, peut-être?

— Ça me fait rien, à moi...

— Eh bien n'y compte pas! Tu es ici pour y rester. On s'est engagés à t'éduquer et je te jure qu'on va le faire. Quand tu seras majeur, tu iras où tu voudras, mais en attendant tu vas faire tout ce que je te dis. Je ne sais pas si je vais réussir, mais je vais essayer de faire quelqu'un avec toi, que tu le veuilles ou non. Et, pour commencer, donne-moi ton cartable d'école...

— Pourquoi?

— Ne pose pas de question, jamais quand je te donne un ordre.

Elle m'a presque arraché le cartable des mains et l'a renversé sur la table. Elle feuillette mes cahiers et elle secoue la tête de gauche à droite d'un air découragé.

— Qu'est-ce que c'est que toutes ces taches-là? demande-t-elle, même si elle doit très bien le savoir.

Je réponds que c'est obligé puisqu'elle m'oblige à faire des pompes quand je travaille et que les gouttes de sueur ou des fois des larmes viennent s'écraser sur les pages et diluent l'encre. J'ajoute que la maîtresse m'a aussi demandé plusieurs fois pourquoi mes cahiers étaient comme ça.

— Qu'est-ce que tu lui as répondu?

— Que je ne savais pas.

— Tu es certain que tu n'as pas été gémir devant toute la classe?

— Non, j'ai jamais rien dit.

Brusquement, elle prend un premier cahier puis le déchire rageusement, puis un autre et un autre encore. Ahuri, je regarde tous mes cahiers réduits en morceaux.

— Maintenant, tu vas prendre des cahiers neufs dans le buffet et tout recopier très soigneusement. Pas de feuilles froissées, de taches ou de pattes de mouche. Tu m'as bien compris? Et tu ne retourneras pas à l'école tant que tu n'auras pas fini. Paul-André dira que tu es malade s'ils posent des questions et il ramènera tes devoirs de l'école. Allez, va dans ta cave et au travail.

***

Je me retourne sur le ciment. Le froid du sol est en moi et toutes mes côtes me font mal. Je tends le bras pour chercher dans une poche s'il ne me reste pas un morceau de sucre. Pour moi, le sucre est presque devenu une drogue, je ne peux plus m'en passer.

J'évalue les chances que j'ai de monter en haut, d'entrer sans réveiller personne puis d'aller jusqu'au buffet, d'en ouvrir la porte, de trouver le sucrier et y prendre quelques carrés. Si je me fais surprendre, qu'est-ce qu'elle peut me faire? C'est sûr que pour elle ce serait un crime de la plus haute importance. Voler des carrés de sucre! Déjà qu'elle trouve que je mets trop de beurre sur mes tartines et qu'il faut que je racle et racle jusqu'à ce qu'on n'en voie plus.

— On voit bien que ce n'est pas toi qui payes, dit-elle souvent.

Tant pis pour les risques, j'ai trop froid; je monte.

L'obscurité me colle au corps. J'ai le cœur qui bat fort. Pourquoi est-ce qu'aller chercher un peu de sucre dans la nuit me paraît une véritable aventure? C'est ridicule!

— Qu'est-ce que tu fais là? Hein! Tu ne t'attendais pas à me trouver là...

Je sursaute et clignote des yeux dans la lumière qu'elle vient d'allumer.

— Je... J'avais soif et je cherchais un verre...

— Au milieu de la nuit, comme ça...

— Bah! oui. De toute façon, je peux pas dormir sur le ciment en bas.

— Arrête de te plaindre, moi je crois plutôt que tu cherchais encore à voler quelque chose à manger.

— Non...

— Il manquait des tranches de jambon hier soir; c'est toi qui les as piquées, hein? Avoue!

— Non, c'est pas moi, je te jure...

— Tu mens! Seulement toi et Laetitia farfouillez dans la cuisine en dehors des repas. Je suis sûre que c'est toi.

Dans la chambre, j'entends Laurent qui commence à grogner.

— Qu'est-ce qui se passe encore? demande-t-il. Est-ce qu'on va pouvoir dormir un jour dans cette foutue cabane! J'en ai plein le dos d'entendre gueuler tout le temps. Je vais déménager à l'hôtel si on ne peut même pas avoir la paix au milieu de la nuit...

Elle me regarde comme si j'étais le diable.

— C'est de ta faute tout ça! m'accuse-t-elle. Tu nous empoisonnes l'existence, tu fais de notre vie un enfer. Il y en a marre de toi et de ta sale gueule d'hypocrite... Tiens! Ça t'apprendra...

Son poing m'écrase le nez. Encore. Il y a comme un craquement et un goût âcre descend dans ma gorge. Je pleure et soudain ça me vient dans la tête: j'ai envie de sauter sur elle. Je me vois en train de la pousser dans l'escalier, elle tombe, elle tombe et c'est fini, j'ai la paix. Enfin la paix! J'irai peut-être en prison, mais en tout cas, même en prison, il y a des lits et à manger.

— Arrête de gueuler! m'ordonne-t-elle. Arrête ou je t'assomme. Ôte ton slip maintenant...

— Quoi?

— J'ai dit: ôte ton slip.

Elle me menace toujours de son poing, elle ne plaisante pas. Tremblant, me demandant pourquoi, je fais ce qu'elle m'ordonne. Elle m'arrache le vêtement

87

des mains, en fait une boule, puis elle me l'enfonce dans la bouche.

— Comme ça, on ne t'entendra plus, dit-elle. Maintenant tu gardes le piquet pour le reste de la nuit, je ne veux pas entendre un son. Si tu réveilles Laurent encore une fois...

Elle m'a donné une tape sur le zizi et elle est partie. Depuis, je reste debout dans le noir et je les entends ronfler. Il n'y a donc rien qui les dérange?

Pourquoi est-ce que je ne m'en vais pas? Ce serait facile de me faufiler sur le palier, de descendre dans la rue et de disparaître. Qu'est-ce qui m'en empêche?

Quelque part au fond de moi, il y a une voix qui répète tout le temps que ça va peut-être changer, que ce n'est qu'un mauvais moment, que tout va finir par rentrer dans l'ordre et que Chantale va m'aimer comme les autres.

Je m'accroche à cet espoir, parce que je sais que dehors il n'y a que la nuit, le froid, la faim, et aussi la police qui de toute façon me ramènera toujours ici.

Pourquoi est-ce que le monde marche comme ça? Ce serait si simple si tout le monde s'aimait. Ce serait si simple si tout le monde décidait que les choses sont drôles et que ça vaut la peine de rire. Pourquoi est-ce que les gens ne savent pas s'arrêter pour regarder ce qui est beau et qu'ils ne font que crier, crier et courir pour rien du tout? Chantale me frappe et me punit pour que je devienne ceci et cela, pour que je devienne à mon tour comme elle qui punit pour devenir ceci ou cela. À quoi ça sert? C'est de la folie. Pourquoi est-ce qu'ils ne s'en rendent pas compte?

J'ai retiré le slip de ma bouche, prêt à le remettre si je l'entends qui se lève. Je me demande ce que je fais, comme ça, tout nu, debout dans le noir. Si au moins je pouvais dormir...

— Tu vas apprendre à faire ta toilette une fois pour toutes, a-t-elle dit en se levant. Tu n'es jamais net, ta peau n'est jamais blanche.

— Bah...

— Quoi, bah?

— Rien...

Elle me surveille attentivement, appuyée contre le cadre de la porte. Toujours en équilibre sur une seule jambe, l'autre repliée vers l'arrière en équerre, il faut que je tourne le gant comme il faut autour de chacun de mes orteils, que je rentre un bout du doigt couvert du gant dans chacune de mes oreilles, que je rince le gant à chaque étape, c'est-à-dire, dans l'ordre: le visage, la poitrine, les jambes, les pieds et enfin ce qu'elle appelle «le zoiseau et le trou de balle».

Elle a invité les autres à venir voir comme je m'y prends mal. Ils rient et elle leur dit que c'est ce que ça donne quand un petit goret essaie de se nettoyer. Je n'aime pas être tout nu devant tout le monde, je me sens tout petit et nul.

Ce n'est jamais à son goût. Les autres sont partis à l'école et elle me fait recommencer je ne sais combien de fois.

— Pas comme ça, le trou de balle! s'énerve-t-elle. Plus énergique! De quoi tu as peur? Je vais te montrer... Baisse-toi, plus que ça, écarte les jambes, oui, voilà...

Elle me fait mal. Elle me rentre le doigt dans les fesses, loin.

— C'est comme ça qu'on doit faire, dit-elle, si on veut que le slip reste propre. Et maintenant cette affaire-là... Combien de fois je t'ai dit qu'il fallait retrousser la peau, comme ça, pour bien savonner. Il y a plein de saletés qui se mettent là-dedans et ça peut s'infecter. Bon, maintenant il faut rincer, comme ça... Est-ce que tu as compris?

— Oui.

— Oui qui?

— Oui, maman.

— Bon, recommence, qu'on voie si c'est vrai.

— Tout?

— Évidemment, tout! Je veux que ce soit parfait.

Encore une fois, le nettoyage du «trou de balle» ne la satisfait pas. Elle recommence et me fait encore plus mal. J'ai l'impression qu'elle a rentré tout le doigt dans mes fesses et qu'il ressort par le zoiseau.

— Qu'est-ce que ça signifie? demande-t-elle.

— Quoi?

— Ton affaire, là...

— Je sais pas.

Elle me pince le zizi, maintenant. Elle souffle comme un bœuf et sent fort la sueur.

— Tu veux que je te remontre encore une fois comment laver ça? demande-t-elle.

— Je vais le laver comme il faut.

— Tu n'aimes pas ça quand je te lave?

— Non...

— Pourquoi non?

— Je sais pas...

Pourquoi a-t-elle l'air très en colère tout à coup? Je n'ai rien dit de mal pourtant. Encore une fois, elle me pince le zizi très fort; j'en ai des larmes aux yeux.

— Tu ne veux rien comprendre, dit-elle. On veut être gentil et tu ne comprends rien. Eh bien! puisque c'est comme ça, on va passer à autre chose: la bonne façon de faire la vaisselle...

Je ne vois pas du tout où est-ce qu'elle a voulu être

gentille, mais tant pis; de toute façon, je préfère encore la vaisselle.

Elle a fait bouillir un chaudron d'eau qu'elle a versée dans l'évier. Je m'apprête à faire couler un peu d'eau froide, mais elle m'en empêche.

— Pourquoi est-ce que tu crois que j'ai fait bouillir de l'eau? La vaisselle, ça se lave à l'eau chaude.

— Mais elle est bouillante...

— Et alors? T'es une femmelette ou quoi?

Avant que je réponde, elle me prend les poignets et me plonge les mains dans l'eau. Je hurle.

— Quoi! Quoi encore! Tu ne vas pas faire ton douillet et ameuter tout le quartier. Qu'est-ce que c'est que ces histoires-là?

Mes mains sont écarlates et mes veines toutes gonflées à la surface. Ça me picote affreusement dans tous les doigts. Elle doit être folle! la voilà qui sort toutes les assiettes propres, toutes les casseroles et tous les ustensiles.

— Tu vas me relaver tout ça, dit-elle. Ce n'est pas très net. Et n'y passe pas la journée. J'ai une émission intéressante à écouter, je vais revenir tout à l'heure pour réchauffer ton eau. Et mets-la en sourdine! T'es même pas capable de laver les assiettes sans les entrechoquer... T'es rien qu'un incapable!

Pourquoi est-ce qu'elle ne meurt pas!

***

Je suis au grenier. J'ai réussi à m'éclipser mais je ne sais pas combien de temps ça va durer avant qu'elle ne m'appelle. Je viens de passer des jours sans aller à l'école, à recopier les cahiers qu'elle a déchirés et aussi à faire le ménage et la vaisselle. Je suis retourné en classe seulement ce matin, avec un mot

d'excuse expliquant mon absence par une «testiculite».

— Ça va mieux? m'a demandé la maîtresse à voix
basse.

— Quoi donc, madame?

— Eh bien, ce que tu as eu...

— J'ai rien eu de spécial.

— Je comprends que tu ne veuilles pas en parler,
mais tu sais, il n'y a aucune honte à ça.

Je m'étais bien demandé ce qu'était une testiculite,
mais je n'avais pas imaginé que ça puisse avoir rapport
avec les testicules avant qu'elle n'ajoute:

— Tu sais, les testicules sont une partie du corps
comme toutes les autres.

Je ne sais pas pourquoi, mais je n'ai pas aimé
qu'elle me parle de ça, d'autant plus qu'il s'agissait des
miens. Ce que j'aime encore moins, c'est que Chantale
ait pu mentir. Elle qui dit haïr le mensonge, je ne
comprends pas du tout pourquoi elle l'a fait. Qu'est-ce
que ça peut lui donner?

La vue est belle d'ici. À travers la lucarne j'observe
les toits qui paraissent un peu dorés sous la lumière du
soleil. Il n'y a pas très longtemps que je me suis rendu
compte qu'il y a du soleil ici aussi. C'est venu sans que
je m'en aperçoive. Il faut croire que j'ai oublié la
lumière de la Corée et que j'ai appris à me satisfaire de
celle d'ici. Je lui trouve même des charmes.

Je marche dans le grenier, passe devant les haltères
de Laurent. Tiens, qu'est-ce qu'il peut bien y avoir
dans cette grosse malle? J'ouvre le couvercle et découvre, impeccablement pliés, des costumes d'armée. Dans
un coin, bien rangés, je découvre des galons et des
médailles. Ça doit être les habits de Laurent quand il
était à l'armée. J'ai du mal à l'imaginer en guerrier, je
le vois toujours avec ses pantoufles devant la télévi-

sion. Il y a un gros casque de fer; je le pose sur ma tête puis, un peu effrayé à l'idée d'être surpris, je le remets en place aussitôt en silence.

— Mathias! Où est-ce que tu es encore?

Ça y est! finie ma tranquillité. Quand est-ce qu'elle va m'oublier?

— Où étais-tu?

— Au grenier, je regardais les toits...

— Les toits! Qu'est-ce qu'ils ont d'intéressant, les toits?

— Il y avait une belle lumière dorée...

— Ça y est! Nous voilà bien, il joue au poète. Il ne manquait plus que ça!

— Bah alors, pourquoi tu me fais apprendre les fables de La Fontaine?

— Tu ne vas pas te comparer à La Fontaine, j'espère?

— Non. J'ai rien dit, moi, je faisais juste regarder les toits.

— Bah! c'est fini; au boulot maintenant, et remue-toi un peu. Ce que tu peux être lambin! Jamais prêt à faire ce qu'il faut... Au moins, les autres ils savent ce que c'est que l'amour. Ils sont reconnaissants, eux...

5

Je ne comprends plus rien à rien! À l'école tout le monde en parle, il paraît même que c'est dans le journal local: Chantale Bastarache a été élue la mère de l'année.

J'ai l'impression que c'est un coup monté contre moi. Les bonnes âmes de la ville ont compris qu'elle en faisait baver au «Chinois» et elles ont trouvé que ça méritait une médaille d'honneur. Beaucoup de gens traitent Chantale comme une icône et la regardent comme si c'était une sainte.

Il faut que je fasse quelque chose!

— Le premier arrivé au mur de l'autre côté de la cour, dit Bonard, il gagne le pompon...

Je demande en quoi consiste le *pompon*.

— C'est l'honneur, mec. Rien que l'honneur...

L'honneur, ça me va. C'est toujours bon à prendre.

Nous sommes quinze sur la ligne de départ, j'ai bien l'intention d'arriver le premier et de gagner le pompon. Chantale ne sera pas toute seule à mériter des honneurs.

C'est parti! Je ne vois plus rien, tout est devenu flou. Je cours et je sens l'air qui fouette ma figure. C'est bon de courir! Je me sens des ailes, les autres ne pourront pas me rattraper, c'est certain...

Bing! Aïe! Je vacille, tout tourne... Depuis mon

front, la douleur se répand dans tout mon corps. Au dernier moment, j'ai bien vu le mur, mais je ne sais plus trop ce qui s'est passé, j'ai comme voulu rentrer dedans, m'effacer. Disparaître en gagnant.

— Merde! mec, t'as pas vu le mur, me dit un des gars.

— Je l'ai vu, mais j'aime pas les murs...

Je suis sur le derrière. Tout tourne encore. Je voudrais bien me relever, mais je n'y arrive pas. Mon front est comme si le mur était rentré dans ma tête.

— Tu vas avoir toute une prune sur le front, dit Bonard. C'est déjà pas joli à voir...

— Je suis habitué...

— T'as l'habitude de rentrer dans les murs?

— Non, mais il y a une montagne qui aime bien me tomber dessus...

— Eh, les mecs, dit un autre, il est vraiment sonné, il raconte n'importe quoi.

Un autre se met à rire:

— Ça fait un citron pressé, hurle-t-il. Un citron pressé, ha, ha...

***

— Qu'est-ce qui t'est arrivé, tu t'es encore battu? demande Chantale qui, comme toujours, me détaille dès que je mets le pied dans la maison.

— Non, un mur m'est rentré dedans...

— Ah oui! Un mur lui est rentré dedans. C'est bien connu, de nos jours il faut se méfier des murs, ils sont vicieux, les murs...

Arrivé en même temps que moi, Paul-André lui explique ce qui s'est passé exactement.

— Ce que tu peux être bête, me dit-elle. Rentrer dans un mur en courant... Mais qu'est-ce qu'ils pensent de toi, les autres? Tu as bien des petits copains à l'école? J'ai des antennes partout, je sais que quand tu veux, tu sais te faire remarquer, tu roules des épaules et tu parles comme si t'étais le roi du pétrole.

— Moi?

— Oui, toi. Et baisse d'un ton, s'il te plaît, je te l'ai déjà dit, je ne suis pas une de tes copines, moi! Et puis tiens, tu n'es même plus mon fils, tu ne mérites plus de porter notre nom, tu lui fais trop honte. Va dans ta cave, je ne veux plus te voir...

Elle a laissé passer une heure ou deux et elle est venue me rejoindre. Elle est là et me regarde avec un regard moins sévère que d'habitude. Presque un regard gentil.

— Je suis prête à te pardonner, dit-elle soudain. Je suis prête à tout effacer et on recommence à zéro tous les deux; qu'est-ce que tu en penses?

— Oui, moi je veux bien.

— Mais il va falloir que tu agisses, que tu te comportes comme il faut!

— Oui, maman.

— Oui, oui... Les oui, c'est facile à dire, mais moi je veux des actes.

— Oui, maman.

— Tu te rends compte que nous sommes ta famille?

— Oui...

— Est-ce que tu nous aimes, au moins? Est-ce que tu m'aimes un peu?

— Sûrement...

— Tu ne dis pas ça pour t'éviter une volée?

— Ben non... c'est vrai.

— Alors pourquoi tu nous en fais baver comme ça?

— Je ne sais pas, peut-être que je suis pas assez bien pour vous et...

Sa main heurte violemment ma joue. Je me tais. J'aurais dû me douter que c'était trop beau, cette offre de paix.

— Pas assez bien pour nous, répète-t-elle. Même quand on essaye d'être gentil, il faut que tu te montres impertinent.

— Mais j'ai jamais voulu dire de mal!

— N'aggrave pas ton cas en mentant, c'est déjà bien assez comme ça. Je suis fatiguée de toutes tes chinoiseries. Il faut que ce soit moi qui te dise de demander pardon, ça ne peut pas venir de toi-même: tu n'as pas de cœur ou quoi?

J'ai envie de lui demander pourquoi est-ce qu'elle m'a fait venir de Corée si elle n'aime pas les *chinoiseries*. Mais je sais que ça ne servirait à rien. Je n'ai plus aucun espoir qu'elle puisse seulement se demander elle-même si elle agit comme la chrétienne qu'elle dit être.

À la regarder, je commence à avoir l'impression qu'on est chrétien juste pour faire bien vis-à-vis des autres. Eh bien non! Ils ne m'auront pas. Je m'en fous de ce qu'ils pensent, les autres. Je ne veux surtout pas devenir comme elle ou comme Paul-André.

L'autre jour, à la messe, j'écoutais le curé qui lisait l'Évangile où Jésus disait que c'est aux fruits que l'on reconnaît l'arbre. Les Bastarache et tous les autres qui leur donnent des médailles, tous ces gens qui sont à la messe le dimanche, j'ai beau essayer, je ne vois en eux que des méchants habillés de mensonge.

***

Alors que tous les autres sont ravis quand la classe prend fin, moi, au contraire, je trouve toujours que la journée a été beaucoup trop courte. Je vois arriver avec désespérance l'heure où il faut retourner à la maison. Je ne fais pas comme les autres qui s'inventent parfois des douleurs pour rester chez eux, au contraire! Il m'est arrivé de me sentir malade, mais je n'ai rien voulu dire. De toute façon, je savais que ce serait beaucoup plus facile à supporter à l'école que sur le ciment de la cave ou sous les injures de Chantale.

En plus, à l'école, je suis imbattable aux billes. J'aime ça, cette impression d'être le meilleur dans quelque chose. À la maison, je suis le mauvais dans n'importe quoi, mais à l'école j'ai acquis le respect des joueurs de billes. Cette habilité a un autre avantage, c'est que je ramasse ainsi une collection de billes qui fait l'envie de tous. Il faut dire que, souvent dans la cour ou sous le préau, les billes sont la principale monnaie d'échange. Ce sont elles qui souvent me permettent d'acquérir les biscuits ou les chocolats qui, durant un trop court instant, réussissent à apaiser ma faim perpétuelle.

Je ne sais pas pourquoi, j'ai toujours faim. Pire encore que celle que je ressentais en Corée. J'ai tout le temps l'impression d'avoir un gouffre noir au fond de moi.

C'est ce qui tout à l'heure m'a amené dans cette boulangerie-pâtisserie où, sans argent, je suis rentré en me composant l'air le plus misérable qui soit.

— Bonjour, madame...

— Bonjour.

— Je me demandais si... est-ce que par hasard vous n'auriez pas des restes d'hier ou d'avant que vous ne pouvez pas vendre; il n'y a rien à manger à la maison... Ma mère me donne rien...

— Depuis combien de temps tu n'as pas eu à manger?

— J'ai eu un petit morceau de pain ce matin...

— Et à la cantine de l'école?

— Ma mère veut pas payer la cantine.

La femme pousse un soupir, regarde autour d'elle, puis elle attrape deux gros pains au chocolat qu'elle enveloppe dans un papier.

— Je t'en donne aujourd'hui, dit-elle, mais je ne pourrais pas tous les jours. Peut-être qu'il faudrait que tu le dises à ta maîtresse que tu as faim, il y a des organismes qui s'occupent de ça.

— Je vous remercie beaucoup, madame.

Je me retourne pour sortir et je reste saisi en voyant Paul-André qui se tient juste derrière moi.

— Cinq Carambars, demande-t-il à la boulangère en posant ses pièces sur le comptoir.

Je sors, mais il me rattrape sur le trottoir.

— Je vais le dire à maman, que tu racontes partout qu'elle te donne pas à manger.

— Ne fais pas ça, je t'en supplie, elle va me démolir.

— Ça sera bien fait pour ta sale gueule.

— Je t'ai jamais rien demandé, mais ce coup-là, ne dis rien.

— À une condition...

— Laquelle?

— Tu me donnes toutes tes billes.

— Toutes!

— C'est ça ou je parle et toi tu vas te ramasser à la morgue, ce qui serait peut-être un bon débarras.

Les billes sont tout ce que je possède. Avec elles, je ne me sens pas tout nu; j'ai l'impression qu'un jour, lorsque j'en aurais assez, elles pourraient m'acheter la paix. De l'argent pour un billet de train pour l'Espagne, par exemple. Une fois en Espagne, je pourrais jouer les amnésiques et ils ne sauraient pas de quel pays je viens. Il me suffirait de ressortir les quelques mots coréens qui me restent et peut-être qu'ils me renver-raient dans le premier avion pour Séoul. Et puis il n'y a pas que ça dans les billes, il y a toutes ces couleurs où j'aime me perdre. Chaque bille est un peu comme un petit voyage. Même dans la cave, je les mets entre mon œil et la lumière du soupirail et je vois des tas de choses en elles.

Mais, pour partir en Espagne ou ailleurs, il faut que je sois encore vivant. Si elle apprend ce que j'ai fait, je la sens bien capable de me casser tous les os du corps et de déclarer ensuite dans des sanglots à faire pleurer toute la population que je suis tombé du balcon. Oui, je crois qu'elle est capable de ça. J'essaie quand même de négocier avec Paul-André.

— Laisse-m'en au moins quelques-unes que je puisse me refaire...

— Non. C'est tout ou rien.

Le désespoir au cœur, je lui tends le sac que nor-malement j'allais remettre dans la cachette habituelle sur le trajet du retour. Avant je les gardais dans ma case à l'école, mais Chantale les avait découvertes en venant faire une fouille sans prévenir.

— Tu ne diras rien? Tu promets?

— ... pourtant je devrais; j'aime pas ça qu'on fasse passer ma mère pour quelqu'un qui donne pas à manger.

— Et ça ne te fait rien qu'elle me fasse coucher sur le ciment de la cave?

— Il faut bien qu'elle t'éduque: t'es une nullité, un crétin de la lune; t'es même pas capable d'aller pisser aux toilettes comme tout le monde...

— Si au moins l'éducation pouvait être la même pour les adoptés que pour les biologiques...

— T'avais qu'à rester dans ton trou si t'es pas content.

— J'ai rien demandé, j'ai jamais rien demandé! Surtout pas de venir dans ce foutu pays de merde!

— Il te dit merde, le pays de merde.

— Ça, il y a longtemps que je l'ai remarqué, tu ne m'apprends rien...

Assis sur le sol de la cave, je regrette mes billes. Je me demande comment je vais faire maintenant pour en ramasser d'autres. Je songe même à échanger mes desserts du midi. Il doit bien rigoler, Paul-André, là-haut avec tout mon sac.

Chantale passe la porte en trombe et fond sur moi. Je place les mains sur ma tête pour parer les coups.

— Petit salopard! hurle-t-elle. Morveux! Espèce de métèque, emmerdeur public! Vipère! Petit fumier! Rapporteur!

Elle m'empoigne par le collet, me traîne vers l'escalier puis dans les marches.

— Tu vas voir! Tu vas voir ce que ça coûte d'aller jouer les petits malheureux chez la boulangère...

Comme elle me pousse dans la salle de bains, j'aperçois Paul-André qui me regarde avec un petit sourire satisfait. Comment est-ce que j'ai pu lui faire confiance!

Elle tente d'arracher mes vêtements pour me déshabiller, renonce sans doute parce que ça ne va pas assez vite, puis elle me pousse sous le jet glacial de la douche. L'eau froide finit par me couper le souffle. Mon nez, mes gencives et mon œil gauche saignent de ses coups, entre deux respirations difficiles j'aperçois mon sang qui se mêle à l'eau. Il y a comme des sirènes dans ma tête, je suis emporté à toute allure dans les spirales du cauchemar, j'ai l'impression que la réalité s'effrite, qu'elle n'a plus de consistance.

Partir... Oui, je veux bien partir dans l'oubli puisqu'il

n'y a personne qui m'aime. Ça ne sert à rien de continuer...

Je veux quitter ce jet trop froid, un poing vient me
percuter l'œil qui ne saignait pas encore. Je me sens
qui vacille. Je suis aspiré dans un gouffre et ça m'est
presque égal: tout ce que je veux, c'est que ça finisse.

— Qu'est-ce que c'est que tout ce bordel? demande
Laurent qui doit venir de rentrer.

— Je te raconterai tantôt, dit-elle. Je m'occupe de
lui...

— Qui ça, lui?

— Toujours le même, qui veux-tu que ce soit...

J'aperçois Laurent qui apparaît à l'entrée de la
salle de bains.

— Est-ce que tu vas nous faire chier encore longtemps? me lance-t-il. Tu bousilles tous nos moments
de tranquillité. J'en ai plein le cul de tes conneries!
Plein le cul de toi!

— Tu es content? me dit Chantale, tout le monde
est fâché maintenant. Eh bien tu vas nettoyer tous les
carrelages avec tes doigts. Peut-être que d'avoir les
mains propres, ça t'inculquera un peu de propreté
morale. Tiens! ça t'apprendra.

Elle vient de m'envoyer buter la tête contre la
céramique du mur. Je suis tout étourdi, je ne comprends plus très bien ce qui se passe...

Il y a combien de temps que je suis là? Chantale
vient d'apparaître. Elle se dresse en robe de chambre
au-dessus de moi. Mes vêtements mouillés sur le dos,
je frotte par terre sans penser à rien. Je ne sais plus
quand est-ce que j'ai commencé, je ne sais pas quand
ça va finir. Je n'y pense même pas. Je ne sais pas si je
pense.

— Il est quatre heures du matin, dit-elle, est-ce que
tu vas bientôt avoir fini?

— Je crois...

— Bon, eh bien ça suffit comme ça, tu empêches les enfants de dormir. Tu n'es même pas capable de te contrôler, il faut tout te dire, absolument tout! Et arrête de trembler comme ça, moi aussi je peux trembler, comédien des grands chemins. Non, tu ne m'émeus pas du tout. Ah là, là! Si tes parents te voyaient, ils se retourneraient dans leur tombe... Allez, va dans ta cave, je te réveillerai dans deux heures pour que tu puisses faire tes devoirs.

Je fais comme elle dit et me dirige vers le palier, mais elle n'est pas contente parce que je m'en vais sans avoir vidé et rangé le sceau.

— Tu ne comprendras jamais rien à rien, s'énerve-t-elle. Oh puis va-t'en donc! Allez, plus vite que ça! T'as vraiment un pois chiche à la place du cerveau!

Elle me bouscule et je n'ai plus la force de me retenir; je déboule dans l'escalier.

— Est-ce que t'es mort? demande-t-elle depuis le palier.

J'ai tellement mal et envie de pleurer que c'est curieux, mais j'en rirais. Je réussis à lui répondre que non.

— Tant pis... dit-elle, dors dans ton merdier et fous-nous la paix.

***

Comment est-ce que j'ai pu m'endormir comme ça? Je suis encore tout mouillé, j'ai mal partout, le ciment est très froid; je ne comprends pas que mon corps ait pu accepter tout ça.

Pourtant, je me réveille bel et bien dans les vociférations de Chantale qui me hurle que c'est l'heure de me mettre à mes devoirs. Je ne comprends pas très bien ce qu'elle veut dire.

— Quels devoirs?

— Tes devoirs d'école, idiot! Tu n'as pas de devoirs?

— Je sais pas...

— Vas-tu te réveiller, bougre d'imbécile! Oh! réveille! On est sur terre!

Je refuse, la terre ne peut pas être si moche que ça, ce n'est pas possible! Et puis pourquoi l'écouter, qu'est-ce qu'elle pourrait me faire de plus? Elle m'a déjà tout fait. Non, qu'elle crie tant qu'elle le veut, moi je ne bouge plus! Je veux dormir, dormir et l'oublier, oublier les Bastarache, oublier la *douce France* et tout le reste... Je veux remonter dans un avion, aller voir maman. Où est-ce qu'elle est, maman? Pourquoi est-ce qu'elle ne me prend pas dans ses bras? Pourquoi est-ce qu'elle ne dit pas à cette grosse bonne femme méchante de s'en aller et de me laisser tranquille? Où es-tu, maman? J'ai besoin de toi, pourquoi tu m'as laissé?

— Je ne bouge plus... dis-je à Chantale.

— Quoi!

— Je ne bouge plus. Tue-moi, mais je ne bouge plus.

— Oh je vois... Je vois que tu n'as pas encore compris, tu crois que tu as tout vu... Eh bien tu te trompes...

— Aïe!

Elle n'a pas hésité, elle vient de m'envoyer son pied dans les côtes. Sous la douleur, je me redresse vivement pour reprendre mon souffle.

— Ah! Tu vois que tu commences à te remuer...

Je ne veux pas lui donner ce plaisir, je retombe de tout mon long. Je n'aurais pas dû, car elle m'attrape par les cheveux et me frotte le nez par terre...

— Et ça, hein, qu'est-ce que ça te fait, ça? Est-ce

que tu crois réellement que tu peux me tenir tête, tu crois vraiment ça?

Elle me met debout en me tirant par les cheveux. J'ai l'impression d'être un pantin entre ses mains.

— Est-ce que tu vas marcher ou il va falloir que je te traîne? demande-t-elle.

— Marcher... oui...

— Ah... Tu vois...

Je suis assis devant la table de la cuisine, elle regarde mon cahier de leçons pour savoir ce que j'ai à faire.

— J'ai bien l'impression que tu ne seras pas prêt pour partir à temps, dit-elle. Tant pis, je vais donner un mot à Anne-Céline...

— Je peux les faire, j'ai le temps! dis-je en paniquant à l'idée de rester seul avec elle toute la journée.

— Non, et puis il faut aussi qu'on t'arrange un peu. Ta maîtresse pourrait croire qu'on t'a battu et, comme je te connais, tu ne lui dirais même pas que c'est parce que tu es tombé dans l'escalier. Bouge pas! Tiens, avale ça, c'est du magnésium; t'es blanc comme un cachet d'aspirine, t'as l'air d'un croque-mort!

Je comprends qu'elle a quand même peur de ce qu'à l'extérieur les autres peuvent penser d'elle. Peut-être qu'elle va me laisser un peu tranquille le temps que je redevienne plus présentable.

Les autres sont partis pour l'école et Laurent au travail. Je n'ai vraiment pas la tête à faire les devoirs, je n'arrête pas de faire des petits gribouillis sur une feuille de brouillon et puis d'autres sur la paume de ma main.

— Qu'est-ce que tu es en train de faire? demande-t-elle soudain dans mon dos alors que je la croyais dans la salle à manger.

— Je... rien, je pensais à des affaires...

— Quelles affaires?

— Rien de spécial...

— Je t'ai posé une question, je m'attends à une réponse précise. C'est la moindre des politesses.

Que lui dire? C'est pourtant vrai que je ne pensais à rien de particulier. Et pourquoi je le ferais? Quand je pense, je ne peux plus le faire sans que ce soit sur ce qui va m'arriver avec elle. Et quand ce n'est pas ça, je me demande pourquoi le monde est comme il est, et ce n'est pas mieux parce que je n'ai aucune réponse.

— Je pensais que c'est bientôt mon anniversaire, dis-je en inventant ce qui me passe par la tête.

— Tu ne t'attends pas à avoir un cadeau, tout de même? Tu rêves en couleur! Non mais! tu penses que tu as mérité quelque chose?

— Pas du tout!

— Comment ça, pas du tout? C'est quoi ce ton!

— Je voulais juste dire que je ne m'attends pas à un cadeau que je ne mérite pas.

— Ah... J'aime mieux ça...

Je comprends tout! Pourquoi est-ce que je n'ai pas compris plus tôt? Ce qu'elle veut, c'est que je mente. Elle ne demande rien d'autre. Elle veut que je lui dise que je l'aime, qu'elle est gentille, qu'elle est la meilleure maman du monde, que sans elle je serais à moitié mort, là-bas, dans les bidonvilles de Séoul. C'est tout ce qu'elle veut et moi je m'entête à vouloir être franc alors que la vérité ne peut pas lui plaire. Dans le fond, c'est sans doute ça qu'elle appelle l'éducation française: la capacité d'éviter tous les tracas en tournant autour de la vérité, comme un skieur de slalom le fait autour des fanions. Oui! J'ai tout compris!

— Je commence à comprendre, dis-je tout haut.

— Quoi?

— Tout ce qui ne va pas avec moi... Je ne m'étais pas rendu compte de ce que vous faisiez pour moi...

Son visage s'éclaire d'un large sourire.

— C'est heureux que tu t'en rendes compte, dit-elle sur un ton que déjà je lui reconnais à peine vis-à-vis de moi. Tu vois que, des fois, un peu de sévérité ça ne fait pas de mal. Je suis sévère mais juste.

— Tu n'es pas sévère, c'est moi qui ai raconté des mensonges à la boulangerie parce que je suis gourmand. C'est normal que tu te mettes en colère...

— C'est vrai que là tu m'as mise en colère pour de bon... Mais dis-moi, comment se fait-il que tu aies tout le temps faim comme ça?

— Je sais pas, maman.

— Je ne sais pas, on dit.

— Oui, maman, je ne sais pas. C'est peut-être parce que j'ai été privé quand j'étais en Corée.

— Peut-être, dans le fond? Il paraît qu'on reste marqué par sa jeune enfance sans s'en rendre compte. Au fait! à propos de faim, est-ce que tu voudrais ton petit déjeuner?

— Je veux bien, maman, comme ça j'aurais la tête plus claire pour travailler.

Je n'en reviens pas! elle est déjà dans la cuisine en train de me préparer du café au lait et de beurrer les deux moitiés d'une baguette. Est-ce que c'est aussi simple que ça? C'est différent du petit déjeuner que je n'ai jamais le temps de prendre le matin. Petit déjeuner qui, au mieux, n'est souvent composé que de morceaux de baguette rassie baignant dans du café au lait refroidi. Et si ce n'est pas ça, c'est du gruau froid avec un œuf cru. Quand elle est de mauvaise humeur, c'est carrément une baguette séchée qu'elle m'enfile de force dans la bouche jusqu'à m'en abîmer au sang le palais et les gencives.

Mais cette journée se déroule comme un rêve. Nous avons mangé ce midi en tête-à-tête dans la cuisine. J'ai bien fait attention de toujours lui dire ce qu'elle voulait entendre et, après manger, elle m'a même proposé d'écouter une émission à la télé avec elle.

— C'est une émission instructive, m'a-t-elle dit. Ça concerne ce que certaines personnes sont parfois obligées de faire pour arriver à survivre dans les pays pauvres.

C'est comme ça que, assis à côté d'elle, sa grosse main posée sur ma cuisse, je regarde des costauds qui lancent des nains sur des matelas loin devant, un peu comme si c'était un concours de lancer du poids.

— On fait ce qu'on peut pour payer les factures, dit l'un des lanceurs.

— On n'a pas le choix, il faut survivre quand même, dit l'un des nains.

Moi, je me dis que je n'ai pas le choix: si je veux survivre, je dois apprendre à ne pas être moi. Depuis ce matin, ça ne m'a pas paru trop dur, je l'ai fait plutôt comme un test; mais déjà, de me sentir bien assis devant la télé avec elle grâce à mes mensonges, je sens sur moi le poids de mon propre reproche.

Je n'ai pas le choix et je me répète qu'il faut survivre malgré tout.

6

Un jour, j'étais sur le trottoir avec Chantale, elle s'est arrêtée pour parler avec une voisine ou une de ses nombreuses connaissances. La conversation portait sur les enfants et la musique et Chantale énumérait les instruments sur lesquels jouaient Francis, Marie-Frédérique et Anne-Céline.

— Quant à Paul-André, avait-elle ajouté, lui, il joue de la flûte traversière, mais il se spécialise surtout dans la danse classique...

— Et celui-ci? avait demandé la femme.

— Lui, il joue du violon. Vous savez, il paraît que les Asiatiques sont très doués pour la musique. Il suffit de penser à cette jeune violoniste qu'on a vue à la télé, comment elle s'appelle déjà... ah oui! Midori.

Il faut le dire, la musique a envahi ma vie. Le violon me redonne la foi en celle-ci.

À tel point que je ne me sens plus capable de dissimuler mes sentiments, j'en ai assez de jouer un jeu qui n'est pas le mien... et me voici de retour à la cave. «Au trou», comme dit Chantale.

Ce n'est pas trop grave; grâce à la musique, parfois j'arrive à oublier. Car même ici je joue et tout le monde s'accorde pour dire que je suis doué. Chantale me laisse faire et même m'encourage; je l'entends souvent dire qu'avec beaucoup de travail je pourrais passer à la télé comme les jeunes prodiges qu'on y voit parfois. Elle prend peut-être ses rêves pour des réalités, mais pourquoi la contredire? Pendant ce temps-là, elle me laisse jouer en espérant se retrouver un jour la mère d'un nouveau prodige – ce qui ajouterait encore à son palmarès de mère de l'année – et moi je trouve l'évasion dont j'ai besoin dans la musique.

Il n'y a pas encore eu d'éclats aujourd'hui et je suis tranquillement assis dans le salon en train de feuilleter l'album de photos. Je savoure ces rares instants de calme. J'aime les images de la vie, les instants forts et intenses qui vont se graver dans ma peau, dans mon âme, et qui me donnent des frissons.

Là, je me revois aux temps de mon arrivée en France: je porte mes sandales de là-bas et j'ai dans les bras le cahier de plantes séchées que j'avais aussi apporté avec moi. Je peux encore les sentir, ces plantes, elles sont toujours aussi exubérantes et invulnérables. Mes narines sont remplies de leur lourd parfum, j'ai l'impression d'avoir une partie de moi qui se réveille et qui se remet à vivre. Ouah! C'est génial! Pour un instant, je souris à la vie et la vie me sourit. Je suis tout remué en dedans, des images traversent ma tête et laissent en moi une grande tristesse. J'ai le sentiment d'une perte immense, d'un gâchis épouvantable. Sur la photo, je porte un badge sur lequel est inscrit le matricule que j'avais à l'orphelinat.

Je demande à Chantale si elle a gardé les sandales et les habits que je portais en arrivant à Paris.

— Tu es fou! On a jeté tout ça, ça sentait trop mauvais.

— Tu ne sais vraiment pas ce qui lui est arrivé, à ma mère?

— Je te l'ai déjà dit cent fois: tout ce qu'on sait,

c'est que tes parents sont morts. Tu peux remercier le ciel d'être en vie et d'avoir une famille qui t'a changé. Tu ne te rappelles pas comme tu aimais la guerre quand tu es arrivé?

— J'aimais y jouer, c'est tout.

— C'est pareil, non?

— Non, je ne crois pas. C'est comme les gens qui écoutent des films policiers: ça ne veut pas dire qu'ils veulent devenir des gangsters.

— Tu mélanges tout.

— Laisse béton...

— Quoi? Laisse béton... Qu'est-ce que c'est que ça, encore?

— Juste une expression pour dire que c'est pas grave.

Paul-André explique qu'il y en a beaucoup qui disent ça à l'école, surtout ceux qui viennent du bas de la ville. Chantale me regarde d'un œil mauvais.

— Alors c'est ça! tu te tiens avec les petits durs. Tu veux rouler les mécaniques, jouer les barbeaux. Tu connais le dicton: dis-moi avec qui tu te tiens et je te dirai qui tu es...

— Je me tiens pas avec personne de mal. C'est pas de leur faute s'il y en a dont les parents ont pas d'argent.

— Ça, c'est souvent parce que le père est plus souvent au bistrot qu'à la maison. Ça se suit, les tares, dans les familles: tel père, tel fils... Et toi, tu te tiens avec cette racaille; ça ne m'étonne pas du tout! (Elle se tourne vers Laetitia.) Et toi, est-ce que tu parles comme ça à l'école?

— Non, maman.

— Bravo! Eh bien, même si tu es plus jeune que Zigomar, tu vas le surveiller et tu devras le lui dire chaque fois qu'il parlera mal. Toi, au moins, tu comprends qu'on fait ça pour votre bien. Pour qu'un jour on puisse être fiers de vous, pour que vous deveniez homme ou femme. Regarde-le! Il fait semblant d'écouter la télé. Tu crois que ça lui fait quelque chose de démolir notre famille? Rien du tout! Il s'en fout comme de l'an quarante. Tout ce qui compte, c'est Monsieur et sa petite personne; le reste c'est du pipi de chat pour lui.

Se montant elle-même, elle me pince le bras, suffisamment pour que je laisse échapper une plainte. Elle en paraît offusquée.

— Quoi? Tu ne vas pas me dire que je t'ai fait mal... Mais qu'est-ce que c'est que cette chiffe molle! Eh, Laetitia, regarde, est-ce que ça fait mal, ça...?

— Non, maman.

— Et toi, Paul-André, est-ce que tu trouves que ça fait mal...?

— Non, pas du tout.

— Tu vois! me dit-elle, tu n'es qu'un pleurnichard et un dissimulateur. La prochaine fois, je te promets que ce sera une douche froide... Hein, Laetitia, que ce n'est pas agréable les douches froides qu'on est obligés de te donner parce que tu suis l'exemple de ce vaurien?

— Non, maman.

— Elle sait mentir et voler à cause de toi, m'accuse-t-elle. Tu sais ce qu'on fait aux voleurs en Arabie? On leur coupe les mains.

— J'ai pas volé, j'ai juste pris un biscuit...

— Qui vole un œuf vole un bœuf. Et puis tu m'énerves à rester assis dans le salon à rien faire. Retourne plutôt étudier le violon dans ton trou à rat. Et je te préviens, une seule fausse note et je te botte le cul. C'est clair? T'as intérêt à marcher droit, c'est moi qui te le dis...

— Oui, oui...

— Oui qui? Oui, mon chien?

— Oui, maman.

— Je sens de l'impertinence dans ta voix...

— Non...

— Si, j'en suis sûre. Pour la peine, prends le cube de Rubik avec toi; je ne veux pas te revoir avant que tu l'aies complété. Laetitia est capable d'en faire trois côtés et elle est beaucoup plus jeune que toi, alors ne me dis pas que c'est trop dur.

Il y a des heures que je travaille sur ce maudit cube et rien à faire. Il y a toujours des couleurs qui vont se mélanger avec d'autres. Pourtant, il faudrait bien que j'aille aux toilettes; je ne peux pas réfléchir, comme ça. Si je le lui demande, elle va dire non; qu'est-ce que je vais faire? Tant pis, je demande; on verra bien...

— Maman, maman, il faudrait que j'aille aux cabinets...

— Tu as fini avec le cube?

— J'ai trop envie, je peux plus réfléchir...

— Hum... Je n'ai pas trop confiance dans tes histoires. En tout cas, c'est bon, Laetitia te surveillera...

— Comment ça?

— Laetitia te surveillera pour savoir si tu ne fais pas autre chose que tes besoins, c'est tout.

— Mais...

— Il n'y a pas de mais qui tienne. T'as envie ou pas?

Tel qu'ordonné par Chantale, Laetitia me surveille. Je me sens humilié. Je lui demande de se retourner, c'est insupportable.

— Tu pourrais au moins te retourner, tu sais bien que je ne vais rien faire de mal ici. C'est juste pour m'emmerder qu'elle fait ça.

— Moi, je fais ce qu'elle dit, autrement ça va être à mon tour...

— En tout cas, tu serais mieux de te retourner quand je vais me relever, sinon tu ne pourras jamais te marier...

— Pourquoi?

— Quel est le gars qui voudrait marier une fille qui en a déjà vu un autre tout nu...

— C'est vrai ça?

— Évidemment que c'est vrai. Qu'est-ce que tu crois! Tu n'as jamais entendu dire qu'il fallait être vierge pour se marier?

— Si, je crois, mais c'est quoi, au juste, être vierge?

— Bah! c'est ça, c'est de ne jamais avoir regardé un gars tout nu en le faisant exprès.

Elle doit me croire car elle se détourne. C'est un petit mensonge, mais c'est moins gênant comme ça. Je me demande pourquoi Chantale invente des situations aussi tordues. Je suis presque certain que si je racontais ça à la maîtresse, elle ne trouverait pas que c'est normal.

***

Un copain m'a donné un morceau de son sandwich au jambon alors qu'on rentrait de l'école. Je ne le lui ai même pas demandé, il me l'a gentiment offert, mais Paul-André vient de rapporter ce détail à sa mère. L'affaire est sérieuse, parce qu'en plus on est vendredi.

— Comment as-tu pu accepter? me demande-t-elle; tous les autres font le sacrifice de ne pas manger de viande le vendredi, et toi tu avales du jambon.

— Je n'y ai même pas pensé que c'était vendredi...

— Et c'est qui celui qui mange du jambon le vendredi? Donne-moi le nom de ce païen.

— Il s'appelle Patrick.

116

— Patrick qui? Je n'irai pas loin comme ça.

— Patrick Jambon.

La claque que je reçois sur la joue gauche m'enverrait sur le plancher si je n'étais rééquilibré par celle qui suit sur la joue droite.

— Est-ce que tu as fini de te foutre de moi!

— Mais c'est vrai! Il s'appelle Jambon. C'est pas de ma faute, quand même!

Elle a un instant d'hésitation et se tourne vers la chambre de Paul-André.

— Paul-André! Est-ce que c'est vrai qu'il y a un Patrick Jambon dans votre école?

— Oui, mam...

L'information n'a pas l'air de la soulager, pas du tout.

— Tu en as profité pour te foutre de moi, m'accuse-t-elle. Efface-moi ce sourire niais de ta figure, je ne sais pas ce qui me retient de t'apprendre... Du jambon en plein vendredi... Tu n'as aucune conscience.

— Il y en a beaucoup qui mangent de la viande le vendredi...

— Les autres, je m'en fiche; c'est de toi dont j'ai la triste charge. C'est de ton éducation dont je vais devoir répondre... Et ne va surtout pas t'imaginer que je le fais pour toi, je m'occupe de toi par amour du bon Dieu. Toi, il n'y a plus personne qui veut te voir. Les enfants en ont ras le bol de toi. Tu te plains toujours de ton sort; tu crois qu'ils ne l'ont jamais fait, la vaisselle, eux, avant que t'arrives? Du jambon le vendredi...

— Mais, maman, même le curé, il dit qu'on peut manger de la viande le vendredi.

— Un curé de la nouvelle vague. Ce n'est plus des curés, ça... Et puis c'est ta mère que tu dois écouter, pas une espèce de curé communiste! Te rappelles-tu, au moins, pourquoi on ne doit pas manger de la viande le vendredi?

— Parce que Jésus a été crucifié un vendredi et que ce jour-là son corps n'était plus que de la viande...

— Ouais... enfin c'est à peu près ça. Alors, si tu le sais, pourquoi est-ce que tu ne l'appliques pas?

— J'avais oublié. Ça peut arriver d'oublier...

— Non, on n'oublie pas le jeûne du vendredi quand on est un peu humain, quand on a un peu une âme chrétienne.

J'en ai marre de ses histoires d'âme chrétienne. À croire que le reste du monde n'est pas humain, que mes compagnons d'autrefois ne l'étaient pas, ni mes parents non plus. Elle va me faire ce qu'elle voudra, mais il faut qu'elle sache que je ne suis pas d'accord.

— Peut-être que la mienne appartient à un Bouddha...

Je m'attendais un peu à des claques, mais ce sont ses poings que je reçois. Je tombe à genoux, elle me secoue par les cheveux.

— Bouddha, ça n'existe pas! Tu m'entends? Ça n'existe pas! Ce sont des histoires pour les sauvages. Ce n'est tout de même pas lui qui a créé la nature et les humains! Maintenant que tu as reçu la vraie religion, tu dois l'appliquer et la vénérer. Mais qu'est-ce que tu es, au juste? Un démon? Le copain de Lucifer?

J'ai mal et je voudrais lui répondre que je suis rien que moi, Yong Sub, qui cherche un peu de soleil, de rire et d'amitié. Mais elle me taperait encore plus fort. Je ne veux pas mourir avant d'avoir connu la vie que je devine après elle. Parce qu'après tout ça, quand un jour je serai trop vieux pour qu'elle fasse ce qu'elle veut de moi, il faudra bien qu'elle me laisse partir, et ce jour-là, je me le promets, je commencerai à vivre! Ce jour-là, je promets de ne plus jamais rien faire de ce qu'elle m'aura enseigné. Il ne faudrait pas, en plus, qu'elle soit fière de ce qu'elle m'aura fait. Ce jour-là, je lui montrerai qu'on peut vivre autrement qu'en faisant souffrir autour de soi. Mais, au fait! pourquoi dit-elle que Bouddha n'existe pas? De quel droit elle m'ôte le droit à la religion de mes vrais parents?

— Pourquoi tu dis qu'il n'existe pas, Bouddha? que je lui demande, toujours à genoux.

— Parce que! Tout ça, c'est des histoires inventées par des gens dont le cerveau a dû trop chauffer au soleil.

— Jésus aussi, c'était dans des pays chauds...

— Tu ne vas pas comparer, quand même!

— Moi, je ne sais pas, je fais juste demander pour savoir. Il y en a un, à l'école, il dit que Jésus c'est un prophète comme les autres.

— Ça doit être un bougnoule... On se demande pourquoi ils ne restent pas chez eux, ceux-là...

— Non, c'est pas un bougnoule, parce que les bougnoules, ils l'aiment pas; ils disent qu'il leur a pris leur terre. Je comprends rien à ce qu'ils disent.

— Ah! bah! c'est encore pire, ça doit être un youpin. C'est eux qui ont condamné Jésus.

— C'est quoi un youpin?

— Bah! un youpin, c'est un Juif.

— Je comprends plus rien...

— Comment ça, tu comprends rien? Qu'est-ce que tu ne comprends pas?

— Jésus, c'était bien un Juif?

— Jésus était le fils de Dieu.

— Eh bien, sa mère, la Sainte Vierge, elle était bien juive, elle?

— Heu... oui, je suppose...

— Et puis saint Joseph aussi?

— Oui, si on voit les choses comme ça...

— Les apôtres aussi, saint Pierre et les autres?

— Oui, sans doute...

— Alors les parents de Jésus étaient juifs, ses amis aussi; on nous dit d'allumer des cierges à la Sainte Vierge, de prier saint Joseph tous les soirs et de croire aux paroles des apôtres, et puis après ça, il ne faut pas aimer les Juifs; moi je n'y comprends rien.

Cette fois ce sont deux claques qui retentissent à mes oreilles et m'assourdissent.

— Va dans ton trou avant que je m'énerve, hurle-t-elle. Je vois où tu veux en venir, tu veux encore avoir l'air plus intelligent que tout le monde. Tu es bien le copain du diable, tu cherches à nous égarer. Mais tu n'es rien qu'un idiot qui ne comprend rien à rien. Et puis, à l'avenir, je t'interdis de fréquenter les bougnoules ou les youpins, tu m'as compris?

Je ne réponds pas.

— Tu m'as compris?

— Je t'ai compris...

— Très bien, tiens-toi-le pour dit. File dans ton trou, je ne veux plus te voir. Non mais... tu mériterais d'être privé de dessert pendant un an! Et ne me regarde pas comme ça! Regardez-moi cet orgueil! Monsieur joue aux orgueilleux. Pas la peine de zieuter à droite ou à gauche, fixe plutôt tes pieds... Quand je pense que ça va à la messe le dimanche... Ça ne sert à rien d'y aller, à la messe, si tu ne la vis pas. Moi, je suis obligée de la regarder à la télé, parce que tu ne me laisses pas le temps de faire autrement, mais au moins, je la vis, moi. Toi, tu es le diable en personne... Non mais, tu te prends pour qui? Pour le nombril de la planète?

Il y a un moment que je suis dans l'obscurité de ma cave à penser à tout ça, lorsqu'elle m'appelle en haut.

Je la trouve avec un crayon à la main, avec un journal étendu devant elle sur la table.

— Je fais un test d'astrologie, me dit-elle. J'ai besoin de savoir quel est ton oiseau préféré.

— J'aime tous les oiseaux.

— On dirait que tu n'as pas compris ma question...

— J'aime bien les aigles...

— Pourquoi les aigles?

— Parce qu'ils sont majestueux, indépendants, nobles...

— Je pensais que tu allais me dire un corbeau parce que tu es fier et voleur comme eux... Bon, c'est bon, tu peux débarrasser le plancher, je n'ai plus besoin de toi. Qu'est-ce que tu fais en bas, j'entends pas ton violon?

— Je fais rien de spécial...

— Tu dois paresser, alors! Eh bien, commence à recopier proprement des portées. Tu en copieras demain aussi, pendant que nous, on partira toute la famille en balade. Puisque tu veux être à part des autres et indépendant, tu resteras ici pendant qu'on va se régaler au restaurant. Allez, ouste! Du vent!

Pourquoi est-ce que je suis privé de toutes les bonnes choses? Pourquoi est-ce que je ne peux pas aller en balade avec les autres? Pourquoi est-ce que je suis dans la cave humide et sombre à devoir recopier des portées pendant qu'en haut, à la lumière du soleil, j'entends Paul-André qui joue de la flûte traversière avec Anne-Céline?

7

L'hiver a été dur. Pendant que tous les autres sont partis pour les classes de ski, j'ai dû rester à la maison. Lorsqu'ils sont revenus, bronzés, et qu'ils ont raconté tous les plaisirs de la montagne, j'ai trouvé ça encore plus triste.

Heureusement, les beaux jours sont maintenant de retour et, croyant sans doute m'affliger, Chantale m'envoie m'occuper du jardin.

Je ne la détrompe pas, je prends bien soin d'avoir l'air malheureux chaque fois qu'elle me dit d'y aller, mais au fond, quelle joie!

Le jardin m'émerveille. J'aime toucher la terre, la sentir, vivante, dans mes mains. J'aime me trouver au milieu des plantes, les sentir qui s'épanouissent. Je me demande comment elles font pour puiser dans la terre tous les éléments essentiels à leur croissance. Je leur trouve une sagesse immense. Elles sont toutes différentes, et pourtant chaque variété a la propriété de guérir ou d'empêcher une maladie. C'est réellement fascinant! Et puis, il y a toujours ce merveilleux mystère que je ressens à leur contact. Pour moi, c'est le mystère de la vie. J'essaie d'imaginer leur univers et cela m'ouvre tout grand les portes du merveilleux. C'est un monde que l'on ne peut pas pénétrer et que pourtant je sens, là, tout près.

Chantale est très exigeante sur l'arrachage des mauvaises herbes; elle ne veut pas qu'il reste un brin de ce qui ne se mange pas.

Elle dit que c'est comme les voyous, ça ne sert à rien et il vaudrait mieux les supprimer avant qu'ils nuisent.

— Pourquoi est-ce que tu n'as pas enlevé celles-là? m'a-t-elle demandé l'autre jour.

— Je pouvais pas, elles sont jolies: regarde, elles ont de petites fleurs violettes.

— Je m'en fous! Ça ne se mange pas, les fleurs violettes. Ça m'étonne de la part de quelqu'un qui dit avoir tout le temps faim... Dans le fond, ta faim, c'est juste de la gourmandise. Moi, je sais ce que c'est, on a connu la guerre. On mangeait juste des topinambours dans ce temps-là. Pas drôle, dans ce temps-là... Mon père, ton grand-père, il tenait la pharmacie et les Allemands venaient toujours chercher des médicaments; il fallait bien leur en donner. Et pourtant on ne se plaignait pas comme vous autres aujourd'hui. Vous avez tout et vous ne le savez pas. Laurent non plus, il n'a pas rigolé quand il était jeune. Son père l'a mis à la porte dès qu'il a eu seize ans et il est tout de suite entré dans l'armée. Il a fait l'Indochine, l'Algérie, tous ces pays qui n'ont pas voulu rester français et qui doivent s'en mordre les doigts aujourd'hui. Il a fait tout ça, Laurent...

— Est-ce qu'il a tué des gens?

— Voilà bien des questions de jeunes! Je ne sais pas s'il a tué des gens, comme tu dis, mais je sais qu'il lui arrive encore souvent de faire des cauchemars. Ça n'a pas dû être drôle tous les jours; enfin pire que d'arracher les mauvaises herbes...

Pour le moment, je suis en train de rêvasser en faisant celui qui renchausse les radis. Je me dis que ce serait bien si chacun sur la terre avait son jardin et y faisait pousser tout ce dont il a besoin. Même la maison, je l'imagine végétale. Ce serait un peu une maison vivante, elle grandirait avec nous et changerait tout le temps. Il n'y aurait pas besoin de courir partout pour payer les dettes et les termes, on aurait beaucoup plus de temps pour se parler et s'aimer. Pourquoi est-ce que ce n'est pas comme ça?

— Mathias! regarde voir s'il y a des patates qui sont prêtes, me crie Chantale.

Je vais en déterrer quelques-unes et lui réponds par l'affirmative.

— Apporte-m'en assez pour faire un parmentier.

Je suis un peu déçu, je croyais qu'elle allait faire des frites. Si j'avais su, je lui aurais dit qu'elles avaient encore un peu de vert sur la pelure.

— Sais-tu pourquoi on appelle ça un parmentier? me demande-t-elle lorsque j'arrive dans la cuisine.

— Heu... Je me rappelle pas très bien...

— Pas du tout, tu veux dire! Je te l'ai pourtant déjà expliqué: on appelle ça un parmentier parce qu'Antoine Parmentier est le monsieur qui a ramené les patates des Amériques. Avant lui, il n'y avait pas de patates. Comme toi tu n'as pas de méninges... Qu'est-ce que tu as, encore, à te gratter la caboche?

— Mon eczéma...

— Tu n'as pas d'eczéma! Le docteur l'a dit: tout ça, c'est dans ta tête que ça se passe.

— Non, il a dit que ça venait de la tête, pas que c'était dans la tête...

— Tu veux une dérouillée? Je vais t'apprendre à répondre comme ça, moi. (Elle crie vers les chambres.) Paul-André, apporte-moi la tondeuse dans la salle de bains... Toi, assis-toi là; je vais m'en occuper de ton eczéma, tu vas voir...

Je suis assis sur la chaise et mes cheveux tombent sur le carrelage de la cuisine. Les autres sont autour et rigolent. Paul-André parle de Kojak et Anne-Céline de Yul Brynner. Moi, je pense aux photos qui ont été prises quand les Alliés ont libéré les camps de concentration.

— Ah! bah! tu es beau comme ça! dit Chantale par dérision.

— Ce serait encore mieux avec un pyjama rayé...

— Qu'est-ce que tu veux dire?

— Comme ça, je ressemblerais à un vrai déporté... On saurait vraiment ce que je suis.

— Ah oui! Un déporté! C'est ce que tu penses! Eh bien, attends, tu vas voir...

Je la vois attraper la baguette de pain qui reste d'hier, rendue molle au point de plier sous son propre poids.

— Ouvre ta gueule, m'ordonne-t-elle. Ouvre!

Je n'ai pas le choix, car elle me pince le nez. Aussitôt, elle enfourne de gros morceaux de pain entre mes dents.

— Avale! hurle-t-elle. Avale et plus vite que ça! Ah! tu veux jouer au déporté; en tout cas, tu ne pourras pas dire que t'es pas nourri.

J'ai comme du ciment dans l'estomac et l'œsophage me brûle. Elle a réussi à me faire avaler tout le pain. Maintenant elle a pris du yogourt et elle m'en fait avaler de force de grandes cuillerées; l'une n'attend pas l'autre.

— Dans le pain il y a du fer, dit-elle, dans le yogourt c'est du lait, un aliment complet où il ne manque que le fer; tu ne pourras jamais dire que tu as manqué d'un élément nutritif. Un déporté... Maintenant tu vas me faire cinquante fois le tour du jardin au pas de course, ça va t'aider à digérer.

Elle lève son pied pour me botter le derrière, mais je l'évite à temps et ça l'enrage. Elle m'ordonne de me replacer devant elle et de ne pas bouger. Je suis obligé d'obéir. Elle me fait mal, j'ai l'impression qu'elle m'a défoncé les fesses. Je n'ose plus bouger.

Combien de temps encore à souffrir comme ça? Je n'ose pas compter les années qui me séparent de ma majorité ou même d'une éventuelle émancipation. Ne serait-ce que quelques jours, le temps m'apparaît beaucoup trop long. Plus encore que de mourir, j'ai peur de ne plus être moi quand viendra le jour. Et dans le fond, est-ce que ce n'est pas ça, mourir, que de ne plus être soi?

***

J'ai des amis à l'école, ils viennent du Congo. Avec eux, je n'ai pas l'impression d'être un nul, on est vraiment des potes. Il y en a un qui m'a dit que sa grande sœur était toujours en Afrique, qu'elle était mariée là-bas et qu'elle attendait un enfant. Je lui ai demandé son âge.

— Elle a quinze ans.

— Merde! Elle est mariée à quinze ans!

— La plupart des filles se marient à cet âge-là, chez nous.

— En Afrique, on est libre de faire ce qu'on veut à quinze ans?

— Avant ça, mec, avant ça. À treize ans tu es ton propre maître.

Je ne pense plus à l'Espagne, je pense à l'Afrique où personne ne me tondrait la tête de force, où on ne m'obligerait pas à avaler du pain, ou à coucher dans la cave, loin des autres.

L'autre jour j'ai encore eu un zéro, et c'est justement mon copain du Congo qui m'a donné l'idée de coller les pages du cahier pour que Chantale ne le voie pas en le feuilletant. Mais Chantale devait connaître le truc, on dirait qu'elle est allée directement à la page collée.

— Il y a une mauvaise note là-dessous? a-t-elle demandé.

— Hein... Heu... Je sais pas...

— Alors pourquoi cette page est-elle collée?

— Je sais pas, il est peut-être tombé quelque chose entre...

Bien sûr, elle a pris un couteau et elle a décollé les pages. Ça m'a valu une volée.

— Mais qu'est-ce que tu vas faire plus tard? Je me demande si on a eu raison d'adopter un Coréen; il y a des gens, pas loin d'ici, qui ont pris une petite Coréenne et elle est exactement comme toi. Elle tient tête à ses parents, elle fait des caprices et pique des colères. Qu'est-ce qu'on va faire de vous autres?

— Je passerai bien mon bac, comme tout le monde...

— Quel bac tu vas passer avec les notes que tu ramènes?

— Un bac à plonge. Je pourrais toujours être plongeur.

— Mais tu te fiches de moi en plus!

Je voulais lui répondre que non, que c'était juste pour rire, mais je vois Laurent arriver de son travail.

— Qu'est-ce qui se passe ici encore, bordel de merde! Je rentre du boulot et ça crie déjà, nom de Dieu!

— C'est Zigomar, on essaie de lui faire entrer un peu de bon sens dans le crâne et il trouve le moyen de se payer notre tête. Je ne sais plus quoi faire avec lui...

Laurent s'est tourné vers moi, le visage rouge, les yeux fixes, presque fous.

— Putain de bordel de merde! Tu crois que tu vas pouvoir nous faire chier encore longtemps comme ça! Tu empoisonnes toutes mes soirées; à cause de toi, y a plus moyen de se détendre dans cette cabane! J'en ai plein le cul de ta face de lune! Plein le cul! Tu comprends ça?

Mais ce n'était pas vraiment une question; sans me laisser le temps de répondre, il a ôté sa ceinture et a commencé à me fouetter avec. Il n'a cessé que lorsque la boucle est venue fendre ma lèvre, éclaboussant de sang mes habits d'école.

Après, je ne sais plus très bien ce qui s'est passé: je me suis retrouvé couché par terre et lui, il a jeté sa ceinture. Il hurlait comme un fou. Il disait qu'il allait me tuer et qu'il aurait enfin la paix. C'est à ce moment-là qu'il a dû perdre la boule, car il m'a saisi par le cou avec ses deux mains, il m'a relevé et a commencé à serrer.

Heureusement que Chantale avait encore un peu de raison. Elle a sans doute eu peur des histoires que ça pourrait faire ensuite; c'est elle qui l'a obligé à me lâcher. Pour ma part, je n'y croyais plus. J'avais bien vu dans ses yeux qu'il était complètement viré de bord et qu'il ne serait calmé que lorsque je serais étendu par terre. Durant un très long moment, oui, j'ai bien cru que c'était les derniers instants de ma vie. Il n'y a pas eu de temps pour le regret ni tous ces trucs qu'on lit dans les livres, non: il n'y avait que la peur toute nue, une peur qui empêche de penser et qui fait encore plus mal que le reste.

— Là, tu es content, m'a dit Chantale, tu as réussi à mettre Laurent en rogne. Tu ne croyais pas que ça allait arriver, hein? il a fallu que tu le testes. Bah! maintenant tu sais, et je te promets que la prochaine fois je ne vous séparerai pas...

Un peu plus tard, Laetitia et moi servions les autres à table et Chantale expliquait à quel point les légumes verts étaient bons pour la santé. Je ne comprenais plus rien. Un quart d'heure plus tôt on tentait de m'étrangler, et voilà qu'il fallait aimer les épinards parce que c'était bon pour la santé.

Je n'étais pas tout seul à ne pas les aimer: Laetitia en faisait une véritable maladie. Comme elle grimaçait, Chantale lui en a mis une double portion.

— Pas trop, s'il te plaît, disait ma sœur d'adoption.

— Il faut que tu apprennes à aimer, c'est psychologique de ne pas aimer ça. Fais comme si c'était des frites qui étaient vertes, pense à Popeye. Je te le dis, c'est psychologique de ne pas aimer les épinards, c'est comme quand Zigomar pleurniche pour rien.

Je voyais bien que tous ces mots ne convainquaient pas Laetitia, je voyais bien qu'elle était malheureuse. Je me suis demandé si, au centre de Mère Teresa, on l'aurait obligée à manger des épinards. Et je me suis dit aussi que les Bastarache ne nous avaient pas fait venir pour que nous soyons plus heureux, nous, mais pour qu'eux se donnent une bonne conscience en nous faisant avaler des épinards.

Ce que je ne sais toujours pas, c'est si aujourd'hui leur conscience est comme ils la voudraient.

8

— Avoue que c'est toi qui as volé l'argent de mamy!

— Non! Je te jure que c'est pas moi!

— Qui veux-tu que ce soit d'autre? Pas Laetitia, elle est encore trop jeune; pas Paul-André, c'est son petit-fils biologique; alors? Avoue, faute avouée est à moitié pardonnée.

Comment peut-elle m'accuser d'avoir volé l'argent à mamy! Mamy, c'est la personne que je respecte le plus. Je l'aime tellement que je ne veux pas lui faire de la peine en lui racontant ce que sa fille me fait subir. Si c'était une personne comme elle qui m'avait adopté, les choses seraient bien différentes! Elle seule me fait asseoir près d'elle pour me raconter de grandes histoires. Et pas des histoires inventées, mais les véritables histoires qui lui sont arrivées dans sa vie. Elle ne dit jamais un mot plus fort que l'autre, et chacun d'eux sonne comme une note de musique. J'aime quand elle me raconte comment les soldats allemands frappaient aux volets de leur pharmacie la nuit pour leur ordonner d'éteindre les lumières, ou, au contraire, comment ils pouvaient les réveiller à n'importe quelle heure pour avoir tel ou tel médicament, ou même de la nourriture.

Elle seule ne m'a jamais grondé lorsque je lui ai avoué que je ne croyais pas à son Dieu. Au contraire, elle m'a dit:

— Ce n'est pas très important, le nom que tu Lui donnes. Les Arabes L'appellent Allah, d'autres L'appellent Vishnou; ce qui compte, c'est qu'on agisse comme Il attend de nous. C'est simple, si tu fais du tort à quelqu'un tu es contre Lui; si tu ne fais rien, tu es encore contre Lui parce que tu ne fais pas de bien; enfin, si tu fais du bien, quel que soit son nom, tu es avec Lui. Ce qui compte, au fond, c'est d'aimer. Aimer les gens, les oiseaux, les loups, et même l'herbe, les nuages ou les pierres. Quand tu aimes, il n'y a pas de problème...

— Et les méchants, est-ce qu'il faut aussi les aimer?

— Plus encore que les autres. Tu ne dois pas aimer leur méchanceté, c'est sûr, mais tu dois avoir de la compassion pour la pauvre personne qui est prisonnière de toute cette méchanceté. Ça ne doit pas être drôle, tu sais, d'être méchant. Tu as déjà vu des méchants heureux, toi?

Dans ma tête, j'essaie d'aimer une Chantale dont j'ai rayé la méchanceté, mais c'est très difficile de l'imaginer sous ce nouveau jour.

Et puis, comment peut-elle m'accuser d'avoir volé cette gentille femme! Pourquoi ne pas regarder un peu plus du côté des «biologiques»? Je ne dirai rien car ce n'est pas de mes affaires, mais Paul-André, il a besoin d'argent comme les autres pour faire ses achats à la boulangerie.

— Puisque tu ne veux pas te dénoncer toi-même, me dit Chantale, je n'ai pas le choix, je vais t'envoyer en maison de correction.

— De toute façon, j'y suis déjà...

— Quoi! Répète un peu ce que tu viens de dire.

— J'ai dit que la maison de correction, ça ne changera pas grand-chose pour moi. On m'accuse d'avoir volé mamy et ce n'est même pas vrai. Jamais je ne volerai mamy; je l'aime, mamy, et celui que je prendrais à lui faire du mal, il aurait affaire à moi. Je sais pas qui c'est qui l'a volé, l'argent, mais je jure que c'est pas moi.

— Tu chapardes bien des gâteaux sur le marché ou dans les boulangeries...

— C'est pas pareil...

— Je ne vois pas ce qui est différent: voler c'est voler; mais disons que, pour cette fois, je t'accorde le bénéfice du doute. Seulement, si jamais j'apprenais que c'est toi, alors là je te jure que tu t'en repentirais toute ta vie.

— Je sais que je n'ai rien à craindre.

— Je l'espère pour toi. Peut-être, après tout, que mamy l'a perdu ou qu'elle l'a dépensé sans s'en rappeler; elle a quand même quatre-vingts ans...

Pour ma part, je suis persuadé que mamy ne s'est pas trompée. De toute façon, dans le doute, elle n'aurait rien dit.

***

Est-ce que c'est à force de me faire traiter de voleur? J'ai réellement commencé à voler. D'abord ce n'était presque rien: des Malabars dans les boulangeries; puis ça a été des pétards et, avec mon ami que j'appelle Amigo, j'en suis rendu aux montres au *Prisunic*. C'est Amigo qui garde tout, moi je le fais juste comme un besoin. Je ne sais pas pourquoi, voler me soulage de tout ce que Chantale me dit ou me fait.

Aujourd'hui c'est Pâques, et elle vient d'apprendre pour les pétards. J'en avais gardé pour les lancer dans la rue et une bonne langue le lui a rapporté.

— Où est-ce que t'as eu l'argent pour les acheter?

— Heu...

— C'est ça! je comprends; c'est là-dedans qu'est passé l'argent de mamy!

— Non! c'est pas vrai!

— Alors comment? Ils ne sont pas tombés du ciel, ces pétards-là...

— Je... on me les a donnés.

— Qui?

— Un ami...

— Est-ce qu'il va falloir que je t'arrache chaque mot de la bouche? Tu me donnes tous les détails et ça presse, ou il va t'arriver quelque chose sur le coin du nez, tu vas t'en rappeler...

— Je les ai pris. Voilà.

Elle me détaille avec les yeux tout ronds. Elle se demande visiblement si elle a bien compris le sens de mes paroles. Elle se mordille les lèvres avant de répondre, j'ai l'impression qu'elle veut me réduire comme de la pâte à modeler.

— Pris... Est-ce que ça signifie ce que je pense?

— Je sais pas ce que tu penses, moi.

— Ne joue pas ce petit jeu-là avec moi. Est-ce que pris signifie que tu les as volés?

— Bien... je les ai pris sans les payer...

— Et voilà! Je le savais! C'est aussi un voleur! Et j'apprends ça le jour de Pâques! Mais qu'est-ce qu'on a fait de mal pour tomber sur toi? Un voleur maintenant... Un voleur! Il n'y a pas de voleur dans la famille Bastarache, est-ce que tu te rends compte?

Qu'est-ce que je peux répondre à cette question? Est-ce que je me rends compte? À vrai dire, je ne me suis pas posé la question. J'ai eu envie des pétards et je les ai pris. Quelque part, je suis content de l'avoir fait; ça va lui montrer que je ne lui appartiens pas, que je ne suis pas son jouet.

134

— Est-ce que tu te rends compte? s'énerve-t-elle, je te pose la question!

Je hausse les épaules. À quoi bon répondre; de toute façon, ça ne changera rien à ce qui m'attend.

Une première claque me vrille une oreille, puis une seconde et je vacille. J'essaie de ne pas tomber, car j'ai appris que ça l'enrage encore plus et qu'elle est capable de me donner des coups de pied.

— L'autre jour, dit-elle, on a regardé ensemble ce reportage sur les *Boat Peoples*; ça ne t'a pas suffi, tu n'as pas compris la chance que tu avais d'être ici? Ça pourrait être toi dans une de ces barques, qui, si tu ne meurs pas dans une tempête, échoues sur une plage où on ne veut pas de toi et où on te tire dessus à la mitraillette. Ou bien alors, si tu es plus chanceux, tu te retrouves dans un camp où il faut que tu vendes ton corps pour survivre. Tu n'as pas compris ça? Il y en a qui ont à peine ton âge et qui sont déjà dans la rue, en train de fumer, sans parents pour les guider et leur montrer la bonne voie. Mais non, toi tu t'en fous, tu ne réalises pas la chance que tu as, tu es complètement égoïste...

— Je ne suis pas vietnamien!

— Quoi?

— La Corée c'est pas le Vietnam, il ne faut pas confondre...

— Qu'est-ce que ça veut dire, ça?

— Ça veut dire que c'est pas parce que j'ai la peau jaune que je serais automatiquement un réfugié de la mer vietnamien si je n'étais pas là...

Elle me regarde en ouvrant et fermant la bouche comme un poisson. Je regrette un peu mes paroles, je sais déjà qu'elles vont me coûter cher. Plus cher que les pétards.

— Non, dit-elle enfin, tu pourrais être un petit

Chinois dans les camps de Mao, ou bien un Cambodgien avec Pol Pot; il paraît qu'il est très gentil, Pol Pot... Tiens, tu lui ressembles! Ou alors tu pourrais travailler dans une de ces usines de Bangkok où ils font travailler les enfants quatorze heures par jour... C'est ça que tu aurais voulu?

— Je viens de la Corée...

— La Corée! La Corée! Tu crois que c'est mieux qu'ailleurs dans ces pays-là! Avec le Nord qui veut faire la guerre au Sud, sous ces climats épouvantables où il pleut à verse la moitié de l'année. C'est réellement ça que tu veux? Eh bien, tu vas l'avoir...

Elle a sorti d'un placard un vieil étendoir à linge en forme de toit, elle m'a donné une vieille couverture et des épingles à linge.

— Tiens, me dit-elle, tu vas aller te construire un abri dehors. Je ne veux plus te voir dans la maison, même pas dans la cave. Puisque tu veux vivre comme en Asie, eh bien tu vas y goûter. Il n'y aura malheureusement pas de mousson pour que tu te sentes bien dans ton élément.

***

Quand je ne suis pas à l'école, mon temps se passe entre mon abri de fortune où je dois même faire mes devoirs à plat ventre sur le sol, l'arrachage des mauvaises herbes dans le jardin (sauf le trou aux orties où elle me roule lorsque l'idée lui en prend), et les corvées de la maison auxquelles elle a ajouté des travaux plus importants comme le nettoyage hebdomadaire du frigidaire.

Excepté à l'école, je vis dans un monde de silence. Ils ne me parlent plus et passent à côté de moi comme si je n'étais qu'un morceau de viande défraîchi. Il n'y a plus que certains moments à l'école qui me donnent encore le goût à la vie: un gâteau que mon ami Amigo partage avec moi, la bonne humeur que nous communique la femme de la cantine, un ballon qui se présente sous mon pied durant une partie, le pistolet à plombs qu'un copain me prête cinq minutes. Ces petites choses me font espérer...

Je me rends compte qu'il n'y a plus un seul mot de coréen dans ma tête. Je ne comprends pas comment j'ai fait pour les perdre tous. Je me répète que c'est la langue de maman et je m'en veux de l'avoir perdue. Je me dis que je ne pourrai plus jamais communiquer avec les miens. J'ignore même la signification de mon vrai nom. Je sais que pour la découvrir, il me faudrait étudier les caractères chinois, qui me révéleraient le sens de mon nom. Un jour j'ai demandé à Chantale; elle m'a simplement répondu que tout ça, c'était des «chinoiseries».

Il n'y a plus dans ma tête que le français, qu'on y a fait entrer de force. Je déteste cette langue qui m'a pris ce que je suis. C'est la langue de Chantale, la langue des obligations et des douleurs et, pour comble de malheur, sous peine de sévices, je dois continuer à en apprendre les verbes et les règles qui feront de moi un «monsieur instruit».

Plus le temps passe et plus je voudrais retourner à mes vraies racines auxquelles on m'a arraché pour faire de moi un brave petit Français. J'ai même appris que, dans une dizaine d'années, on va carrément me prendre toute une année de ma vie pour apprendre à défendre «ma patrie». Pour tout le reste, je suis un Jaune, un Yamamoto ou un bridé, mais quand il s'agit de ma liberté, tout devient différent; il faut croire que j'ai alors soudain le type gaulois.

Durant des nuits, à coups de règle en fer sur les doigts, elle s'est mis en tête de m'apprendre à compter la monnaie. J'étais tellement fatigué que rien ne voulait entrer, et comme ça ne marchait pas, elle tapait encore plus fort, et plus j'avais mal, moins ça entrait. Je crois qu'elle aimait ça.

De temps en temps, trop souvent, Chantale m'appelle pour des séances de «maintien physique». Elle a fait sienne la formule des Grecs qui veut un esprit sain dans un corps sain. Pour les exercices abdominaux, elle a trouvé un moyen pour que mes jambes restent collées sur le sol pendant que je lève le torse; elle installe tout simplement deux pieds de la table sur les miens. Si je démontre que je souffre, elle commence à appuyer sur la table.

Je l'ai compris dernièrement: comme moi qui veux plus de gâteaux à mesure que j'en mange, elle prend goût à ma souffrance à force d'y contribuer.

Pour les repas, c'est très simple, elle ouvre la fenêtre et crie:

— Amène ton auge et ça presse. Si tu n'es pas là dans dix secondes, tu n'auras rien du tout!

Je me présente pour recevoir ma ration de riz arrosé du vinaigre qu'elle ajoute «pour les vitamines». Quand ils ont terminé de manger, je dois aller mettre les chaises sur la table et laver le plancher à genoux avec la brosse à main et du gros savon noir. Quand j'ai terminé, elle désigne un endroit ou un autre et me demande de lécher le carrelage.

— Comme ça, on est sûr que tu le fais proprement.

Bien entendu, après, il faut que je relave où j'ai léché, pour ne pas que mes microbes de «fièvre jaune» se multiplient sous leurs pieds.

Un soir, j'ai oublié une poussière dans un recoin,

elle me l'a fait lécher avec assez de violence qu'elle m'en a cassé une dent, que j'ai dû avaler sans rien dire.

Elle invite parfois des femmes de son genre à prendre un goûter; c'est toujours la même exclamation:

— Qu'est-ce que c'est propre chez vous! Comment faites-vous, avec six enfants?

Je rêve d'avoir un jour le courage de débarquer au milieu de leur goûter, de m'asseoir tranquillement, de prendre une madeleine et de révéler comment elle fait.

9

L'expérience «asiatique» ne m'a pas réussi. Avec toutes ces nuits pluvieuses à dormir par terre, sous la seule protection d'une couverture mouillée en guise de toile, j'ai dû attraper une bronchite ou quelque chose du genre. C'est bien: on m'a installé dans une vraie chambre, dans un vrai lit et le docteur est venu. Je l'ai entendu parler de la «constitution des Asiatiques» qui, héréditairement, n'étaient pas habitués aux froids européens.

J'ai pensé qu'il aurait dû en parler avant à Chantale, parce que, il y a quelques jours, elle m'a surpris avec mon pull de laine sur moi, étiré au maximum pour me couvrir les genoux et les pieds.

— Quoi! Tu oses te servir de ton beau pull pour tes pieds! Tu l'as complètement agrandi, regarde-moi ça!

Ça m'a valu deux cents pompes dans le trou aux orties avant de pouvoir retourner à mon abri où je me suis gratté le reste de la nuit.

Mais il faut croire que tout ceci est terminé, car, sitôt le docteur parti, Chantale s'est soudain montrée plus humaine. Elle m'offre parfois des caramels, des Carambars ou des Smarties. Je me dis que si cette fois je réussis à revenir dans ses bonnes grâces, tant pis pour la franchise de mes sentiments, je dirai tout ce qu'elle veut entendre pour pouvoir vivre comme les autres.

***

Je suis en Belgique! Sans crier gare, l'été est arrivé et je suis chez Omer, qui est le conjoint de Brigitte, la sœur de Chantale. Je ne sais pas comment ça s'est passé; il est venu un jour à la maison, je crois qu'il m'a bien aimé, et il a demandé que j'aille passer mes vacances en Wallonie. Ça s'est passé comme un coup de magie.

Ça n'a pas eu l'air de plaire tellement à Chantale, mais il lui était difficile de dire non, d'autant plus que Laurent, lui, trouvait que c'était une excellente idée.

— Ça va lui faire voir autre chose, a-t-il dit.

Mais, j'ai bien compris qu'il se disait que pendant ce temps-là, il n'entendrait pas Chantale me crier après.

Chez Omer, c'est extra! Il y a la mer pleine de lumière, il y a les balades pleines de rire à l'arrière de sa bicyclette, il y a son riz aux pruneaux, il y a l'herbier que nous montons tous les deux, il y a le jardin qui sent si bon après la pluie quand il a fait chaud, il y a la poule rôtie du dimanche et les grosses tranches de saucisson belge que je peux prendre quand m'en vient l'envie, et il y a même la messe dominicale où nous allons à pied, par les sentiers pleins de soleil, ma main dans la sienne pendant qu'il embrasse Brigitte un million de fois. D'habitude, je n'aime pas aller à la messe, mais là c'est différent parce que tous nous trouvons toujours le moyen de rire de bon cœur.

Omer est un grand cuisinier; il me dit que pour bien réussir un plat, il faut sourire.

— Tu vois, Grand Voyageur, me dit-il, si tu imagi-

142

nes le bonheur de ceux qui vont manger ce que tu fais, ça te fait sourire, et ce sourire-là, il n'y a pas de meilleure recette. C'est une honte de ne pas mettre ton amour dans le plat que tu veux partager.

C'est tout le contraire de Chantale qui n'achète que des conserves ou des plats tout préparés et n'arrête pas de râler qu'il faut faire «la tambouille».

Tout à l'heure, il m'a demandé pourquoi je portais plusieurs vêtements les uns par-dessus les autres.

— Tu n'as pas trop chaud avec tout ça? m'a-t-il ensuite demandé sans aucun reproche.

Je lui dois la vérité, il n'est pas comme Chantale.

— Ça me permet de jouer plusieurs personnages...

— Est-ce que ça signifie que tu n'aimes pas être juste toi-même?

— J'aime aussi en être d'autres...

— Pour te cacher?

— Je ne sais pas...

— Allez, viens. On va aller faire une balade en vélo. Tu me parleras de tout ça si ça te fait plaisir.

On roule à travers des champs de marguerites et de coquelicots, et on parle de foot, de cyclisme, en croquant des bonbons à la menthe. Tout à l'heure, nous sommes entrés dans un magasin pour acheter des gâteaux et il a pété très fort. Comme si c'était moi, avec des éclairs de rire dans les yeux, il s'est retourné vers moi et il a dit que j'aurais dû faire ça dehors. Qu'est-ce qu'on a ri! C'est certain que Chantale n'apprécierait pas. C'est vrai que ça lui est déjà arrivé de parler d'Omer en affirmant qu'il n'avait pas l'air d'avoir les pieds sur le plancher des vaches. Si c'est vrai, eh bien je préfère les gens dans les nuages. Eux, au moins, ils sont bons, généreux et sincères. En tout cas, Omer est comme ça et je l'aime. Je voudrais tellement pouvoir rester avec lui tout le temps. Pourquoi va-t-il falloir que je reparte à Grand-Couronne? Chantale m'a donné des cahiers de devoirs à faire pendant les vacances, mais Omer m'a dit de laisser tomber.

L'autre jour, on chassait les souris dans la cave à charbon; il en a attrapé une et l'a donnée au chat. Lorsqu'il a vu que je regardais le chat d'un drôle d'air, il a dit:

— C'est comme ça, les chats s'attaquent toujours à quelque chose de plus petit qu'eux. Il va jouer avec elle, et il n'aura même pas besoin de la tuer, elle va mourir de peur. La souris ne veut pas se faire bouffer, mais le chat, il ne demande qu'à en faire une bouchée.

Je n'ai rien dit, mais j'ai trouvé que cette image représentait très bien Chantale et moi.

— Tu sais, me dit-il alors qu'on arrive en vue de la gare, je ne sais pas si tu pourras revenir...

— Mais je veux revenir!

— Moi aussi, je voudrais bien que tu reviennes, mais je ne suis plus tout jeune... Enfin, ce que je voudrais que tu saches, c'est qu'on t'aime très fort. Il pourra arriver que tu te dises que personne ne t'aime, ça arrive à tout le monde, mais à ce moment-là, rappelle-toi bien que c'est faux. Tiens, tu ne t'es pas demandé pourquoi la voisine t'offrait sans arrêt des fruits et des chocolats? Elle est complètement folle de toi, celle-là... Et l'autre, la jeune fille qui te fait monter derrière elle sur sa moto, elle aussi te trouve charmant.

— Tout le monde n'est pas comme ça...

— Je sais, je sais... Mais que veux-tu, il y en a qui se détestent parce que, au fond du cœur, ils ne sont pas comme ils voudraient être. C'est pour essayer de ne pas trop en souffrir qu'ils reportent toute cette haine d'eux-mêmes sur des personnes de leur entourage.

— Mais pourquoi ils ne s'aiment pas?

— Parce qu'ils s'aperçoivent bien qu'ils ne sont pas gentils avec les autres. Tout ça, c'est un cercle vicieux. Regarde: moi, je suis à moitié sourd, et pourtant je n'en veux pas au monde entier.

Il y a du soleil, l'air est bleu, pur et parfumé par le vent de la mer. Oui, ça sent bon et des oiseaux chantent. Omer est un homme très bon et, je ne sais pas pourquoi, j'ai un vide en moi car j'ai l'impression que je vais le perdre. Je n'ai jamais été aussi heureux de ma vie et pourtant je sais que ce bonheur sera trop bref. Si je m'écoutais, je lui dirais d'arrêter de pédaler et j'irais me blottir dans ses bras, comme pour le retenir et arrêter le temps.

**

Je suis de retour à Grand-Couronne et j'ai l'impression d'être sorti d'une salle de cinéma où l'on a projeté un film terriblement beau, mais aussi beaucoup trop court.

Ici les choses ont repris leur cours habituel. Corvées, humiliations et sévices. Enfin, ce matin on dirait que je viens de recevoir une promotion: j'ai pour mission de laver la «seconde épouse» de Laurent, nulle autre que sa Renault.

Seul, dehors avec cette beauté, je n'ai pas pu résister, je me suis assis à la place du chauffeur, j'ai posé une main sur le volant et l'autre sur le levier de vitesse. J'y suis! Je suis le roi des rallyes et je traverse un désert immense. Parfois je rencontre une caravane de Bédouins qui me regardent avec des yeux brillants d'envie. Je leur adresse un salut de la main en me disant qu'un jour je reviendrai et que nous prendrons ensemble le thé sous la grande tente. Mais pour l'instant, il n'y a qu'un seul objectif: atteindre Dakar le premier. Tiens, cette grosse dune n'est pas sur la carte? Sans doute une tempête qui l'aura déplacée durant la nuit. Espérons que je ne m'enlise pas dans le sable; il faudrait installer des tôles sous les roues pour avancer, je perdrais du temps et en plus ce serait beaucoup moins amusant que de conduire...

— Qui t'a autorisé à t'asseoir là?

Les mains sur les hanches, Chantale me regarde sévèrement.

— Heu... personne...

— Mais tu ne te rends pas compte! Tu fais tout pour nous mettre en rogne! Même moi je ne m'assois pas là. C'est la voiture de papa, ce n'est pas un jouet. Veux-tu descendre de là tout de suite! Tu vois ce que tu fais dès qu'on a le dos tourné; on veut être gentils avec toi et voilà. Quand tu seras grand, que tu auras un permis – si t'es capable de l'avoir – que tu gagneras assez d'argent pour t'acheter une voiture, ce qui n'est pas sûr du tout, à ce moment-là tu pourras t'installer derrière un volant, mais pas avant! De toute manière, t'es à peine capable de tenir sur un vélo et tu seras incapable de retenir tout le livre du code de la route, puisque tu n'es même pas fichu de réciter une poésie sans te tromper.

— Les fables, c'est ennuyeux à apprendre...

— Pas le code de la route peut-être?

— C'est pas pareil.

— Je le savais! Je le savais que tu allais encore trouver le moyen de me répondre...

Elle a ôté son sabot et s'approche de moi. Depuis quelque temps, c'est sa nouvelle arme. Elle dit qu'avec les mains, elle se fait trop mal.

Je prends une grande inspiration pour ne pas crier et reçois un bon coup sur l'avant-bras. Un autre destiné à me faire comprendre qu'il vaut toujours mieux se taire, mais aussi qu'il est interdit de rêver.

— Et maintenant, tu laves cette voiture comme je te l'ai demandé. Compris?

— Oui, maman.

La voiture brille comme une neuve, j'en suis à déloger des traces de boue dans le relief des pneus.

— La voiture est prête, James?

Je me retourne et aperçois Anne-Céline et Laetitia qui s'approchent.

— Pas tout à fait, dis-je heureux de pouvoir rire avec elles, si ces dames veulent bien m'excuser...

— Mais enfin, James! s'écrie Anne-Céline en prenant un ton aigu et hautain comme on peut en entendre dans les films qui se passent dans la haute société, ne vous avais-je pas demandé la Rolls pour midi tapant!

Je fais celui qui est contrit et, en me redressant, comme pourrait le faire par mégarde le chauffeur que je suis supposé être, je dirige le tuyau d'eau dans leur direction. Je croyais qu'elles allaient rire avec moi, mais Anne-Céline ne rit pas du tout.

— Regarde, idiot! tu as mouillé ma robe. Je vais le dire à maman. Quel crétin tu peux faire! Y en a marre de tes idioties.

Ça n'a pas été long! Chantale fonce sur moi avec son sabot. Elle crie que je suis le dernier des saligauds et qu'elle aussi en a assez de mes imbécillités.

— Pour qui tu te prends pour arroser les filles comme ça? Tu veux jouer aux durs, aux caïds? Mais ma parole tu as une mentalité de maquereau! Tu vas finir souteneur à Pigalle!

Je ne comprends pas ce qu'elle me dit. Qu'est-ce que vient faire le poisson là-dedans? Et pourquoi est-ce que je soutiendrais quelque chose je ne sais plus où?

C'est du vrai racisme que de dire que j'ai la mentalité d'un poisson. Je dois réagir.

— Je vaux plus qu'un poisson! Tu n'as pas le droit de dire ça!

— Quoi? Qu'est-ce que tu racontes? Qu'est-ce que c'est que cette histoire de poisson?

— C'est toi, tu viens de me dire que j'ai la mentalité d'un maquereau.

— T'es encore plus cruche que je pensais... Oh! bah, celle-là, quand je vais la raconter... Une mentalité de poisson... Incroyable... Tiens, sais-tu ce que tu vas faire cet après-midi, je viens d'y penser et je crois que ça te fera le plus grand bien: tu vas aller te promener dans les rues et tu reviendras quand tu auras réfléchi à ce que tu dois être. Tu vas voir si c'est drôle dans la rue. Va avec les voyous, couche dehors avec les clochards, fais ce que tu veux, mais ne rentre pas avant d'avoir compris ce que tu dois être et comment tu dois te comporter. Si tu ne comprends pas, inutile de rentrer; fais ce que tu veux, mais ne viens plus nous embêter. Et ne reviens pas avant pour avoir à manger, tu n'auras rien du tout. C'est un service que je te rends, je veux que tu saches ce qui t'attend si tu ne veux pas te tenir comme il faut. Aussi, si jamais tu décides de rentrer parce que tu as tout compris, tu prendras un cahier et tu feras un résumé écrit de tout ce que tu auras fait et de tout ce que tu auras pensé. Plus tard, je garderai ce cahier pour te le montrer quand tu t'écarteras du droit chemin. Allez, va-t'en maintenant. Va-t'en, je ne veux plus te voir.

C'est presque mon rêve qu'elle m'offre sans s'en rendre compte. La liberté! Je vais pouvoir aller où je veux comme je veux! Elle serait bien avancée si je retournais direct en Corée... Ça pourrait me prendre des mois ou des années de marche, je n'en sais rien, mais je finirais bien par y arriver.

La rue s'allonge devant moi. Je suis incertain, ce n'est pas possible que je puisse soudain aller où je veux comme je veux. Ça fait presque peur. Et si je cherchais mes copains de l'école; où est-ce qu'ils habitent? Je me rends compte que je n'en sais rien. Ceux avec qui nous nous appelons les frères de sang ne sont pas là comme je m'y attendais tout à l'heure, je suis vraiment tout seul. Qu'est-ce que je pourrais bien faire? Je commence déjà à avoir faim. Et si je faisais de l'auto-stop? Je pourrais partir loin d'ici, ce serait déjà ça.

J'ai avancé dans des rues à la recherche de mes amis, espérant rencontrer au moins une connaissance, mais je n'ai vu personne. Je ne sais plus où je suis ni où il faut aller pour faire du stop. Tant pis, essayons n'importe où...

Je me suis placé près d'un feu rouge; comme ça, quand les automobilistes vont arrêter, ils vont bien me voir et je vais me faire tellement gentil qu'ils vont me faire monter dans leur voiture.

Un monsieur avec un chapeau gris se penche par la vitre ouverte pour me demander mon âge.

— Dix ans, monsieur...

— Tu t'es sauvé de chez toi?

— Non.

— Eh bien tu ferais bien d'y retourner au plus vite. Est-ce que tu as envie qu'un maniaque te ramasse pour aller te vendre en Afrique?

J'ai peur. Est-ce que c'est possible, ce qu'il vient de me dire? J'ai déjà vu quelque chose comme ça dans *Tintin* ou dans *Spirou*, je ne sais plus. Je me vois monter dans une voiture; on m'assomme, on me met dans un sac et je me réveille au fond de la cale d'un bateau. Et qu'est-ce qu'ils pourraient bien faire de moi, en Afrique? Me vendre comme un esclave? L'idée m'effraie, mais à bien y penser je me dis qu'il vaut peut-être mieux être esclave au soleil qu'esclave chez Chantale.

Un autre conducteur me fait signe d'approcher.

— Tu vas où, comme ça? me demande-t-il.

— Pour commencer, j'aimerais bien aller en Espagne...

Son visage change. Il grimace méchamment.

— Fous le camp, petit vaurien! Faire chier le monde comme ça pour rien... J'te mettrais ça aux enfants de troupe, moi... J't'en foutrais de l'Espagne...

Qu'est-ce qu'il a contre l'Espagne? Il vaut peut-être mieux que je demande tout de suite l'Afrique, ça doit faire plus sérieux. Ou alors le stop ça ne marche pas autant que le disent les copains? Laurent, lui, il répète tout le temps qu'il n'embarque personne. Il pense que c'est trop dangereux. Avant il pensait encore qu'il aurait pu faire monter une jeune fille perdue le soir, mais un jour il a lu dans le journal qu'une fille qui faisait du stop sur l'autoroute du Sud avait tué un conducteur à coups de couteau pour le voler.

— C'est fini, j'embarquerai plus jamais personne, a-t-il déclaré.

J'ai l'impression que tout le monde a dû lire le même journal, parce qu'à part celui qui m'a mis en garde et celui qui m'a envoyé promener, personne ne s'intéresse à moi. Cette fille-là, non seulement elle a tué, mais en plus elle a fait du tort à tous ceux qui veulent s'en aller.

Tout est gris. Il n'y a déjà plus un chat dans les rues. Que c'est triste! Je n'avais jamais remarqué à quel point les maisons de cette ville sont tristes. En plein jour et quand il y a du monde, on ne s'en rend pas compte, mais, maintenant, c'est un peu comme si tout était en train de mourir. Je me souviens à peine de la Corée, mais je suis sûr que ce n'était pas comme ça. Il y avait de la lumière là-bas.

Je suis tout seul dans la rue maintenant. Il y a bien quelques voitures qui passent de temps en temps, mais c'est tout. Je ne sais même pas où je suis. Un peu partout, à travers les fentes des volets, je vois les reflets de la télévision. Je ne m'étais pas rendu compte qu'il pouvait y avoir autant de monde qui l'écoutait. C'est comme si partout chaque personne oubliait où elle se trouve pour se réunir avec toutes les autres dans un même lieu. Mais moi je n'y suis pas, je reste à l'écart. Dans le fond, c'est comme d'habitude, il n'y a pas de changement.

J'ai l'impression que le bruit de mes pas résonne contre les murs. Ce n'est pas très rassurant. Et puis tout est fermé tout à coup; où est-ce que je vais pouvoir trouver à manger? J'ai faim!

Qu'est-ce que je vais faire au beau milieu de la nuit? Je n'ai même pas rencontré un seul ami. Où sont-ils? À les entendre, ils étaient partout; pourquoi est-ce que je ne les trouve pas aujourd'hui?

Par où est-ce qu'il faudrait que je marche pour retourner en Corée? Je peux me tromper et me retrouver au pôle Nord. Je ne suis pas assez habillé pour me retrouver là-bas. Au pôle Nord... peut-être que les Esquimaux me prendraient avec eux. Ils sont un peu jaunes comme moi, les Esquimaux. On s'entendrait peut-être. J'aimerais mieux ça que les fables de La Fontaine ou les tables de multiplication. À quoi servent les tables de multiplication? Tout le monde peut avoir une calculatrice maintenant. C'est pas parce que les vieux n'en avaient pas que nous, on est obligés de compter à l'ancienne. C'est comme la grammaire: à quoi ça sert que le masculin l'emporte sur le féminin? Si on n'accordait pas du tout, ce serait beaucoup plus simple. Pourquoi faut-il toujours se compliquer la vie?

Chantale me dit tout le temps que je suis comme le galérien de la chanson qui n'a pas tué et qui n'a pas volé; il voulait seulement que tous les jours soient dimanche. Pourquoi ce n'est pas possible que tous les jours soient dimanche? Pourquoi est-ce que le soir tout le monde se barricade dans sa maison plutôt que de danser et rire dans la rue? Pourquoi est-ce que c'est si sombre alors qu'on pourrait accrocher des ampoules de toutes les couleurs comme à Noël?

À force de marcher, j'ai fini par repérer le clocher de l'église, et maintenant je sais où je suis. Je le sais, mais je ne suis pas plus avancé. Je suis libre, mais je ne sais pas quoi faire. Et puis, à force d'y penser, je crois bien que Chantale m'a menti; si je ne reviens pas chez elle, elle est capable d'appeler la gendarmerie. Elle a dû se dire que j'aurais faim et peur et que je reviendrais tout de suite; je ne veux pas lui donner cette satisfaction. Par contre, c'est vrai que j'ai faim. J'ai l'impression qu'il y a des jours que je n'ai pas mangé. Ça doit être parce que j'y pense trop souvent.

Je marche dans le centre-ville. Tout à l'heure, j'ai vu une estafette de la gendarmerie et je me suis caché. Peut-être qu'ils me recherchent?

C'est vraiment triste tous ces magasins avec leurs rideaux de fer, ce trottoir où je suis tout seul... Est-ce que c'est tout le temps comme ça quand on est dans la rue? Ils ne doivent pas rigoler, les clochards...

Et si je rentrais? Je dirais toujours ce qui lui ferait plaisir. Si elle ne me tapait plus, si elle me donnait une vraie chambre comme les autres et si tout à coup elle commençait à m'aimer un peu, ce ne serait pas si mal... Oui, mais pour ça il ne faudrait pas qu'elle me déteste. Pourquoi me déteste-t-elle à ce point? Je ne lui ai jamais fait de mal. Ce n'est pas de ma faute si je ne suis pas comme elle voudrait que je sois. Elle n'avait qu'à y aller, en Corée, elle en aurait choisi un à son goût.

À travers une grille de fer, je regarde la vitrine du bijoutier où il y a de belles horloges. Elles sont posées sur des étoffes de satin blanc et de petits projecteurs font ressortir toute la lumière. Ça brille comme dans un conte de fées. C'est beau ici; pourquoi ce n'est pas partout comme ça?

Je lève la tête, parce que, par la fenêtre entrouverte au-dessus du magasin, j'entends des voix. Ça fait drôle d'entendre des voix tout à coup, il n'y avait plus que des bruits de moteur de temps en temps et parfois des aboiements de chien au loin. C'était un peu sinistre, comme ils disent dans les livres de la bibliothèque Verte. C'est un homme et une femme, ils se disputent. Sans doute des gens mariés. Ils ont l'air fâchés; je suis surpris, il n'y aurait pas que les Bastarache de fâchés! Oh! le bonhomme crie plus fort...

— Je suis sûr que tu y étais...

— Non, non, Jean, je te jure que c'est faux!

— Ne me mens pas! Ne me mens jamais ou...

— Jean! Je ne te mens pas!

— Oui tu mens! Tu n'es rien qu'une foutue traînée, une garce! J'aurais dû me méfier quand j'ai connu ta mère, tu es bien pareille... Mais tu ne m'emmerderas pas l'existence, ça non! Tu m'entends, espèce de sale pute?

— Jean!

— Y a pas de Jean qui tienne, t'es rien qu'une pute qui a le feu au cul. Oui! le feu au cul! Il t'en fallait un autre, hein! Il t'en fallait une plus grosse...

— Jean! S'il te plaît! Arrête! Tu sais que ce n'est pas vrai... Non! Non! Aïe! Je t'en prie! Non! Aïe! Aïe!

J'entends très nettement le bruit des claques entre-coupé de sanglots aigus. J'ai le cœur qui bat à toute allure. Je ne connais pas du tout la femme qui crie, je ne sais même pas à quoi elle peut ressembler, mais j'ai mal pour elle. Ça fait presque plus mal que si c'était moi-même qui recevais les coups. Est-ce qu'il y a quel-que chose à faire?

Je lève la tête vers la fenêtre au premier et je crie:

— Arrêtez! Arrêtez de lui faire mal...

L'homme apparaît à la fenêtre. Il est en maillot de corps, il est très poilu mais n'a plus beaucoup de cheveux sur la tête. Je ne sais pas pourquoi je remar-que tout ça.

— Qu'est-ce que tu veux, toi, le mioche?

— Arrêtez de lui faire mal, vous n'avez pas le droit...

— Tu veux que je descende pour te montrer mes droits? Hein, dis, tu veux sentir du combien je chausse?

Il m'énerve! Il se prend pour qui, lui: le maître du monde? Il ne m'a pas adopté, de quel droit il me parle comme ça? Il va voir...

— Tu es trop gros pour me rattraper, et puis je vais le dire à la gendarmerie, moi, que tu tapes sur ta femme. Mon oncle, il est gendarme, et je sais que ça ne se fait pas de frapper sa femme. On peut aller en prison pour ça.

— Mon espèce de... Vas-tu foutre le camp!

Je voudrais bien pouvoir le braver plus long-temps, mais là, il me fait vraiment peur. Il a les mêmes yeux que Laurent quand il était en train de m'étrangler. Je me dépêche d'avancer dans l'ombre au ras des murs.

Alors c'est partout comme à la maison! Est-ce qu'il n'y a pas un endroit où les gens s'aiment?

Il ne doit pas faire très froid, ça ne fait même pas de buée quand je respire, mais j'ai plus froid qu'au milieu de l'hiver. Je tremble aussi fort que le soldat qui avait la fièvre dans ce film qui se passe pendant une traversée du Sahara avec des chameaux. Je tremble et j'ai faim. C'est comme si j'avais un grand puits sans fond à l'intérieur de moi. Un puits dans lequel on pourrait lancer un caillou sans jamais l'entendre arriver dans l'eau.

Et si je retournais à la maison? Elle me disputera sans doute pour je ne sais quoi, mais j'aurais peut-être quelque chose à manger. Et puis je les connais! Laetitia n'est pas méchante, les autres ne m'aiment pas beaucoup, mais c'est quand même mieux que d'être tout seul dans la rue. Et puis, si je suis gentil avec eux, peut-être qu'ils finiront bien par m'aimer un peu. Moi, je ne demande que ça, qu'on forme une vraie famille comme on en voit des fois à la télé.

10

Je frappe à la porte. Je vois Chantale et Paul-André qui passent dans la cuisine. Assez fort pour que j'entende, elle lui demande:

— Il me semble que j'ai entendu quelque chose, pas toi?

— Non, non, j'entends rien...

Ils ne regardent même pas vers la porte d'entrée. Ils le font exprès. Comme s'ils avaient oublié mon existence. Je frappe plus fort. Nos regards se croisent. Elle vient m'ouvrir, je sens de la chaleur qui sort de la maison.

— Déjà revenu!

— Bah oui...

— Moi je croyais que tu allais essayer de vivre ta vie, faire quelque chose... Tu préfères revenir?

— Oui, maman.

— Pourquoi donc? Tu ne crois pas que tu serais mieux sous les ponts avec tes amis les clochards?

— Non, maman.

— Tu as faim, je suppose?

— Oui!

— Oui, mon chien?

— Oui, maman.

— Attends-moi ici...

Elle a fait réchauffer du riz mélangé avec du steak

haché et des oignons. Elle m'en apporte une assiette ainsi qu'un grand carnet et des crayons.

— Tu vas manger ça en vitesse, dit-elle, et ensuite tu iras t'installer sous le lampadaire de la rue, là-bas, et tu vas raconter par le détail tout ce que tu as fait aujourd'hui. Je veux aussi que tu écrives clairement toutes les raisons pour lesquelles tu as décidé de revenir. Et n'invente rien, ce n'est pas un roman que je te demande, mais un rapport. Allez, ouste! N'oublie pas non plus que je déteste les fautes d'orthographe. Et n'oublie pas non plus que le gendarme ami de Laurent t'a suivi toute la journée. Tu as intérêt à ne pas mentir...

Toutes les lumières de la maison sont éteintes depuis longtemps. Je crois qu'il m'a fallu une bonne partie de la nuit pour raconter ce que j'avais envie de raconter. Je n'ai pas parlé de ma tentative de faire du stop, ni que deux personnes m'ont envoyé promener, non; contrairement à ce que Chantale m'a demandé, j'ai un peu inventé une histoire dans laquelle je prétends être resté assis à méditer sous un arbre une grande partie du temps.

Pour tout dire, je n'ai presque pas vu passer la nuit. J'aime ça mélanger le réel et l'invention sur ce grand carnet. À écrire les choses, j'ai l'impression d'y voir un peu plus clair, même si, dans mon intérêt, j'ai dû passer sous silence mes vraies pensées et mes vrais espoirs déçus.

À la question «pourquoi est-ce que je suis revenu?», ça m'a pris un peu de temps pour trouver ce que je crois qu'elle veut lire sans pour autant lui laisser penser que je suis entièrement livré à sa volonté. J'espère que je ne me suis pas trompé dans mes mots ou qu'elle ne saura pas lire à travers les lignes.

La porte est fermée. Je comprends qu'il va falloir

que j'attende dehors le reste de la nuit. Si je les réveille, ça va encore faire toute une histoire.

C'est long une fin de nuit dehors, à s'imaginer une couverture chaude et l'oubli du sommeil. Je me répète que ce n'est rien, qu'il ne faut pas que j'y fasse attention, qu'à partir de maintenant je vais faire tout ce qui pourra faire plaisir à Chantale, même si je ne compte pas pour autant abandonner mes idées.

Tout ce que je demande, c'est une vie normale. Comme celle qu'ont les frères et sœurs biologiques. Je n'en demande pas plus.

***

Ils m'ont repris et nous sommes en visite chez mamy. Celle-ci me demande ce que je veux faire plus tard.

— Être un adulte pour pouvoir faire ce que je veux.

Je n'ai pas entendu arriver Chantale que je viens juste d'apercevoir dans mon dos. Autrement, je n'aurais pas dit ça.

— Faire ce qu'on veut! s'exclame-t-elle, parce que tu crois réellement qu'un adulte fait ce qu'il veut?

— Oui, puisqu'il n'y a personne qui lui interdit de faire des choses...

— Tu n'as donc jamais appris qu'il fallait travailler quand on est adulte?

— Oui...

— Tu as un peu raison, me dit mamy, il est important que tu fasses ce que tu aimes. Quand on fait ce que l'on aime, c'est un peu comme si on n'avait jamais à travailler un seul jour de sa vie.

— Mais au travail, reprend Chantale, tu crois qu'il n'y a personne pour te commander? Et c'est bien pire que quand tu es enfant, parce qu'une fois adulte, si tu ne fais pas ce qu'on te dit ou même si tu fais ce qu'on te dit de ne pas faire, tu perds ton travail.

— Bah! alors je serai le patron.

— Parce que tu t'imagines que le patron, il n'y a personne qui le commande? S'il ne fait pas ce que les clients désirent, il perd ses clients; et s'il n'a plus de client, il n'est plus patron: il ne lui reste plus qu'à travailler pour les autres.

— De toute façon, je veux faire du foot...

— Ce qui veut dire qu'il faudra bien que tu obéisses au capitaine de l'équipe. Et puis c'est quoi ces idées de ne pas vouloir être commandé? Tu ne sais pas que c'est de l'orgueil mal placé? Ça te dérange vraiment que je te commande?

— Heu... non, mais j'aimerais ça, un jour, être mon propre maître.

— N'oublie pas qu'on est toujours esclave de quelque chose. On ne peut jamais être complètement libre. Même le président de la République ne peut pas faire tout ce qu'il veut. Si ce qu'il fait ne plaît pas à la population, il perd sa place. C'est comme ça. Louis XVI, lui, ils lui ont coupé la tête; ça prouve bien que, tout roi qu'il était, il n'était pas plus libre que les autres.

— Moi j'y arriverai!

J'ai dit ça parce que l'idée d'avoir toujours quelqu'un comme elle sur le dos m'est insupportable, mais je me rends compte encore une fois que j'ai trop parlé.

— On en reparlera... dit-elle d'un ton uni qui ne me laisse imaginer rien de bon.

Nous sommes rentrés à la maison. Je ne cesse de me demander de quelle façon elle va me faire payer ce que j'ai dit devant mamy. De temps en temps, elle me regarde avec un petit sourire; elle sait que je m'attends à quelque chose. Mon tourment paraît lui plaire.

La soirée s'achève. Est-ce que je me suis trompé? Elle ne m'a reparlé de rien. Encore un petit peu et ce sera l'heure d'aller se coucher; est-il possible qu'elle ait oublié? Je ne peux plus attendre, j'aime pas cette attente, je vais dire que je suis fatigué.

— Je vais me coucher, dis-je, je ne sais pas ce que j'ai ce soir, je suis mort...

— Tu sais très bien ce que tu as, dit-elle d'un ton froid et uni.

— Quoi donc, maman?

— Ne fais pas ton petit innocent avec moi. Tu n'as pas oublié ce que tu as dit cet après-midi.

— Quoi donc, qu'est-ce que j'ai dit?

— Ah non! Je n'aime pas qu'on me prenne pour une imbécile. À la douche! Et c'est moi qui vais te la donner...

Je suis tout habillé sous le jet glacé. Je devrais avoir l'habitude, mais à chaque fois c'est pareil, je perds le souffle et je suffoque.

— Alors, c'est toi le petit monsieur qui réussira à devenir son propre maître...

— J'ai dit ça comme ça...

— Eh bien si c'est vrai, ça t'apprendra à ne pas parler à tort et à travers pour ne rien dire. Et, pour bien te faire comprendre que tu ne seras jamais ton maître, sais-tu ce que tu vas faire?

— Non...?

— Tu vas rester debout toute la nuit avec tes chaussettes sales dans la bouche. Comme ça, tu vas avoir tout le loisir d'y penser comme il faut.

Je n'y peux rien, je sens les larmes qui me montent aux yeux. Ça me révolte et je voudrais pouvoir exploser, lui faire comprendre.

— J'ai rien fait de mal, dis-je, pourquoi est-ce que tu me punis toujours plus que les autres? Si c'était Paul-André qui avait dit qu'il voulait être son maître, tu aurais ri et il n'aurait rien eu, lui...

— Je vais te dire pourquoi, lance-t-elle, je vais te le dire: c'est parce que tu as le diable au corps. Ça se voit dans tes yeux, ils sont noirs. C'est pour ça, uniquement pour ça.

Je ne sais pas quoi répondre. Qu'est-ce que ça donnerait de plus de lui dire qu'elle se trompe, que je ne me sens pas plus méchant qu'un autre?

— Allez, dit-elle, enlève les chaussettes de tes pieds maintenant, tu vas avaler un très bon jus de chaussettes...

Je suis debout avec les chaussettes enfoncées dans la bouche. Je sens des larmes qui roulent sur mes joues, mais je ne peux rien faire car je dois rester au garde-à-vous et elle me surveille depuis le gros fauteuil où elle est en train d'écouter la télé. C'est infect, j'ai envie de vomir. Des fois, j'ai des haut-le-cœur que j'ai tout le mal du monde à contenir. S'il fallait que je dégueule sur son plancher, elle serait capable de me faire avaler le vomi. Je suis certain que ça lui ferait plaisir.

Ainsi, même si je me montre soumis, même si je fais toutes les tâches ménagères sans dire un mot et du mieux que je peux, cela ne l'empêche pas de me faire ce qui lui passe par la tête. À quoi bon être gentil, ça ne sert à rien. Elle va voir! dès demain j'irai voler dans les magasins. Je prendrai tout ce qu'il me plaira. Et tant pis si je me fais prendre, ça ne sera pas pire que ça! Elle va voir! À la guerre comme à la guerre, comme elle me répète tous les jours.

— Tu penses m'avoir à l'usure, lance-t-elle depuis son fauteuil, eh bien tu te trompes. Tu ne m'empêches pas de vivre. J'ai bien mangé, je regarde mon émission et tu vois, je mange un bon dessert...

Est-ce qu'elle lit dans mes pensées?

— Et puis ce n'est pas la peine de pleurer, reprend-elle, je sais que ce sont des larmes de crocodile. Tu fais semblant! Tu as toujours fait semblant. Si au moins tu demandais pardon pour tous les soucis que tu nous donnes, ce serait la preuve que tu cherches au moins à t'améliorer, mais non, même pas!

Je retire les chaussettes de ma bouche.

— Je te demande pardon, maman...

— Trop poli pour être honnête... Le ton n'y est pas, ce n'est même pas sincère. Tu dis ça pour que je te dise d'aller te coucher.

— Mais oui, c'est sincère!

— Vraiment?

— Oui, maman. Je sais bien que je te donne beaucoup de mal. J'essaie de m'améliorer, mais c'est dur.

— Et tu serais capable de demander pardon aux autres pour tout ce qu'ils endurent à cause de toi? Tu te rends compte de la belle vie qu'ils auraient si tu n'étais pas là, eux qui ont choisi librement de partager leur vie et leurs affaires? Tout ce que tu as, ils ne l'ont pas. Ils ont voulu que tu sois là, avec eux, plutôt que dix pieds sous terre avec les asticots ou, comme ça se fait par chez vous, en train de te faire bouffer par les vautours dans un dépotoir.

— C'est en Thaïlande qu'on a vu ça à la télé.

— Thaïlande, Corée... Tout ça c'est du pareil au même. Et puis tu dévies de ma question: serais-tu capable de demander pardon aux autres? Réponds à cette question!

— Oui, maman, je serais capable. Ça me ferait même plaisir de le faire.

— Très bien, on va voir... Francis, Marie-Frédérique,

Anne-Céline, Paul-André, tout le monde sur le pont: Mathias a quelque chose à vous dire...

À part Laetitia qui n'a pas été appelée, ils sont là, un peu étonnés, debout près de Chantale qui, dans son fauteuil, me fait un peu penser à une grosse reine au milieu de sa cour. Elle me fait signe.

— Vas-y, me dit-elle, tu peux leur dire chacun leur tour. Et n'oublie pas de leur dire pourquoi...

Je m'approche de Francis et lui tends la main.

— Pardon, Francis, pour tous les soucis que je peux te donner avec mes comportements. Je sais tout ce que tu as fait pour moi et je m'excuse de tout ce que ça te coûte.

— Ça va... Ça va... répond-il, un peu étonné et se demandant visiblement le pourquoi de cette mise en scène.

— Pardon, Marie-Frédérique, de tous les soucis que je peux te causer...

— Non, non! s'écrie Chantale. Tu ne vas pas leur redire à chacun la même chose, il faut que ce soit plus personnel.

Je regarde Marie-Frédérique en me demandant ce que j'ai pu lui faire qui vaille de lui demander pardon. Je ne vois rien mais tant pis, il va falloir que je brode.

— Excuse-moi, Marie-Frédérique, je sais tout ce que tu as fait pour que je vienne ici, et moi je ne m'en montre pas digne tous les jours. Je suis venu avec des mauvais penchants et j'ai du mal à m'en débarrasser. Je te promets d'essayer de faire mieux.

— C'est bien, dit-elle sans quitter cet air d'ennui qu'elle a sans cesse, comme si on la dérangeait tout le temps et comme si ce que l'on dit et fait était d'un ennui prodigieux.

Anne-Céline a l'air beaucoup plus intéressé. Au

point qu'elle s'avance d'un petit pas lorsque je me tourne vers elle.

— Pardon, Anne-Céline. Je sais que je suis coléreux et des fois c'est plus fort que moi, il faut que je dise des choses méchantes; maintenant je m'en veux, parce que toi aussi, je sais tout ce que tu as fait pour que je sois ici.

— Ça va, dit-elle, mais que je ne te reprenne plus à fouiller dans ma chambre quand je ne suis pas là ou à regarder par l'ouverture des portes.

Elle a failli m'avoir, j'ai failli dire que ça n'avait jamais eu lieu et qu'elle ne pouvait pas me reprocher ça. Je ne bronche pas, même si depuis la seconde accusation Chantale me regarde d'un drôle d'air. C'est vrai que j'ai déjà vu Anne-Céline en petite tenue, mais à chaque fois c'est parce que, comme je passe dans le couloir, c'est elle qui ouvre brusquement la porte en me demandant ce que je fais là, soi-disant à l'espionner.

Paul-André a l'air de se désintéresser de tous ces pardons et il regarde de biais vers la télé. Pour ça, je lui donne raison.

— Pardon, Paul-André, pour tous les tracas et les désagréments que je peux te causer. Je sais qu'en partageant ta chambre et tes affaires c'est toi qui m'as le plus donné, aussi je m'en veux si en plus j'ai pu te faire de la peine. Si tu me pardonnes, j'aimerais bien que tous les deux on soit comme des vrais frères.

Il n'est pas dupe. Il sait très bien pourquoi je dis tout cela. Mais il sait aussi que sa mère surveille et il se comporte comme si mes mots l'émouvaient sincèrement.

— Moi je veux bien accepter, dit-il, mais ça ne veut pas dire parce qu'on est frères que tu as le droit de prendre mes affaires personnelles.

— Non, non! dis-je. Je sais bien que toutes tes

165

affaires sont à toi. Je sais que tu te prives déjà beaucoup à cause de moi. C'est pour ça que je m'en veux si j'ai pu te faire de la peine en plus.

Après tout cela, elle ne peut plus me remettre au piquet avec des chaussettes dans la bouche. Si elle le faisait sans un nouveau motif, ça voudrait vraiment dire que ce serait pour son propre plaisir; ça n'irait pas avec la charité chrétienne qu'elle prêche tous les mercredis aux sept ou huit petits enfants à qui elle donne des leçons de catéchisme. Ces leçons qui lui valent une telle popularité de bonté et de douceur dans toute la ville.

— C'est bon, dit-elle, peut-être qu'on peut t'accorder le bénéfice du doute, mais c'est vrai aussi qu'avec toi, on ne sait jamais: tu es tellement dissimulateur... Enfin, tu peux aller te coucher. Et rappelle-toi: on n'est jamais son propre maître. On peut s'aider, c'est tout ce qu'on peut faire. Ceux qui pensent le contraire sont des fous ou des gangsters en puissance.

— Alors c'est pas si mal...

— Quoi donc?

— Si c'est les gangsters les plus puissants.

— Imbécile! Mais quel idiot! En puissance, ça veut dire en voie de. Des gangsters en puissance, ça veut dire de futurs gangsters. Mais, tu vois, ton ignorance vient de révéler ton véritable fond. On sait maintenant que tu penses que ce n'est pas si mal d'être un puissant gangster. Eh bien tiens! pour t'ôter ces idées-là de la tête, tu restes debout et tu remets immédiatement les chaussettes dans ta bouche. Et ne prends pas cet air de martyr, plus vite que ça! Non mais regardez-le, il voudrait encore qu'on le plaigne comme un bébé. Le pauvre petit innocent, on va l'appeler saint Mathias...

Je commence à comprendre comment on devient un gangster.

***

Noël. Un autre. Pour moi, ça n'a jamais été la fête dont tout le monde parle. Je ne comprends pas pourquoi ils attendent tous cette date avec impatience.

Nous sommes tous devant les cadeaux, chacun grignote quelque chose; moi et Laetitia, nous dévorons une assiettée de gruau d'avoine avec du lait chaud. Les «biologiques» ont plus de cadeaux que Laetitia et moi, mais c'est normal parce qu'eux ont des oncles et des tantes que nous n'avons pas. Pour ma part, j'ai un gros écureuil en chocolat enveloppé dans du papier métallique rouge. Il me semble que j'ai déjà le goût du chocolat dans la bouche.

— Arrête de le zieuter comme ça, me lance Chantale. Le cadeau est pour toi, mais c'est les autres qui vont se le partager. Ce sera pour payer la vaisselle que tu as cassée cette année.

— Mais...

— Quoi, mais?

Je voudrais lui dire que si je casse de la vaisselle c'est parce que je suis le seul à la faire, mais à quoi ça servirait? Il est net qu'elle a dû décider depuis longtemps que je n'aurais pas de cadeau. Il faut que je m'y fasse. Pourquoi est-ce que j'espère tout le temps que les choses vont changer?

— Mais rien...

— Ah non! tu vas finir ce que tu as commencé.

— Je voulais juste dire qu'il fallait que Laetitia en ait aussi...

— Bien sûr qu'elle va en avoir! Elle, avec sa cataracte, elle est presque aveugle dans une classe de voyants et elle nous apporte des beaux bulletins. Tu vas voir, elle va te dépasser, ce ne sera pas long. Mais pourquoi tu poses cette question, qu'est-ce que ça signifie?

167

— Rien du tout, j'aimais pas l'idée que Laetitia puisse pas en avoir parce qu'elle était pas biologique.

— Ce qui signifie?

— Rien de plus.

— Je vois... Forte tête, hein... Eh bien! désolée, tu vas passer le réveillon dans ton coin. Allez, ouste! Dégage!

— Bonne nuit...

— Eh! attends, tu as oublié ton assiette de porridge.

— Je... je peux la prendre?

— Oui, parce que c'est Noël et que je suis trop bonne.

— Pourquoi tu n'arrêtes pas avec lui? demande Laurent qui paraît agacé. C'est Noël, bordel! On ne peut pas avoir la paix au moins ce jour-là!

— On voit bien que c'est pas toi qui dois t'en occuper tous les jours. Toi, tu rentres du boulot, tu mets tes pantoufles, tu glisses les pieds sous la table... Moi, il faut que je m'en occupe tout le temps. La minute où tu ne l'as pas à l'œil, tu es sûr qu'une catastrophe va arriver.

— Putain! J'en ai marre! crie-t-il en lançant sa serviette à travers la table. On n'aurait pas pu le laisser où il était, merde!

Maintenant, c'est elle qui me pointe du doigt.

— Tu vois! Tu vois! C'est de ta faute tout ça. Il fallait encore que tu gâches notre fête de Noël, tu ne pouvais pas t'en empêcher, hein?

Trop c'est trop, il y a des moments où il faut dire les choses telles qu'elles sont.

— Qu'est-ce que j'ai fait, moi? J'ai rien fait du tout! Rien du tout! J'ai pas dit un seul mot.

— Disparais! On veut plus te voir ce soir, hurle-t-elle. C'est assez! C'est assez!

Étendu sous ma couverture, je me fais des reproches. J'aurais dû partir l'autre fois. Je n'aurais pas dû me laisser influencer par la faim et par la tristesse des rues. Rien n'est plus triste que cette famille qui se détruit sans savoir pourquoi. Est-ce que c'est vraiment partout comme ça?

Comme chaque fois durant la période de Noël, peut-être parce qu'il y a beaucoup de visite, je dors dans la même chambre que Laetitia. Je ne sais pas pourquoi, Chantale exige que nous dormions le visage tourné vers le mur. Parfois, la nuit, elle vient vérifier si nous ne nous sommes pas retournés. Ça m'exaspère. C'est difficile de s'endormir sans se retourner comme on veut.

— Ne regarde pas le bougnoule, dit-elle à Laetitia lorsque celle-ci vient se coucher, tu vas faire des cauchemars.

***

Je vis au jour le jour. Je peux rêver à plus tard, beaucoup plus tard, mais il ne faut pas que je pense à demain, ni même aux heures qui viennent. Plus tard, ça va, je sais que je serai débarrassé des Bastarache, mais pour le présent, le mieux est d'apprécier les simples moments de tranquillité, généralement ceux que je passe à l'école, sans penser à ceux où il me faut rester à la maison. Bref, il ne faut pas que je pense. Penser, se poser des questions, c'est souffrir. C'est une autre chose que j'ai apprise. Si je subis des coups, des humiliations, des corvées supplémentaires ou, le plus fréquemment, les trois en même temps, il ne faut surtout pas que je me demande pourquoi, le mieux est de laisser mes idées voler très loin. Si je dois rester en slip à laver le carrelage avec mes doigts pendant qu'elle

169

me donne des coups de pied au derrière, il vaut beaucoup mieux que l'esprit soit ailleurs, quelque part où il n'y a que de la musique et des rires.

La musique occupe toute ma vie maintenant. J'ai abandonné l'idée d'être footballeur; je serai chanteur! Mais ça, je ne le dirai jamais à Chantale, elle trouverait bien le moyen de me décourager comme elle l'a fait pour le foot. Je ne lui dis pas non plus que j'ai des copains qui me font écouter Pink Floyd sur leur walkman, j'aurais droit à une volée. À la maison, on n'a le droit d'écouter que des chanteurs français, et moi j'avoue que Gérard Lenormand, Claude François ou Carlos, ça ne m'emballe pas du tout. J'aime bien les paroles des chansons de Brel ou d'Aznavour, mais leur musique ne me fait pas rêver. Tandis que Pink Floyd... Une fois, j'avais levé un peu le volume de la radio qui passait *Time*. J'ai vu arriver Chantale, l'air furieux.

— Qu'est-ce que c'est que ces sauvages-là? a-t-elle demandé, tu ne vas pas me dire que tu aimes ça!

— Bah! un peu... oui.

— Ah ça, ça ne m'étonne pas! Avec toi, il fallait bien s'attendre à ce que tu aimes toutes ces musiques de voyous et de drogués. Mais tu ne te rends pas compte qu'avec ça tu vas t'écorcher les oreilles et que tu ne seras même plus capable de jouer du violon comme il faut. Est-ce que tu t'imagines que Midori écoute de pareilles idioties?

— Je ne sais pas... C'est pas pire que Carlos.

— Carlos, au moins, il chante en français, pas comme ces... C'est qui ça?

— Pink Floyd...

— Pink Floyd! Et tu sais ce que ça veut dire, pink floyd?

— Rose quelque chose...

— Eh bien va chercher dans le dictionnaire. Ça va

au moins servir à quelque chose. Tu dis que tu aimes ça et tu ne t'es même pas donné la peine de chercher ce que ça voulait dire! Avec toi c'est toujours la facilité, je te le dis; tu as le tempérament d'un futur transporteur de drogue. C'est comme ça qu'ils pensent, ces gens-là. Pourquoi, se disent-ils, travailler pendant des années alors qu'on peut ramasser autant d'argent en traversant une frontière avec un kilo de cocaïne? C'est tout à fait ton genre.

— Mais non! Je ne ferai jamais ça.

— Et peux-tu m'expliquer pourquoi tu ne le feras jamais?

— Parce que je sais que la drogue, ça peut tuer des gens. Ce n'est pas bien.

— Tu me rassures un peu, j'ai eu peur que tu me dises que c'était parce que tu avais peur de la prison. Déjà que tu nous as dis que c'était pas si mal d'être un puissant gangster...

J'ai beau chercher, je ne trouve pas floyd dans le dictionnaire anglais-français. Ça m'ennuie, parce que Chantale va bien trouver le moyen de dire que c'est de ma faute.

— Ça n'y est pas, dis-je en montrant le dictionnaire.

— Ah malheur! Il ne sait même pas chercher dans un dictionnaire. Passe-moi ça; tu me copieras la réponse cinq cents fois de ta plus belle écriture, en autant qu'on puisse dire que tu en as une belle... Et tu feras des pompes en même temps; ce n'est pas une partie de plaisir; allez, hop! Pas la peine de me regarder avec tes yeux de merlan frit...

Bien sûr, elle ne trouve pas plus que moi. Elle fronce les sourcils. Je n'aime pas ça. Pourquoi est-ce que ce n'était pas une chanson des Moody Blues? j'aurais au moins pu lui dire ce que ça voulait dire.

— Eh bien ça ne veut rien dire! déclare-t-elle. Tu te rends compte! En plus, ça ne veut strictement rien dire... Mais comment est-ce que vous faites pour aimer ça? Ça doit être pour embêter les adultes, ce n'est pas possible autrement!

— Carlos non plus, ça ne veut rien dire...

— Mais Carlos, c'est son nom, imbécile!

Inutile de discuter davantage, ça ne me porterait pas chance. Pourquoi est-ce qu'à l'école ils disent tout le temps qu'il faut «établir le dialogue» avec nos parents? Quand on essaie, on se fait tout de suite rabrouer.

Comme chaque fois que quelque chose ne va pas entre elle et moi, la tête me démange affreusement. Tout à l'heure, ça allait bien; elle me parle mal et aussitôt mon eczéma recommence.

— Qu'est-ce que tu as, encore, à te gratter la caboche comme ça?

— Mon eczéma...

— Eh bien arrête de te gratter, ça va passer. C'est pas possible, il va falloir t'attacher les mains. Bon, pour t'apprendre ce que c'est que des bonnes chansons, tu vas passer le 33 tours de Sheila, tu vas écrire tous les textes de ses chansons, tu vas en faire l'analyse logique grammaticale et tu vas les apprendre par cœur. Dorénavant, quand tu voudras chanter ou fredonner, ce sera ces chansons-là, tu m'as compris?

— Pas Sheila! J'aimerais mieux Jacques Brel.

— On ne discute pas ce que je dis. Et puis tu es beaucoup trop jeune pour Brel, il y a des vulgarités et tu ne comprendrais rien. Moi-même j'avoue que je suis loin de tout comprendre; alors toi... Je ne suis même pas certaine que ce soit bien catholique; je me suis toujours demandé pourquoi Laurent l'écoutait.

L'une après l'autre, je passe et repasse les chansons pour les copier comme elle me l'a ordonné. À chaque fois qu'une chanson commence, je la vois dans son fauteuil qui se trémousse et balance les bras dans les airs. Elle se demande comment je peux écouter Pink Floyd, moi je ne comprends pas du tout ce qu'elle trouve à Sheila. Et il faut que j'apprenne toutes ces paroles, c'est le comble! «La cloche a sonné, que la joie vienne!» Pour moi, quand la cloche de l'école sonne la fin des cours, c'est plutôt le cauchemar qui recommence.

Je ne comprends pas grand-chose aux règles de grammaire ou à l'arithmétique. Comme le dit Chantale, on dirait que ça me rentre par une oreille et que ça ressort aussitôt par une autre. Des fois j'essaie, mais il n'y a rien à faire. Il me suffit d'entendre qu'un train quitte Paris à midi et un autre Nice à treize heures, qu'il y a tant de kilomètres et qu'ils vont chacun à telle vitesse, aussitôt mon cerveau décroche; je ne comprends rien aux conversions. J'imagine la gare de Paris, celle de Nice, j'imagine les locomotives, les gens dans les wagons, je vois la campagne et les villes qui défilent à travers les fenêtres, mais je suis incapable de me concentrer sur la logique à résoudre. Et si par hasard j'essaie trop longtemps, tout ce que je peux voir ce sont les deux locomotives qui se rentrent dedans dans un fracas à la fois effroyable et excitant. À ce moment-là, je regarde l'heure sur une pendule imaginaire et je la marque sur mon cahier. Ce n'est pas mieux pour la grammaire, j'ai l'impression que l'accord des participes passés a été inventé pour martyriser des générations. Pourtant je sais qu'on peut vivre sans: les Anglais le font bien, eux. C'est peut-être aussi pour ça qu'ils ont plus de temps pour imaginer de la bonne musique? Celle qui nous prend sous ses ailes pour nous emporter sur des nuages de lumière loin, très loin de tout ça, au-delà des barrières.

***

Nous sommes chez mamy. Chantale me gronde parce que j'ai ôté mes souliers sans dénouer les lacets. Je dis gronder, parce que, quand elle est chez sa mère, Chantale ne me dispute pas comme elle le fait à la maison.

— Tu vois comment tu es, me reproche-t-elle: toujours tombé dans l'ornière de la facilité. Je te l'ai dit, ça te jouera un tour... Un jour, quand tu t'y attendras le moins, ça te tombera sur la tête et tu le regretteras toute ta vie.

— Je ne serai jamais un bandit, si c'est ce que tu veux dire. J'ai tort pour les lacets, mais ce n'est pas parce que j'aime ce qui est simple que je me laisse aller à la facilité.

Il n'y a qu'ici que je peux lui parler comme ça, et j'en profite, même si je sais que je risque de payer, une fois rentré à la maison.

Mamy hoche la tête comme pour signifier qu'elle n'est pas tout à fait d'accord avec moi.

— C'est un peu normal qu'à ton âge on préfère ce qui est simple, mais ce n'est pas vraiment la solution, crois-moi... Les jeunes enfants préfèrent davantage les gâteaux que les endives parce que le goût sucré en est beaucoup moins élaboré, les jeunes préfèrent Johnny Hallyday à Mozart parce que sa musique est beaucoup plus facilement accessible, mais cette apparente simplicité n'est qu'un leurre qui ne cache souvent que du vide. Du grossier au subtil, la route est ardue. Pour faire un jeu de mots, ce n'est pas simple du tout de faire simple; si cela ne vient pas du génie, c'est plutôt le produit du labeur acharné de toute une vie. Contrairement à ce que tu pourrais croire, la simplicité n'est pas automatique, elle jaillit le plus souvent au contraire d'une longue et patiente élaboration. Je suis d'accord avec toi que les choses doivent être simples, mais, encore une fois, cela ne signifie pas du tout que c'est simple.

— Tu peux en prendre de la graine! s'exclame Chantale. Tu as entendu mamy, ce n'est pas en s'imaginant que tout va arriver tout seul que ça arrive.

— Mais j'ai jamais dit que je pensais que c'était facile parce que c'était simple. J'ai jamais pensé ça. Ce que je veux dire, c'est que je ne comprends pas pourquoi il faut toujours se couper les cheveux en quatre. Pourquoi est-ce qu'ici il faut avoir les deux mains sur la table quand on mange et qu'au contraire, aux États-Unis, il faut garder une main posée sur la cuisse?

Je vois que Chantale voudrait bien être chez nous pour me répondre à sa façon.

— Ce sont les usages et c'est comme ça, dit-elle; on n'y peut rien, il faut s'y plier et c'est tout.

— Oui, mais moi, ce que je veux savoir, c'est pourquoi. Pourquoi est-ce qu'il faut gâcher du temps à apprendre et faire des choses qui n'ont aucun sens?

— Je me suis aussi souvent posé des questions comme ça quand j'avais ton âge, me dit gentiment mamy sans se défaire de son calme ni de son sourire. Tout ce que j'ai trouvé comme réponse, c'est que ça faisait plaisir à ceux qui m'entouraient. Ça m'a suffi. Et puis, de toute façon, mieux vaut des règles même sans fondement que pas de règles du tout. Ce ne serait pas plaisant pour tout le monde si chacun faisait ce qui lui plaît. Le principe ce n'est pas à quoi sert la règle, c'est de s'y conformer si l'on veut vivre dans le respect les uns des autres.

Je veux croire mamy, mais ce n'est pas comme ça que j'ai ressenti les choses. C'est sans aucun respect pour moi ou ce que je peux ressentir que l'on m'impose toutes ces règles. Pour moi, elles ne sont que des barreaux, pas du tout un signe de respect; et ne pas les appliquer est ma façon à moi d'exprimer que ça ne me plaît pas.

Nous sommes repartis et nous traversons la nuit. Le silence est lourd. Je sens bien que Chantale cherche le meilleur moyen de me faire regretter d'avoir dit ce que je pensais.

— Tu ne peux pas t'empêcher de te faire aller le clapet quand tu es ailleurs! dit-elle soudain, libérant du même coup l'atmosphère comme pourrait le faire un orage.

— Qui ça: moi?

— Oui, toi! Il n'y en pas d'autres, des polissons comme toi. Tu ne te rends pas compte de la peine que tu peux faire à ta grand-mère en disant n'importe quoi?

— Qu'est-ce que j'ai dit de mal?

— Mais tout! Qu'est-ce que c'est que ces façons d'aller dire à une pauvre femme de quatre-vingts ans que nos usages sont stupides et dépassés?

— C'est pas ce que j'ai dit!

— Ça revient au même, et il va falloir que tu t'en rendes compte... Ça, mon petit garçon, ne va pas t'imaginer que je vais le laisser passer comme ça...

Je ne réponds pas. Je regarde dehors en essayant de ne pas penser à ce qui va suivre. De temps en temps nous croisons un véhicule et à chaque fois je m'imagine que c'est une créature avec deux grands yeux jaunes qui surgit du néant. Tout au loin, là-bas, le ciel est couleur rouille. On dirait que c'est l'enfer qui s'y reflète. Et puis non! je ne devrais pas dire on dirait, parce que je sais bien que c'est vers l'enfer qu'on roule.

Pourtant, ça pourrait être le même pays, mais dans une voiture différente; une famille différente, aussi. Une famille où je serais aimé pour moi-même, une famille où nous serions tous en train de rire, heureux d'avoir passé une bonne journée chez mamy, heureux de rentrer chez nous où l'on est bien ensemble. Mais je ne sais pas si ça existe, et la nuit tout autour de la voiture ne me dit rien de bon. Tout ce que je sais de ce monde où j'ai atterri il y a six ans, ce sont les rues tristes de la nuit, ce sont les volets fermés et la lueur des télés, c'est le bijoutier qui tape sur sa femme en lui parlant comme on parlerait à une bête enragée, et c'est Chantale qui me promet d'autres peines parce que j'ai osé parler à ma grand-mère comme je le pensais.

***

C'est curieux: à l'école, je voudrais être différent des autres dans un sens, mais d'un autre côté je voudrais faire partie d'eux. Il me semble que pour être comme eux, il faudrait que je porte des pantalons à pinces, un tee-shirt original et des *running shoes*. Bref, des vêtements comme les autres. Mais Chantale s'entête à m'habiller comme un premier communiant tous les jours de la semaine. C'est pour me faire pardonner ces habits que je me suis inventé une identité qui pourrait les expliquer. Au lieu de prétendre que c'est ma mère qui veut que je sois comme ça, je dis que je n'aime pas être habillé comme tout le monde, que c'est «prolo» de porter un tee-shirt et des «péniches» aux pieds. Je raconte que je viens d'un milieu où on ne peut pas se permettre d'être comme tout le monde, que mon père est un grand avocat qui défend des caïds de la mafia, que chez nous il y a une piscine olympique couverte, que dans le garage il y a une Ferrari et une Jaguar, que ma mère passe la moitié de sa vie aux *States*.

Je devrais dire: je racontais; car Anne-Céline l'a appris et l'a redit à Chantale, devant qui je me trouve maintenant.

— Qu'est-ce que ça veut dire? hurle-t-elle. Tu as honte de nous? Il a fallu que tu t'inventes une famille!

— J'ai pas honte, c'est à cause des vêtements que je porte...

— Qu'est-ce qu'ils ont, les vêtements que tu portes: il ne sont pas assez bien à ton goût?

— Je ne suis pas habillé comme les autres; pour ne pas qu'ils rient de moi, j'ai voulu qu'ils croient que c'était comme ça qu'on s'habillait chez les riches.

— Alors, en plus d'être paresseux, sale, menteur et hypocrite, il faut aussi que tu sois snob! C'est le bouquet!

— Est-ce que je peux aller aux toilettes, maman?

— Aux toilettes, pourquoi aux toilettes maintenant? Est-ce parce que la volée que tu vas recevoir te fait faire dans ton froc?

— Non... Il faut que j'y aille!

— Très bien, ça va être une très bonne occasion pour te faire baisser le caquet, un peu d'humiliation ne te fera que du bien... Tu vas voir si ton père défend les gros bonnets de la pègre... Non mais! Laetitia, viens ici un peu, ma chérie...

Je vois arriver Laetitia, un peu inquiète.

— Oui, maman, répond-elle timidement.

— Tu vas accompagner ce fils d'avocat aux toilettes et tu vas l'aider à faire ses besoins...

— Moi!

— Oui, toi.

Ma sœur de Calcutta n'a pas eu le choix; il lui a fallu me suivre jusque-là. J'ai l'impression d'être dans un cauchemar et Chantale nous observe dans le cadre de la porte.

— Vas-y, ma fille, dit-elle, baisse-lui sa culotte...

Laetitia la regarde par deux fois pour être bien certaine que c'est sérieux. Moi je voudrais reculer, mais je ne peux pas aller plus loin. Comprenant qu'il n'y a pas d'alternative si elle ne veut pas être punie à son tour, ma sœur déboutonne ma culotte.

— Baisse-la, lui ordonne Chantale; n'aie pas peur, ça te mangera pas. Le slip aussi...

Je voudrais me sauver, mais Chantale bloque l'entrée de toute sa masse. Mon slip baissé, je veux m'asseoir vivement sur la toilette, mais elle m'ordonne de rester debout.

— Tu vois, me dit-elle, tu ne sais même pas faire tes besoins. Qu'est-ce que tu as oublié?

Je la regarde sans comprendre.

— Ah tu ne sais pas! Eh bien on va te l'apprendre. Laetitia, sais-tu ce qu'il a oublié?

— Euh... non, maman...

— Tu vois son petit zizi?

— Oui, maman...

— Eh bien, tu vas lui montrer comment retrousser la peau avant de pisser.

— Je sais pas! répond-elle au bord des larmes.

— Eh bien il faut que tu apprennes; on ne sait jamais, plus tard tu seras peut-être infirmière, il faudra peut-être que tu fasses faire leurs besoins aux petits vieux ou aux handicapés. C'est facile, tu lui prends le zoiseau et tu retrousses le gland.

— Le gland?

— Oui, le bout du zizi, sous la peau.

Malgré les explications, Laetitia reste là sans bouger. Comme si ce que lui demandait Chantale était au-dessus de ses forces. Cette dernière pousse un gros soupir.

— Je vais te montrer, dit-elle, ensuite ce sera à toi.

Elle s'approche, me prend l'affaire et retrousse la peau jusqu'à me faire mal.

— Comme ça, dit-elle à Laetitia, tu as vu?

— Euh oui...

— Alors à ton tour, et n'aie pas peur: un petit zoiseau comme ça, ça ne peut pas faire de mal à personne.

C'est trop pour moi, je refuse:

— Je ne veux pas qu'elle me touche! Ça ne se fait pas!

— Quoi! Qui es-tu pour décider de ce qui se fait ou pas? Hein? Pour qui tu te prends? Tu n'es qu'un rien du tout et c'est ce que j'essaie de te faire comprendre. Si tu étais quelqu'un, jamais je ne dirais à ta sœur de te retrousser le machin, mais tu n'es rien et il faut que tu le saches. Allez, Laetitia, qu'on en finisse...

Tremblante, détournant les yeux, ma sœur obéit. Comme Chantale l'a dit, j'ai l'impression de n'être plus rien du tout: d'être un moins que rien. Je voudrais pleurer, mais je ne m'en sens même pas le droit.

— Bon, maintenant tu fais tes besoins, m'ordonne celle qui se prétend ma mère mais qui vient de me prouver qu'elle ne le sera jamais.

Je m'assois, mais je suis comme figé; elles me regardent.

— On attend, s'impatiente Chantale. On ne va pas y passer la journée.

— Comme ça, je ne peux pas, ça me gêne...

Je ne l'ai pas vue venir, une grande claque m'envoie presque hors du siège.

— Et ça, demande-t-elle, ça te dégêne?

Est-ce qu'elle le savait? Sous la surprise, tout part dans la toilette. Laetitia plisse le nez. J'ai honte.

— Maintenant, reprend Chantale, tu vas nous montrer comment tu t'essuies.

— Je peux le faire tout seul...

— Pourquoi, qu'est-ce que tu as à cacher? On sait ce que c'est que de la merde, même si la tienne sent particulièrement mauvais.

Je m'exécute car je l'ai vue qui a serré son poing. Je sais par expérience qu'elle n'hésite pas à s'en servir.

— Bon, maintenant tu montres ton trou de balle à Laetitia, qu'elle dise s'il est proprement essuyé.

Encore une fois, me sentant la dernière des créatures, il faut que je m'exécute.

— Plus penché, mieux écarté, qu'on voie bien... Et puis, ma chérie, est-ce qu'il a le derrière propre?

— Oui, maman, je crois.

— Très bien, on n'a plus besoin de toi, ma fille. Tu peux aller dire aux autres que tout à l'heure ils vont bien rigoler...

Nous sommes seuls. Elle me fixe avec son petit sourire que je n'aime pas.

— Tu vois ce que ça fait de se prendre pour un autre, tu comprends à présent?

Je ne réponds pas: que dire à ça? Elle m'attrape de nouveau l'affaire et la tiraille dans tous les sens.

— Est-ce que tu comprends? répète-t-elle.

— Oui, maman.

— Si seulement tu étais gentil, on pourrait s'entendre tous les deux, mais non, tu as une tête de cochon et aucun sentiment. Tu es aussi vide qu'une vieille outre abandonnée dans le désert.

Maintenant, elle a refermé sa main sur mon affaire

et elle serre fort. Je n'aime pas ça. Je lui dis qu'elle me fait mal.

— Mal, ça! Tu te fiches de moi ou tu es plus douillet qu'une fillette? Si je voulais te faire mal, je ferais ça... ou ça...

Elle m'a pincé les testicules. Une vague douloureuse monte dans mon ventre, j'en ai le souffle coupé et un voile rouge passe devant mes yeux.

— Tu vois, dit-elle, tu ne peux pas faire la loi avec moi. Tu fais tout ce que je veux ou tu souffres; c'est simple, non?

— Oui... oui, maman.

— Parfait, maintenant tu vas me suivre dans la réserve, on va te mettre une couche.

— Une couche, moi! Une vraie couche?

— Oui, une vraie couche pour toi. Quand on ne veut pas être comme les autres, quand on a honte de sa famille, il faut savoir en supporter les conséquences. Tu veux te comporter comme un bébé, eh bien on va te traiter comme un bébé!

Je suis debout dans la cuisine, nu à l'exception de la couche qu'elle m'a refilée. Tous les autres sont autour de moi et ils rient à s'en rouler par terre. Je ne sais même pas quelle attitude prendre. Je voudrais ne pas exister en attendant que la vie commence vraiment.

Lorsque je me retrouve seul avec Chantale, elle m'ordonne d'enlever la couche, car elle prétend que ça amortit les coups qu'elle doit me donner pour m'apprendre à vivre.

***

Aujourd'hui, je me lève un peu énervé. Une copine de ma classe m'a invité à son *party* d'anniversaire, je ne

182

pense plus qu'à ça, mais le problème est que je n'ai pas encore demandé à Chantale. Hier soir, elle était mal lunée et j'ai pensé que ce n'était pas le bon moment.

Elle est en train de préparer des tartines pour les autres; je n'ai pas le choix, il faut que je me jette à l'eau:

— Maman, y a une amie qui m'a invité à son *party* d'anniversaire, aujourd'hui...

Elle me regarde en silence, sans doute le temps de réfléchir à cette information et de voir comment elle pourrait m'empêcher d'y aller.

— Et c'est maintenant que tu le dis!

— Bah...

— Oui, tu peux dire bah... Tu comprends bien que maintenant c'est trop tard. Et puis c'est qui, cette amie?

— La fille du docteur.

— Oh! la fille du docteur. Il faudrait peut-être quand même que tu y ailles... Mais pourquoi tu ne l'as pas dit hier, il faut toujours que tu fasses à part des autres! Attends, il faut te changer, mettre tes plus beaux vêtements, et puis je vais te faire une carte que tu lui donneras.

Je tremble qu'elle me pose davantage de questions. J'ai été bien inspiré de dire que c'était la fille du docteur, sauf que ce n'est pas elle. Mais c'est sûr que si je lui avais dit que ce n'était que la fille d'un O.S., il aurait fallu que je revienne direct à la maison après l'école.

— Il va falloir te tenir comme il faut, me prévient-elle. Je ne veux pas entendre dire que chez les Bastarache on éduque mal nos enfants. Tu dois être le mieux élevé. Et n'hésite pas à proposer tes services à la maman pour faire la vaisselle ou du ménage.

— Oui, maman.

Elle me tend une enveloppe scellée.

— Il y a un peu d'argent là-dedans, tu le lui donneras comme cadeau. Si tu avais été intelligent, on aurait pu aller acheter un vrai cadeau hier. Je n'aime pas ça offrir de l'argent même si c'est mieux que rien, ça fait un peu parvenu.

— Qu'est-ce que c'est, parvenu?

Je le sais un peu, mais ça évitera qu'elle pose d'autres questions dont les réponses pourraient lui mettre la puce à l'oreille.

— Des parvenus, ce sont des nouveaux riches qui ont acquis leur argent un peu trop facilement mais qui n'ont pas été aussi vite à se donner une éducation. C'est un peu, si tu veux, comme faire venir un petit garnement de Corée dans une gentille famille et de croire qu'on va pouvoir en faire un bon petit Français... Tu vois ce que je veux dire?

— Oui, maman.

— C'est bien, on en reparlera à ton retour ce soir. Et surtout, tiens-toi comme il faut. Comment ça se fait qu'elle n'a pas invité Paul-André?

— Ils ne sont pas du même gang...

Je me mords les lèvres; encore une fois j'ai parlé sans réfléchir.

— Du même gang! Qu'est-ce que ça signifie exactement?

— Je voulais dire de la même équipe de jeux.

— On croirait entendre un voyou des bas quartiers... Un gang... Où est-ce que tu te crois: aux États-Unis, où les jeunes se tuent dans les rues pour un oui ou pour un non. C'est là que tu aimerais te retrouver, dans un ghetto de Los Angeles?

— Non, non, je te jure, c'est juste une façon de parler.

À quel traitement m'exposerais-je, s'il fallait que je lui dise qu'à choisir, je préférerais me retrouver avec un gang dont je ferais réellement partie, où l'on me considérerait vraiment comme un frère, plutôt qu'ici à subir ses sautes d'humeur, sa méchanceté et même, quand elle devient folle, à risquer autant ma vie que dans les lointaines rues de Los Angeles?

Me dirigeant vers l'école, je me demande pourquoi, puisqu'elle ne m'aime pas, elle veut toujours que je sois le premier à l'école, que je sois toujours en avance sur les autres. Plus que les autres, elle me fait réviser les leçons et vérifie mes devoirs; plus que les autres, elle me fait réciter des poésies, copier des formules et recopier des mots. Est-ce que c'est pour le simple plaisir de m'embêter? Ça n'aurait pas de sens, elle pourrait y arriver autant en se donnant beaucoup moins de mal. Y réfléchissant, j'en conclus qu'elle n'a pas dû abandonner cette idée que les Asiatiques étudient mieux que les autres, et peut-être qu'elle espère encore que je ferai sa gloire en étant le meilleur.

À moins de chercher des histoires, je ne peux même pas lui dire qu'elle se trompe, que, même en y mettant de la bonne volonté, je ne suis que très moyen et qu'il n'y a aucune chance pour que je devienne un petit génie des maths ou du français du jour au lendemain.

La fête chez ma copine était au poil, mais Chantale a découvert le pot aux roses!

— Pourquoi m'as-tu dit que c'était la fille du docteur? J'ai eu l'air maligne, moi, en appelant chez eux pour lui souhaiter un joyeux anniversaire...

— J'ai jamais dit que c'était notre docteur à nous.

— Lequel d'abord?

— Eh bien! il n'est pas vraiment docteur non plus; sa fille l'appelle doc parce qu'il vient d'Haïti et qu'il n'arrête pas de parler d'un certain Papa Doc.

— Ne me dis pas en plus qu'elle est noire!

— Oui, on peut pas plus noire...

— Tu veux dire que j'ai mis de mon propre argent dans une enveloppe pour l'anniversaire d'une petite que je ne connais même pas! Et je suppose qu'elle est comme toi, qu'elle ne parle le français qu'à moitié; toi, tu parles comme un petit nègre.

— Elle était bien contente, ma copine.

— Je te crois qu'elle devait être contente! Mais, maintenant, comment tu comptes faire pour me rembourser, toi?

— Mais pourquoi?

— Parce que tu m'as menti. Tu devais très bien te douter que je croyais qu'il s'agissait de la fille du toubib. Mais oui, que je suis bête! J'aurais dû allumer quand tu m'as dit qu'elle faisait partie de ton gang... Jamais la fille du docteur ferait partie d'un gang, elle. Alors, comment comptes-tu me rembourser ça?

Je baisse la tête. J'ai déjà toutes les corvées, elle devrait trouver que c'est assez pour rembourser. Si elle devait prendre une femme de ménage pour faire ce que je fais dans la maison, ça lui coûterait beaucoup plus cher. Et si je ne le faisais pas, il faudrait bien qu'elle en engage une, puisqu'elle est trop grosse pour se pencher.

Je lui demande si le travail que je fais ne suffit pas.

— Tu te fous de moi, là?

— Mais non, pourquoi?

— Le pire c'est que c'est vrai, tu n'as même pas l'air de te rendre compte de ce que tu dis. Tu trouves que tu en fais assez, j'imagine?

— Oui, maman.

— C'est de l'impertinence, ça!

— Non, maman, c'est ce que je pense.

— Mais je n'en ai rien à faire, moi, de ce que tu

penses! C'est le cadet des cadets de mes soucis. Tout ce que j'exige, c'est un peu de respect.

— Parce que c'est respectueux de dire le contraire de ce qu'on pense?

— Tu sais ce que ça va te coûter cette question, tu le sais! Ça va te coûter trois jours dans ta cave, tout fermé, sans lumière, sans sortir, même pour faire pipi, et sans autre chose à manger qu'un pain rassis et une cruche d'eau, comme en prison. Tu vas voir si on me parle comme ça, à moi...

Elle a bouché le vasistas pour que le jour ne passe pas et elle a mis une serviette de toilette roulée sous la porte pour que je ne risque pas de voir la lumière. Puis elle a retiré l'ampoule.

Je suis étendu sur le sol et j'attends. Petit à petit, une inquiétude s'est glissée en moi: et si elle me laissait là pour toujours? Au début, je n'ai pas cru à cette idée, mais plus ça dure, plus elle me ronge la tête.

Parfois je me réveille, je ne me rappelle plus où je suis et j'écarquille les yeux pour essayer d'apercevoir quelque chose. Ne voyant rien, je panique jusqu'à ce que je me souvienne où je suis et pourquoi. Quoique, le vrai pourquoi, je ne l'ai pas encore trouvé. Je dis quand je me réveille, mais maintenant je suis réveillé et je commence quand même à me demander si je n'ai pas perdu la vue. Je fixe les ténèbres, ne distingue rien, et j'ai envie de crier très fort. Je pense beaucoup à la mort, il me semble que ça doit un peu ressembler à ça.

J'ai bien cherché quelque chose pour essayer de repousser ce qu'elle a mis sous la porte, mais je n'ai rien trouvé. Il n'y a ici que le seau pour faire mes besoins, la cruche pour boire et le morceau de pain rassis.

— Comme en prison, m'a crié Chantale.

De temps en temps, j'en mets un morceau sur ma

langue et je le laisse fondre. En le laissant comme ça, au bout d'un moment la pâte ramollie devient un peu sucrée. J'essaie de le faire durer le plus longtemps possible, mais ma salive le désagrège avant que je puisse avoir le plaisir d'avaler quelque chose de solide.

Pour l'eau, j'essaie de la faire durer, mais on dirait que de savoir qu'il n'y en aura pas d'autre amplifie ma soif.

Trois jours, on pourrait croire que ce n'est pas long, mais je ne sais plus où j'en suis, j'ai vraiment perdu le fil du temps. Tout à l'heure j'ai entendu des bruits en haut, mais je ne suis vraiment pas sûr que ce soit le soir ou le matin.

J'essaie de dormir le plus possible. Au moins, quand je rêve, je vois quelque chose. Mais le sommeil ne veut pas toujours venir. Surtout étendu par terre sur ce ciment glacial. J'ai mal partout.

Alors j'essaie de rêver tout éveillé. Je me dis qu'un jour je finirai bien par sortir de cette cave, de cette famille et de cette ville. Un jour je prendrai la route avec mon violon, je n'aurai plus peur d'aller par les chemins, je rencontrerai des amis, des gens comme moi qui s'en fichent qu'on mange avec la main droite ou la gauche, qui ne se tracassent pas pour ce que pensent les voisins, qui ne vont pas à la messe le dimanche pour mériter le paradis. Bref, des amis qui ne feront pas venir des enfants de l'autre côté de la terre pour les enfermer dans une cave. J'imagine des villes nouvelles dans le lever du soleil. Des villes où je sais que je trouverai une bonne fontaine d'eau claire sur la place centrale, de l'ombre sous les marronniers, des rires et des chansons sur les trottoirs. Des villes où je n'entendrais pas la voix des Laurent Bastarache réclamant le silence pour écouter leur télé en paix. Des villes sans volets, sans gendarmes et sans voitures.

Des villes où l'on rit, où l'on se parle, où l'on est heureux. Il me semble que ça ne doit pas être si compliqué que ça, même si Chantale dit que ce sont des rêveries de futur bagnard et que tous ceux qui veulent que ce soit tout les jours dimanche finiront aux galères.

De toute façon, s'il y a quelqu'un qui ne veut pas que ce soit tous les jours dimanche, c'est bien moi. Quelle horreur, cette journée où il n'y a pas d'école pour s'échapper, où il y a la messe interminable à la sortie de laquelle le curé fait de si beaux sourires à Chantale, comme si elle était sainte Thérèse. À propos de sainte Thérèse, je l'aime bien, elle. Parce qu'elle n'aime pas que je lise des bandes dessinées, Chantale m'a fait lire sa vie dans un petit livre. Elle n'était pas du tout le genre Chantale. Pas du tout! Juste à lire le livre, j'ai eu l'impression de rencontrer une amie. Elle disait qu'on ne meurt pas, mais qu'on entre dans la vie... Heureusement qu'il y a des petits livres comme ça, sinon j'aurais une dent contre toutes ces affaires d'Église où, au fond, il est rarement question de Dieu, mais surtout de ce qu'on doit faire pour plaire aux voisins, aux gendarmes et à la patrie. Il y a un autre saint que j'aime bien: saint François; il parlait aux oiseaux. Ça, c'est quelqu'un de bien! Si tout le monde était comme lui, il n'y aurait plus de Couronnais comme on en connaît. Saint François, il disait: Mon frère le soleil, ma sœur la lune. Il parlait aussi à ses frères et sœurs, les animaux. Ça, c'était quelqu'un de chouette.

Encore ce bruit, au fond. Comme un grattement. Je commence à me demander s'il n'y a pas des souris dans cette cave. Peut-être même que ce sont des rats. J'ai horreur des rats, ils me font peur. Il y en avait un l'autre jour quand j'ai sorti les poubelles. J'ai cru qu'il allait avoir peur de moi; mais non, il restait là, à me regarder avec ses yeux à la Chantale, comme si je ne l'inquiétais pas du tout. Finalement, c'est moi qui ai eu la frousse et j'ai détalé.

Parlant de poubelles et de corvées, ils vont bientôt avoir hâte que je sorte de là. Ils doivent être obligés de tout faire. Non, c'est vrai que c'est toujours Laetitia qui fait mon travail quand je suis en punition.

J'ai l'impression que tout s'est arrêté, que tout sera désormais toujours aussi noir et aussi vide. J'ai peur, je crie.

Un bruit. La porte s'ouvre. Une lueur, ça brûle! Je porte les mains à mes yeux.

— Et puis, demande la voix de Chantale, est-ce que tu as compris qu'on ne doit pas raconter des histoires?

— Oui, maman. Je ne recommencerai plus.

— Tu ne recommenceras plus parce que tu as compris que c'était mal ou parce que tu as peur de la punition?

Est-ce que ce n'est pas un attrape-nigaud? Est-ce qu'elle ne cherche pas à me faire dire quelque chose qui me vaudrait encore plusieurs jours dans ce trou?

— Les deux, dis-je.

— Les deux... Eh bien, tiens-toi-le pour dit: la prochaine fois, ce sera encore pire...

Elle pense déjà à la prochaine fois! Je me demande si, en elle, il n'y a pas une espèce de maladie qui fait qu'elle éprouve du plaisir à me faire souffrir.

11

Il pleuvait à verse et, plutôt que de me faire tremper, je suis resté un peu plus longtemps à l'école de musique où j'en ai profité pour essayer d'autres instruments. Je viens de rentrer et elle est étonnée, presque déçue, que je ne sois pas mouillé.

— Pourquoi tu es sec, où étais-tu durant la pluie? Ne me dis pas encore que tu es passé entre les gouttes!

— Je me suis abrité sous un gros arbre.

C'est devenu une manie chez moi. Ça ne m'aurait rien enlevé de plus que de dire que j'étais resté à l'école de musique, mais je préfère lui mentir. Maintenant, chaque fois que l'occasion se présente, je lui mens. À mes yeux, je ne veux surtout pas avoir l'air de lui marquer du respect.

— Sous un arbre! Tu ne sais pas encore que les arbres attirent la foudre?

— Et alors...

— Qu'est-ce que ça veut dire ce «et alors»?

— Ça veut dire que, si j'étais foudroyé, ce ne serait pas tragique pour moi...

— Non! Non, ça ne prend pas avec moi ce genre de lamentations et de chantage au sentiment. Tu ne fais pas pitié du tout, enfonce-toi bien ça dans le crâne. Et, pour te prouver que ça ne prend pas avec moi, fais-moi tout de suite deux cents pompes sur un seul bras. Cent pour chacun.

— Non!

— Hein?

— J'ai dit non!

Je n'attends pas qu'elle me frappe ou qu'elle me jette par terre ou quoi que ce soit, j'en ai plus qu'assez: je vais lui montrer que je peux me faire plus mal qu'elle-même peut me le faire. Je fonce dans le mur tête première.

Je suis tout étourdi, ça fait mal, tant pis; encore une fois, elle va voir...

Je suis tombé sur le derrière, je ne sais plus très bien ce qui se passe. Ma tête n'est qu'une grande douleur.

— Tu crois vraiment que ça me dérange, tes sima-grées? demande-t-elle sans perdre son calme.

— Moi, ça m'arrange!

— Je vois, je vois, j'avais deviné qu'à un moment donné tu allais jouer les fortes têtes. Tu n'as oublié qu'une chose: ça ne m'impressionne pas, et je sais même comment y remédier...

J'essaie de parer, mais il est trop tard, elle est sur moi et me frappe avec ses poings et ses pieds. Je serre les dents, je ne veux pas lui donner le plaisir de crier, mais je crois que la douleur va l'emporter...

Elle m'a pris par les cheveux et me traîne en direction de la salle de bains.

— Pisse! m'ordonne-t-elle.

— Hein?

— Je t'ai dit de pisser: ce n'est pas trop compliqué pour toi?

— J'ai pas envie...

— Veux-tu que je te la fasse venir, l'envie?

Je ne sais pas du tout comment elle pourrait s'y

prendre, mais je ne veux pas le savoir. Je m'installe devant la toilette pour m'exécuter. Son regard me gêne, je me détourne un peu.

— Qu'est-ce que tu as, tu as honte de montrer ton zizi, maintenant! Tu t'imagines que j'en ai jamais vu? T'en fais pas, c'est pas ton petit machin qui va m'impressionner. On se demande même ce que tu vas pouvoir faire plus tard avec ça... Allez, pisse!

Je ne sais pas comment, je réussis à faire un petit jet.

— Parfait! dit-elle en me reprenant les cheveux, maintenant tu vas boire dans la toilette...

— Hein!

Mais, sans me répondre, elle me force à me plier et m'envoie carrément la tête dans la cuvette. Je tente de résister, mais, d'un geste si brusque que je me heurte le menton sur la porcelaine, elle me plonge le nez et la bouche dans le liquide.

Je ferme les yeux. Je voudrais hurler mais je ne peux pas. J'étouffe, je n'en peux plus, je sens que je vais ouvrir la bouche, je n'ai pas le choix.

Le liquide me remonte dans les narines, dans la poitrine. Elle me lâche. Toussant, le feu dans la poitrine, je tente de reprendre mon souffle. Les yeux me brûlent, ils doivent être sortis de leurs orbites.

— Tu as compris, mon saligaud? (Je l'entends, mais c'est comme si ses mots venaient d'un ailleurs presque inaccessible.) Avec moi, tu peux te cogner la tête dans les murs, tu peux te faire tout le mal que tu veux, ça ne prend pas du tout. Tu peux même te tuer si ça te chante, on sera bien débarrassés et c'est tout. Ça ne nous fera pas de tort, au contraire: tout le monde sera gentil pour nous dans ce qu'ils croiront être notre chagrin.

Je tousse encore. Je voudrais arracher l'intérieur

de ma bouche et de mes poumons pour les nettoyer. J'ai l'impression d'être sale au plus profond de moi.

Je pleure. Quoi que je fasse, elle sort toujours gagnante.

***

Il y a du nouveau dans mon existence: dorénavant je prendrai tous mes repas assis sur la toilette et je devrai laver ma vaisselle dans la cuvette.

Tout ça, parce que le 14 juillet elle a voulu que je regarde le défilé militaire à la télévision.

Au bout de deux minutes, j'ai demandé si je pouvais aller jouer.

— Ça ne te plaît pas? m'a-t-elle demandé, surprise.

— Non, j'aime pas l'armée.

— Laurent, a-t-elle appelé, Mathias dit qu'il n'aime pas l'armée...

— Ça m'étonne pas. Comment veux-tu qu'il aime quelque chose qui réclame du courage et de l'honneur?

Encore une fois, sans arrière-pensée, j'ai voulu défendre mon point de vue:

— Je ne vois pas ce qu'il y a de courageux à tuer des gens que je ne connais pas. C'est plutôt de la faiblesse si je les tue juste parce qu'on me dit de le faire.

— Tu ne vois pas ce qu'il y a de courageux à te sacrifier pour éliminer les ennemis du pays! s'est-elle exclamée.

— Les Allemands ou les Espagnols ne doivent pas être plus mauvais que les Français. Tout le monde est pareil, non? À la messe, le curé, pardon, le prêtre le dit: il faut aimer ses ennemis...

— Tu confonds tout, tu ne sais même pas de quoi

tu parles. Tu ne réalises pas qu'une patrie c'est comme une mère. Qui ne voudrait pas défendre sa mère?

— Je ne sais même pas qui l'a tuée, la mienne. Sans doute des soldats à qui on a dit qu'il fallait défendre leur patrie...

— C'est moi, ta mère! a presque crié Chantale.

Je l'ai alors regardée. Je n'ai pas pu supporter qu'elle soit pour moi ce qu'elle prétendait être. Ça me paraissait pire encore que d'avoir à boire ma pisse.

— Je parlais de ma vraie mère, ai-je dit.

— Ah parce que je n'en suis pas une vraie, moi?

Elle me regardait fixement, attendant ma réponse, comme si celle-ci ne faisait pas l'ombre d'un doute. J'ai fait comme elle me dit souvent de faire lorsque je bute sur un mot: je suis allé chercher le dictionnaire.

— Mère, ai-je lu tout haut: femme qui a mis au monde un ou plusieurs enfants. Par extension, qui donne des soins maternels...

Je suis ensuite allé à «maternel» et en ai lu la définition, même si je voyais bien qu'elle était déjà violette de rage.

— Maternel, propre à une mère...

— Et ça signifie quoi toute cette mise en scène? a-t-elle hurlé. Qu'est-ce que tu veux dire au juste?

— Rien de plus qu'une mère, c'est celle qui met les enfants au monde ou qui leur donne les soins propres à une mère...

— Bref, que je ne suis pas ta mère!

— Bien non, puisque tu m'as pas mis au monde...

— Très bien... Très bien... Alors, puisque tu n'es pas mon fils, tu ne mérites plus de partager notre table. Sais-tu où tu vas manger à partir de maintenant?

C'est depuis cette mise au point que je dois prendre tous mes repas aux toilettes.

Malgré mes craintes de retrouver les rues désertes

et d'avoir faim, je me serais déjà enfui pour de bon si bientôt on ne devait pas aller en vacances chez ma marraine. Je me dis que, là-bas, ce sera peut-être différent. Je trouverai peut-être le moyen de révéler ma condition déplorable à Micheline; elle et Michel pourraient vouloir me garder. On ne sait jamais.

***

J'ai eu raison d'espérer; ces vacances au bord de la mer sont formidables. Je ne savais pas qu'on pouvait être libre comme ça. Ça sent bon, la mer. Je me réveille le matin de bonne heure, je me lève et je pars à la pêche avec Michel. Personne ne me dit quoi faire et, devant ma marraine, on dirait que Chantale n'ose pas me traiter comme à la maison. Ce qui me prouve bien que sa façon de faire doit être mal vue.

J'aime bien Micheline. On se parle de tout comme si elle était une copine de mon âge. Avec elle, j'ai l'impression que mes paroles acquièrent de l'importance. Elle écoute et elle pose des questions. Elle n'est pas toujours d'accord, mais elle ne m'en fait pas le reproche. Elle essaie même parfois de voir les choses comme je les vois et elle dit que ce n'est pas si bête.

Hier soir, nous avons mangé dehors, ça a fini très tard et ce matin je ne me suis pas réveillé à temps pour aller à la pêche. Passant devant la chambre de Micheline, je l'entends qui parle avec son fils de mon âge. Je cogne à la porte et demande si je peux entrer.

— Bien sûr, Mathias! Entre.

Je suis un peu surpris, Micheline est assise dans son lit en train de tremper un morceau de baguette dans son bol de café au lait; elle ne porte rien sur sa poitrine et on dirait que c'est tout à fait normal pour elle.

— Entre, répète-t-elle, on se demandait justement

196

si ce serait bien d'aller pique-niquer dans les dunes aujourd'hui. Qu'est-ce que tu en penses, toi?

En plus de la poitrine à l'air, je suis surpris qu'on me demande mon opinion. J'aime cet air de grande liberté que je sens soudain autour de moi. Ainsi, la vie peut être complètement différente de celle qu'on me fait vivre à la maison. Ailleurs que chez Chantale, on peut se demander si ce serait bien d'aller pique-niquer dans les dunes et on n'a pas honte de prendre son petit déjeuner au lit, pas plus que de montrer ses seins.

Micheline semble se rendre compte que je la fixe. Elle rit et attrape son tee-shirt par terre. Je ne sais pas pourquoi, j'ai envie de me presser contre elle et, au risque de renverser son bol, je vais lui passer les bras autour du cou.

— J'aime bien ça, ici, lui dis-je. J'aimerais ça rester ici toute ma vie.

Elle m'embrasse à son tour.

— Nous aussi on t'aime bien, Mathias.

Jamais personne ne m'a embrassé comme elle. C'est chaud. Je voudrais rester un peu dans ses bras. Là, on se sent à l'abri. Mieux qu'à l'abri, on se sent bien et en paix.

Je suis encore dans ses bras, lorsque, aussitôt après un cognement, la porte s'ouvre sur Chantale. En un instant, je vois à son regard qu'elle n'aime pas me voir où je suis. Mais je me demande si je suis le seul à l'avoir remarqué, car voilà qu'elle sourit de toutes ses dents et constate gentiment:

— Alors, alors... on paresse au lit par une si belle journée...

Micheline lui répond qu'il faut bien se remettre de la soirée qu'ils ont eue.

— Tu as raison, affirme Chantale avant de me faire signe. Toi, n'embête pas trop ta marraine...

— Oh, il ne me dérange pas du tout! assure Micheline. On s'entend plutôt bien, tous les deux.

Encore une fois, je constate à son regard que ça contrarie Chantale. Elle ne peut s'empêcher de dire que je suis parfois si «effronté» que ce n'est pas toujours le cas entre elle et moi.

J'ai rarement entendu un mensonge comme ce «pas toujours», et mon cœur fait un bond lorsque Micheline propose:

— Tu devrais nous le laisser un peu...

— Tu regretterais vite ta proposition, fait Chantale en riant comme si elle ne pouvait prendre la proposition au sérieux.

— Moi, j'aimerais bien ça rester avec toi, dis-je tout bas à Micheline lorsque Chantale referme la porte.

— Tu es gentil, mais tu t'ennuierais vite de tes parents et de tes frères et sœurs.

J'ai du mal à comprendre qu'elle ne puisse pas imaginer comment est ma vie en temps normal. Par contre, je conçois très bien que si je lui racontais tout, elle ne me croirait certainement pas. Et je crois que de savoir ça me fait encore plus mal que le reste.

***

Finis la lumière de la plage et le vent chaud chargé d'iode. Finis les sourires de Micheline et les conseils de pêche de Michel. Finis les repas dehors dans le soir qui tombe. Finis la douceur de la nuit, le bruit des vagues et l'abri chaud dans les bras de Micheline.

Nous sommes dans la voiture, sur la route du retour, et la vie de tous les jours reprend ses droits. Tout à l'heure, à un croisement, Laurent s'est engueulé avec un autre automobiliste au sujet d'un droit de priorité et ils ont bien failli se battre au milieu de la rue. Ça ne s'est terminé que dans un chapelet d'insultes dont, je ne sais trop pourquoi, le «va donc te faire *empapaouter* chez les Grecs, hé, sale gueule de bougnoule mal lavé», adressé à Laurent, m'a fait sourire.

Malheureusement, ce sourire a été aperçu par Chantale qui, pour m'en punir, m'a fait asseoir par terre sur le plancher de l'auto. Cette position me donne le mal de cœur et, depuis un bon quart d'heure, je me demande si je ne vais pas dégobiller sur leurs pieds.

Ça leur apprendrait peut-être à me traiter comme ça. Ils ne pourraient pas dire que c'est de ma faute, c'est elle qui m'oblige à rester comme ça.

Je regarde les gros pieds de Chantale. Ils m'écœurent, ce qui ne fait rien pour calmer mon envie de vomir. Que dirait-elle si je lui souillais les pieds? Que me ferait-elle? Pourquoi dois-je revenir avec eux? Plusieurs fois, j'ai bien tenté de ramener Micheline sur l'idée qu'elle puisse me garder, mais c'est comme si elle ne comprenait pas. Pourtant elle est vraiment gentille.

Hier soir, pour le dernier souper, elle m'a demandé d'aller chercher le plat d'œufs durs dans la cuisine. Moi, en voyant tous ces œufs décorés de mayonnaise, je me suis laissé aller à mon péché mignon et j'en ai avalé plusieurs l'un après l'autre. Micheline a tout de suite remarqué qu'il en manquait lorsque je suis arrivé avec le plat et, en riant, elle a dit qu'elle avait dû rêver en croyant en faire plus que ça. À ce moment-là, j'ai très bien vu le coup d'œil que m'a adressé Chantale. Un éclair très bref dans le regard, mais j'y ai parfaitement compris que ça ne passerait pas à l'oubli, que je ne perdais rien pour attendre et que j'allais payer pour cette gourmandise.

Je suis malade! Je croyais quand même avoir le temps de prévenir, mais non... Je me contracte dans un seul mouvement et un long jet orangé sort de ma bouche et va maculer tous les souliers. Une autre nausée me plie en deux et j'entends hurler au-dessus de moi. Un coup m'arrive sur la tête, puis un autre. Chantale est en furie:

— Le salaud! Quelle espèce de petit salaud! Il fallait qu'il dégueule! Il n'y avait que ça qu'il pouvait faire pour nous emmerder et il l'a fait! Tu vas nous payer ça! je te le dis! En arrivant, tu vas nettoyer l'auto et tu vas voir... Même pas capable de demander un sac en plastique...

À l'avant, Laurent crie encore plus fort.

— Dans ma voiture! Il a trouvé le moyen de restituer dans ma voiture! Maintenant ça va sentir le *dégueulis* pendant des mois! Pendant des mois, chierie de putain de bordel! Y en a marre! Marre de cette gueule de métèque! Quand est-ce qu'il va nous foutre la paix une fois pour toutes! Merde! J'achète de la résine des Vosges pour que ça sente bon dans la bagnole, et lui il dégueule. Merde! c'est pas possible, qu'est-ce qu'il a bouffé?

— C'est les œufs mayo qu'il a piqués à Micheline hier soir, lui répond Chantale. Tu n'as pas vu, il a dû en bouffer la moitié du plat: il n'y en avait plus pour les autres. Micheline en était catastrophée, la pauvre...

— Quel bordel! merde de merde! qu'est-ce qu'il peut nous faire chier, celui-là!

— T'inquiète pas, Laurent, je vais m'en occuper comme il faut. Il y a longtemps qu'il n'a pas eu une bonne leçon. Je ne voulais pas le punir là-bas, je me disais que des vacances libres lui feraient peut-être du bien, mais je vois qu'elles ont été beaucoup trop longues pour lui; tu vois comment il nous en remercie... (Elle se tourne vers moi.) Tu sais ce qu'elle m'a dit, Micheline? Elle m'a dit que j'avais bien du courage de garder un caractériel comme toi. Elle a dit aussi: des coups de pied au cul que je lui mettrais, moi; ça marcherait à la baguette; je t'enverrais ça dans une maison de correction. Tu sais ce que tu es, Zigomar? Une tête brûlée. T'es juste bon à crapahuter pour la légion étrangère. Et encore, je ne sais même pas s'ils voudraient de toi... Tu te rends compte, tu vas peut-être finir dans un asile et t'auras même pas de nom: t'auras un numéro gravé sur ton front. Personne ne te fera confiance, tu te rends compte de ce qui t'attend?

***

Nous sommes rentrés assez tard hier soir et j'ai dû passer une partie de la nuit à laver la voiture, le linge et les souliers.

— Tu laves et relaves jusqu'à ce que ça ne sente plus rien, m'a dit Chantale. Ensuite, pas question de nous déranger en rentrant, tu iras coucher dans le poulailler. Avec les poules, tu seras parfaitement à ta place, et si c'était des porcs ce serait encore mieux. Et pendant que j'y pense, demain, avant de rentrer pour faire le ménage de la maison, tu te déshabilleras complètement dans la cour et tu te laveras de fond en comble avec le jet d'arrosage, tes vêtements aussi. Tu les suspendras sur le fil. Je vais te laisser une couche sur le pas de la porte, tu la mettras avant de rentrer; c'est bien assez pour toi.

C'est comme ça que je viens de passer toute la journée affublé de cette horrible couche en tissu, à faire le grand ménage que pourtant j'avais déjà fait au grand complet avant de partir. Et, en plus, il a fallu que je garde une pince à linge sur mon nez pour ne pas que ma «morve tombe par terre», car je n'ai pas droit au mouchoir.

201

— Ah! tu préfères vivre avec les autres, me dit Chantale, eh bien tu vas voir ce que ça fait d'aller chercher l'affection des autres jusque dans leur lit... Et puis Micheline, elle a son fils, elle n'a vraiment pas besoin de toi, je t'assure! Qu'est-ce que tu t'imagines? Qu'elle t'aime! Qui est-ce qui pourrait t'aimer? Tu ne t'es même pas rendu compte que tu la dérangeais. Je vais t'en faire, moi, de rentrer dans la chambre des gens quand ils ne sont pas encore habillés. Je crois bien qu'en plus de tout le reste tu n'es qu'un sale petit vicelard.

— Elle m'aime bien, Micheline, j'en suis sûr...

— Eh bien, tu te trompes! Elle te *fait gentil* parce que tu es avec nous et qu'elle se sent obligée, mais ça s'arrête là. Tu comprends ça, Zigomar?

— J'aime pas quand tu m'appelles comme ça...

— Tant pis, Zigomar, moi j'aime ça: je trouve que ça te va plutôt bien. Bon, maintenant j'ai une autre nouvelle pour toi: comme tu nous as fait honte chez nos amis, pour t'apprendre à te conduire comme il faut, tu vas passer les deux prochaines semaines au grenier. Et, comme tu as mangé comme un cochon, tu n'auras rien d'autre que de l'eau durant ce temps-là. Il paraît qu'on peut vivre trente jours sans manger; alors deux semaines, ça va juste te nettoyer le système...

Depuis la chambre de Marie-Frédérique, j'entends le disque tiré du film *La fièvre du samedi soir*. Elle n'arrête pas de le repasser depuis qu'on est revenus. J'ai un peu l'impression d'être au milieu d'une histoire de fous. Une histoire qui n'a aucun sens, comme les tableaux de Dali qu'ils ont montrés à la télé. Pourtant ce n'est pas une illusion: Chantale, celle qui se dit ma mère, celle qui a gagné la médaille de la mère de l'année à Grand-Couronne, cette même Chantale vient bien de me dire que j'allais rester deux semaines sans manger. J'ai déjà très faim d'avoir travaillé toute la journée sans avoir un morceau à me mettre sous la dent; j'ai du mal à imaginer comment je pourrai rester deux semaines comme ça.

— Et puis la couche, ce sera très bien pour le grenier, ajoute-t-elle. Inutile d'user du linge pour rester tout seul là-haut. Quand elle sera usée, tu pourras rester en costume d'Adam; ça ne devrait pas déranger personne. Allez, ouste! Au grenier!

***

Je ne sais pas depuis combien de temps je suis ici. Quand je ne somnole pas accroupi dans mon coin, je passe la plupart de mon temps à regarder par le vasistas; au loin je peux voir les navires au quai. J'imagine que je suis sur l'un d'eux, passager clandestin enfermé dans la cale; je n'ai rien à manger et j'ai très hâte qu'on soit de l'autre côté de l'océan. Mais je sais aussi que si j'étais sur l'un d'eux, l'attente ne serait pas inutile: bientôt je débarquerais sur un autre quai, très loin; il y aurait plein de nouveaux visages, des arbres très verts, de la chaleur et du soleil. Toute cette souffrance ne serait pas en vain.

Car j'ai mal, très mal. Au début, c'était une douleur aiguë qui se localisait surtout dans le haut du ventre. Puis, petit à petit, la douleur est devenue plus sourde et elle s'est étendue partout dans mon corps. Je ne peux plus dire que j'ai faim, non, c'est tout autre chose; j'ai l'impression que je suis vide. Pas un vide léger, mais un vide très lourd, un vide qui ronge tout le reste. C'est comme si bientôt il ne devait plus rien rester de moi, comme si le vide allait m'avaler.

Depuis quelque temps, je regarde la porte. Comme elle n'a aucun verrou, pour m'empêcher de sortir,

Chantale en a retiré les poignées. Je regarde la tige à l'intérieur en cherchant comment m'y prendre pour faire jouer le pêne. Si j'y parvenais, peut-être que la nuit je pourrais descendre en douce à la cuisine et y trouver du pain, du sucre ou même un fruit dans le saladier. Je me laisse aller à rêver d'un morceau de pain avec une banane. Le morceau de pain, je le laisserais fondre lentement dans ma bouche, puis la banane aussi. Ce serait tellement bon! Et, pour dessert, il y aurait le sucre. Le sucre qui répandrait partout sa chaleur en moi, le sucre qui serait capable de chasser tout ce vide qui m'envahit lentement.

Mais ce serait bien aussi si j'étais mort. Elle serait bien embêtée quand elle arriverait me chercher. Je serais certainement examiné par un docteur qui verrait bien que j'ai le ventre vide. Elle perdrait sûrement sa médaille. Ce serait même dans *France-Soir:* UNE MÈRE DE L'ANNÉE ENFERME SON FILS ADOPTIF DANS LE GRENIER ET LE LAISSE MOURIR DE FAIM. Oui, ce serait pas mal: ça lui apprendrait. Aux autres aussi; je les entends rire et jouer toute la journée. Pas un seul de mes prétendus frères ou sœurs n'est monté jusqu'à la porte pour me demander si ça va. Ils s'en contrefichent, ils sont comme leur mère. Si j'étais mort, ils se feraient pointer du doigt à l'école. Tout le monde dirait: ce sont eux qui ont laissé Yong mourir de faim dans le grenier.

Le problème, c'est que si je suis mort, je ne suis plus vivant. Ça voudrait dire je ne pourrais même pas profiter de leur humiliation. Par contre, je n'aurais plus faim! Ce serait bien!

Est-ce que je reviendrai dans une autre vie? C'est ce que Monsieur disait quand j'étais petit, même si, depuis, les curés d'ici répètent tout le temps qu'on reviendra tous le jour du Jugement dernier, que les uns iront en enfer et les autres au paradis. Où est-ce que j'irai, moi? Si ça marche comme maintenant, ils vont tous écouter Chantale. C'est forcé puisqu'elle va à la messe tous les dimanches et qu'elle a été élue mère de l'année; ça fait des bonnes références: ils l'écouteront, elle, et moi je m'en irai droit chez le diable. Il paraît que ce sera encore plus dur qu'ici, sauf qu'une fois dans le grand chaudron sur le feu, je ne pourrai même plus mourir pour m'échapper: ça durera beaucoup plus longtemps que des milliards de milliards de millénaires! Non, dans le fond, je préfère renaître dans un autre corps. Peut-être un animal? Qu'est-ce que j'aimerais être? Un oiseau? Oui, un oiseau ça vole et c'est libre. Ça peut aller où ça veut... Mais non, un oiseau ça se fait tirer des pierres. Il y a des gars dans le quartier qui les dégomment avec leurs lance-pierres. Quoi d'autre? Un cheval? J'aimerais bien, mais les chevaux ne sont plus libres, ils sont tous enfermés dans des prés. J'imagine qu'un cheval doit aimer courir droit devant lui sans se retrouver bloqué par une clôture. De nos jours tous les chevaux sont des esclaves. Alors quoi, qu'est-ce qu'il y a d'autre? Un loup! Ah oui, un loup dans les grandes solitudes du Canada! J'aurais la paix là-bas! Et puis les loups, eux, ils s'occupent de leurs affaires sans rien demander à personne. J'aime bien les loups. Et puis il y a un autre avantage: je commencerais d'abord par être un petit du loup; il paraît que les loups s'occupent beaucoup de leurs petits. S'il le faut, ils vont jusqu'à se faire tuer pour eux. J'aimerais ça avoir des parents qui m'aiment à ce point-là, peu importe si ce sont des loups. Oh oui alors! n'importe quelle mère-loup plutôt que Chantale.

C'est curieux comme on a la vie dure! J'ai perdu le

compte des jours que j'ai déjà passés au grenier et je suis incapable de dire combien il peut en rester. Ce qui m'étonne, c'est que je sois toujours en vie. Et non seulement je suis en vie, mais je suis encore capable de travailler. Tous les jours, Chantale vient me chercher pour que j'aille arracher les mauvaises herbes dans le jardin. Il faut dire que, dès qu'elle a le dos tourné, j'en profite pour resquiller une patate crue, une carotte ou un navet. Je prends ce que je trouve et je l'avale en vitesse. Ça ne doit pas être ce qu'il y a de mieux, parce que chaque fois, à peine de retour dans le grenier, je dois me précipiter sur le seau et tout part en diarrhée. Tous les jours, ça recommence. Je sais que je vais avoir mal au ventre, que ça va empuantir le grenier davantage, mais je ne peux pas m'en empêcher, c'est plus fort que moi.

— Tu as besoin d'un peu d'exercice, me dit chaque fois Chantale: les mauvaises herbes, il n'y a pas mieux pour se remuer, et en plus c'est utile...

Je ne lui réponds pas. Pas question que je lui adresse la parole. Je me demande ce qu'elle attend pour tomber dans l'escalier ou passer sous un camion. Je sais que tout le temps qu'elle sera là, ma vie sera un calvaire. Non, il n'est pas question que je lui fasse le plaisir d'une réponse. De toute façon, elle me répète tout le temps que le silence répond aux imbéciles; alors...

— Tu as perdu la parole dans ton grenier? me demande-t-elle justement.

— ...

— Tu ne réponds pas quand on te parle? Ce n'est pas assez pour toi, le grenier? Tu veux autre chose de plus corsé pour te faire réfléchir?

— Salope!

Il y a eu comme un voile noir qui est passé devant

mes yeux et le mot m'a échappé. Cette fois, je suis cuit: elle va me tuer, c'est sûr! il n'y a qu'à la voir. Tant pis pour moi, mais tant mieux pour elle: elle verra, en prison, ce que c'est...

— Qu'est-ce que tu as dit!

— J'ai dit salope! Et je te le redis: Salope! Salope! Crève, vieille peau de vache! Va te faire enculer par les Zoulous, grosse pute pleine de graisse! Gros tas plein de merde! Gros nichons...

Je ne peux pas m'arrêter, chaque insulte porte exactement où je veux. C'est comme si je lui tapais dessus, sauf que ça a l'air de lui faire encore plus mal que des vrais coups.

Mohamed Ali n'aurait pas fait mieux. Le poing de Chantale m'attrape à la mâchoire, me soulève presque du sol et m'envoie rouler par terre. Je ne sais plus très bien ce qui se passe, tout tourne. Je me sens partir: c'est drôle, ça ne fait pas si mal que ça de mourir...

Qu'est-ce qui s'est passé? Je regarde autour de moi, c'est toujours le grenier... Ah oui, il y a eu les gros mots à Chantale... et ensuite?

Je ne me souviens pas. Tout ce que je sais, c'est que je ne suis pas mort, que ma mâchoire est douloureuse et que, devant moi, sur le plancher, dans une écuelle à chien, il n'y a ni plus ni moins qu'une pâtée pour chiens. Est-ce qu'elle a décidé de me nourrir au *Canigou*?

Je me suis rendormi. Tout à l'heure, il n'était pas question que je touche à cette pâtée à chien, mais je ne sais pas ce qui s'est passé durant mon sommeil, je viens de me réveiller en trouvant qu'après tout ça ne sent pas si mauvais.

Je trempe mon doigt et en ramène un peu à mes lèvres. Non, ce n'est pas si mauvais. En tout cas, ça se mange. Je n'hésite plus: tout mon corps en a besoin, je le sens. Je n'ai pas d'ustensiles, je mange avec mes doigts et cela me rappelle quelque chose. Peut-être mon ancienne vie?

La porte s'ouvre. Je suis par terre et elle est là qui me domine de toute sa taille. Je n'essaie même pas de voir le visage qu'elle a. Peut-être que si je pense très fort qu'elle n'existe pas, ça deviendra vrai.

— Tu m'as crié des injures que je ne peux pas laisser passer, dit-elle sur un ton anormalement calme. Mais je ne sais pas encore ce que je vais faire de toi. Je songe très sérieusement à une maison de redressement avant que tu ne finisses pour de bon à la prison de Fleury-Mérogis.

— Et ici, qu'est-ce que c'est? La vie de château?

— Ici c'est très loin de ce que tu pourras trouver dans un centre pour jeunes délinquants comme toi. On voit bien que tu ne connais pas ça.

— Est-ce qu'ils servent aussi de la bonne pâtée à chien comme celle-là?

— C'est tout ce que tu mérites.

— Un jour, je vais partir sur un bateau comme il y en a au quai, par là-bas, et à partir de ce jour-là je ne reviendrai plus jamais. Plus jamais!

— Bon débarras!

— Alors débarrassez-vous de moi tout de suite et qu'on en finisse.

— Non, non! ce serait trop facile... Il faut d'abord que tu nous rembourses tout ce que tu nous dois.

— Qu'est-ce que je vous dois?

— Tout ce qu'on a fait pour toi depuis le jour où on t'a tiré de la rue.

— Ça fait que je ne vous dois pas grand-chose...

— Tu peux toujours jouer au petit malin, en attendant tu vas te lever et tu vas commencer le ménage de la maison comme tu en avais l'habitude. Après, on verra... Ah! autre chose: si jamais tu t'avises de me reparler comme tu l'as fait cet après-midi, je te coupe le zizi. Tu as bien saisi ce que je te dis?

Que répondre à ça? Pourquoi le zizi? En plus de tout le reste, est-ce qu'elle veut que je pisse assis comme les filles? Elle est folle!

— J'ai compris, dis-je en essayant tout de même de ne pas mettre trop d'obéissance dans ma voix.

Il ne faudrait pas en plus qu'elle croie qu'elle a raison de me faire tout ça. *Couper le zizi...* Ça me fait mal rien que d'y penser. Est-ce qu'elle pourrait le faire? À bien y penser, je ne suis pas certain du contraire, et ce qui m'a fait l'effet d'une menace juste pour faire peur, maintenant, m'apparaît comme une possibilité bien réelle.

***

C'est trop dur! Cette vie est trop dure: tout le ménage, les devoirs, jamais le temps de dormir suffisamment, les brutalités, les cris, la cave ou le grenier; j'en ai assez! Je ne rêve même plus de fuir, je me dis très sérieusement que ce serait sans aucun doute plus facile dans une maison de correction. Ce que je ne sais pas, c'est ce qu'il faut faire pour mériter d'y accéder. Chantale m'en menace souvent, mais ça s'arrête là.

En attendant, j'essaie d'oublier tout ça avec du sucre. C'est tout ce que j'ai trouvé qui me fasse penser à autre chose.

Seulement, vu que je n'ai pas d'argent, et comme bien sûr il m'est interdit d'en prendre, il faut que je le vole. Chantale dit que je n'en mérite pas et que, de toute façon, ça donne des caries qui coûteraient beaucoup trop cher de dentiste. Je ne sais pas pourquoi elle s'inquiète de ça, puisqu'elle m'a prévenu que si j'avais des caries, ce ne serait pas le dentiste mais, comme elle dit: la paire de pinces, comme en Asie.

J'ai trouvé un truc pour cacher le sucre; comme pour mon repas à l'école, je n'ai le droit qu'à un morceau de baguette – pas question, comme Paul-André, d'y étaler des quantités industrielles de Nuttela ou de confiture à mamy –, alors je creuse mon pain que je remplis des carrés de sucre que je réussis à chiper dans le buffet, et je bouche les extrémités avec la mie que j'ai ôtée.

Avec Chantale, je n'ai pas le choix, je dois être roublard.

La seule qui ait déjoué mon système, c'est Laetitia. Pour éviter qu'elle ne parle, je lui ai dit que je prendrais aussi des carrés de sucre pour elle et qu'elle pourrait les mettre dans son pain comme moi. Le problème aujourd'hui est que Chantale vient de s'apercevoir que le sucre disparaît beaucoup trop vite.

— Il ne fond pas tout seul! crie-t-elle. Lequel d'entre vous se sert?

Personne ne répond. Je vois la colère qui gronde en elle, elle respire plus fort.

— Bon, vous allez me répondre, je ne poserai pas la question trente-six fois... Toi, Francis, as-tu pris du sucre?

— Non, maman, voyons, qu'est-ce que j'en aurais fait?

— Oui, bien sûr, mon grand... Et vous, Marie et Anne, ce n'est pas vous non plus, je m'en doute...

— Le sucre c'est juste bon pour mettre dans le café, semble s'indigner Anne-Céline; pourquoi est-ce qu'on en prendrait?

— Je sais, l'approuve sa mère, je posais la question

par principe. Et toi, Paul-André, je suppose que c'est comme pour tes sœurs?

— Moi, merci bien pour les carrés de sucre! On donne ça aux chiens quand on n'a pas peur qu'ils deviennent aveugles, c'est tout. Moi, si je veux quelque chose de bon, j'aime mieux m'acheter des Carambars ou des rouleaux de réglisse.

— C'est évident. (Elle nous fixe, moi et Laetitia.) Donc il ne reste que vous!

Bien entendu, ce n'est même pas une question, simplement une constatation. C'est sans doute pourquoi nous ne nous donnons même pas la peine de réfuter. Elle s'énerve:

— J'ai demandé si c'était vous!

— Non, c'est pas moi! assure Laetitia, j'ai jamais touché au sucre dans le buffet...

Je secoue la tête à mon tour pour nier en ajoutant:

— Et moi je ne bois même pas de café, alors...

— Alors, tous les deux, vous allez me faire des pompes jusqu'à ce que vous disiez la vérité. Allez hop! Commencez...

Je veux souligner l'injustice:

— Pourquoi juste nous?

— Parce que des enfants de mon sang ne peuvent pas mentir comme ça, c'est impossible. Voilà pourquoi c'est juste vous deux qui allez me faire des pompes jusqu'à ce que je sache qui vient piquer tout le sucre dans le buffet. Et je vous ai dit de commencer! Plus vite que ça, du nerf!

Laetitia pleure déjà, je ne me sens pas le droit de la laisser pleurer. Elle en mange comme moi, mais après tout c'est bien moi qui prends les carrés dans le buffet. De toute façon, cette folle est capable de nous obliger à faire des pompes jusqu'à ce qu'on s'écroule, sans connaissance.

— C'est moi.

— Quoi, c'est toi?

— C'est moi qui ai mangé quelques carrés de sucre.

— Alors pourquoi tu ne l'as pas dit tout de suite? Ça t'écorche, la franchise?

— Je pensais pas que ça ferait des histoires comme ça pour quelques carrés de sucre. Je ne pensais même pas que c'était les voler, j'en mange des fois en passant pour me donner de l'énergie. À l'école, ils nous on dit que le sucre était une importante source d'énergie, et moi j'en ai besoin pour faire tout le ménage qu'il y a à faire...

— En plus, il voudrait qu'on le prenne en pitié! Oh le pauvre petit mignon, il a beaucoup trop de ménage à faire, le petit mignon... Des coups de pied dans le postérieur, que tu mérites, oui!

Et, joignant le geste à la parole, elle vient derrière moi qui suis toujours en position pour faire des pompes et, de toutes ses forces, elle m'envoie son pied aux fesses. Je hurle. C'est un de ses souliers avec des talons courts et dont le bout se termine en pointe. J'ai l'impression qu'elle m'a déchiré l'anus. La douleur me remonte dans les parties et des larmes me brouillent la vue.

— Qu'est-ce que tu as à beugler comme ça, salopard? Tiens! Ça va t'apprendre à mentir et à voler...

Je hurle de nouveau. Ça fait terriblement mal et je ne peux pas m'empêcher de pleurer tout haut. Ce n'est pas possible autrement, je dois avoir le derrière tout abîmé. Jamais encore elle ne m'avait fait aussi mal, même quand elle me cognait la tête contre la céramique de la douche.

J'essaie de me redresser, mais la douleur est insupportable. Je sens du liquide chaud dans mon slip; ça doit saigner. Debout, je reste dans une position penchée, je dois ressembler à Quasimodo dans le vieux film que par miracle j'ai eu le droit d'écouter un soir. Elle a un rire mauvais.

— Qu'est-ce que c'est que ces lamentations de fillette que tu es en train de nous jouer là? Si tu veux vraiment te donner en spectacle, va plutôt chercher ton violon. Hein les enfants, que ce serait plus intéressant s'il nous faisait passer ses sentiments par le violon?

— Oui, maman!

Qu'est-ce qu'elle me veut?

Je la regarde dans les yeux. Jamais je ne l'ai regardée comme ça. Je veux comprendre, savoir. Son visage est rond, tout rond, presque lisse. Elle a du rouge à lèvres très vif et ses cheveux sont courts et gris. À la regarder, on n'a pas l'impression qu'elle est méchante, mais rien non plus ne dit qu'elle peut être gentille. On dirait qu'il n'y a rien derrière son visage, que c'est le grand vide. Je sais que lorsqu'elle se met en colère elle devient écarlate et que son souffle est plus court, mais c'est à peu près tout.

Et si ce n'était pas vraiment quelqu'un?

À travers le brouillard de ma douleur, c'est vraiment la question que je me pose. Se peut-il qu'elle n'ait pas de conscience et que sa façon à elle de vivre soit de répéter les usages et coutumes qu'on lui a transmis?

Est-ce qu'elle lit ma question dans mes yeux? Je vois qu'elle serre les poings.

— Qu'est-ce que tu as à me regarder comme ça? Je t'ai dit d'aller chercher ton violon...

— Pour quoi faire?

— Depuis quand poses-tu des questions quand je te donne un ordre?

— Je me pose toujours des questions, surtout quand une mère enfonce son pied dans le derrière de son fils parce qu'il a mangé quelques carrés de sucre. Tu me dis que tu es ma mère, tu me dis que ce sont mes frères et sœurs, mais ce n'est pas vrai! C'est faux! Moi et Laetitia, on est juste là parce que ça regarde bien pour les voisins. Tu aimes ça que les gens disent de toi que tu es une femme merveilleuse qui, en plus d'avoir eu quatre enfants, a adopté deux petits malheureux des pays pauvres. C'est juste pour ça qu'on est là, pour te faire de la publicité, pour que les gens disent que tu es formidable. Et puis en plus c'est pratique puisque, à part la cuisine, dont entre parenthèses je ne profite pas beaucoup, tu n'as plus rien à faire dans la maison. C'est moi qui fais tout. Tout ça sans compter qu'un de mes copains a dit que vous deviez toucher un gros paquet d'allocations familiales... Mais, moi, maintenant, je sais tout ça. Je sais très bien à quoi je sers ici. Sans compter qu'en plus tu t'amuses et que tu as du bon temps à me faire mal et à m'humilier. Oui, les petits malheureux du Tiers-Monde, c'est vraiment une bonne affaire... Tu veux que je joue du violon maintenant? eh bien non, non et non! T'imagine pas que je serai une espèce d'autre Midori qui va passer à *Jacques Martin* le dimanche après-midi et que tu pourras ensuite te pavaner devant toutes les bonnes femmes de la ville en disant que tu es la mère du petit génie. D'abord, je ne suis pas et je ne serai jamais ton fils! Jamais!

J'avais raison, tout à l'heure: il ne se passe rien dans ses yeux. C'est le grand froid glacial. Il y a ses lèvres qui se tordent, ses poings qui sont tout blancs, son souffle qui s'accélère, son visage qui vire au violet; mais tout au fond du regard, rien, absolument rien.

— Va chercher ton violon! ordonne-t-elle d'une voix qui me paraît encore plus aiguë que d'habitude.

— Non!

Elle se tourne vers Paul-André qui est en train de me regarder comme si j'étais le diable en personne. Je me fais la réflexion que c'est lui le fils du démon, et je réalise du même coup que ce qu'on appelle le démon, c'est le vide, l'absence, le froid, la mort, le rien.

— Va chercher son violon. Je vous jure qu'il va jouer... Ce sera peut-être la dernière fois de sa vie, mais il va jouer, pour ça oui...

Elle me tend le violon que Paul-André vient de lui ramener.

— Essaye de le faire se lamenter comme toi tu sais le faire.

— Non, je ne jouerai pas.

— Ah non?

— Non.

— Sous la douche.

— J'irai pas non plus. Fais ce que tu veux, envoie-moi dans une maison de correction, comme tu me le promets depuis si longtemps, mais je n'irai pas sous la douche.

— Tu sais que je peux t'y conduire sous la douche, tu sais que ça peut faire très mal?

— Tu m'as déjà fait mal, j'ai le derrière en bouillie. Ça te suffit pas? Tu veux me tuer, peut-être? Moi, je m'en fiche; tu t'arrangeras ensuite avec la police. Au moins, quand tu seras en prison à Fresnes ou ailleurs, tu ne pourras pas faire chier Laetitia comme tu me fais chier. (Je désigne Paul-André.) Et puis ce con-là, il ne pourra pas se vanter partout qu'il est le fils de la mère de l'année. Ce sera le fils de la meurtrière... Ça ne fera pas très, très bien...

— Ne te réjouis pas trop vite, je ne vais pas te tuer, ce serait trop doux pour toi. Monsieur pleurniche parce qu'on veut faire de lui un homme. Mais toutes

215

tes vulgarités, tu vas voir que tu vas les ravaler. Tu vas voir ce que je leur fais, aux petites merdes dans ton genre...

Elle bondit. Je mets les bras devant moi pour parer un coup, mais ce n'était pas son but; elle me soulève, très haut, puis me jette sur le sol. J'ai l'impression que tout se casse en moi. Je cherche à me redresser, à comprendre, mais c'est impossible: j'ai l'impression d'être aspiré dans un tourbillon de lumière noire. Elle revient vers moi et me tire par les cheveux en direction de la salle de bains.

Elle m'a mis sous la douche et a ouvert le jet d'eau froide. J'essaie de retrouver mon souffle sans y parvenir. J'entends Paul-André qui l'encourage à me faire ravaler tout ce que j'ai dit. Je ne sais même plus très bien ce que j'ai dit. Tout ce que je sais, c'est qu'encore une fois je n'aurais pas dû parler. Je n'aurais même pas dû dire que c'était moi qui avais pris le sucre.

L'eau gicle toujours et j'ouvre tout grand la bouche pour attraper un peu d'air. Je me sens immensément fatigué, on dirait que mes jambes vont me lâcher. Aussi, je dois vraiment saigner des fesses, car l'eau qui s'écoule dans la bonde est teintée de sang. Est-ce que ça va s'arrêter?

Elle me tend le violon.

— Est-ce que tu vas en jouer, maintenant?

Je l'observe une seconde, à bout de force. Pourquoi est-ce que ce n'est pas comme dans les jeux où l'on peut dire pouce pour faire une pause? Veut-elle vraiment que je joue sous la douche? Pourquoi?

— Tu nous joues un petit air et c'est fini, alors?

Je secoue la tête. Non, elle ne m'aura pas!

Ses deux mains m'attrapent par les épaules et me secouent. Elle tente de me déshabiller, je tombe et elle m'arrache ma culotte avec laquelle elle me fouette le visage et la poitrine. Je voudrais crier, mais je ne peux pas, l'eau froide m'étouffe. Je ne peux ouvrir la bouche que pour reprendre de l'air.

Encore une fois, elle me tend le violon qui est déjà tout mouillé.

— Ça ne finira pas avant que tu aies joué, m'assure-t-elle.

Faut-il que je joue? Est-ce que je dois encore lui donner cette satisfaction? Et après, est-ce que ce sera fini?

— Aïe! Ouille!

Elle a pris une serviette qu'elle a mouillée et à présent elle s'en sert comme d'un fouet. Elle a l'air d'une folle. Je veux bien être mort pour qu'elle aille en prison, mais je ne veux pas mourir, je veux vivre; il doit y avoir autre chose que ça et je veux le connaître. J'ai le droit de le connaître!

— Vas-tu jouer?

— Non!

Son poing m'écrase, le sang jaillit jusque sur elle, elle s'essuie avec ma culotte.

— Tu ne gagneras pas! hurle-t-elle. Tu ne gagneras pas.

Elle me gifle dans tous les sens. Je ne sens plus rien que les douleurs. Je ne sais plus trop ce qui se passe. Comme elle m'empoigne de nouveau par les cheveux pour me forcer à m'agenouiller, je glisse et elle tombe presque sur moi. J'ai si peur que j'en pisse. Elle est aspergée. Criant que je suis une vermine et un pourceau, elle m'attrape le pénis et tire dessus comme pour l'arracher. Je tente de me retourner pour échapper à cette nouvelle souffrance.

— Maman...

Elle se retourne vers Francis qui vient de l'interpeller. Malgré toutes mes craintes et mes douleurs, j'ai le temps de réaliser qu'il ne doit pas aimer voir sa mère mouillée, tachée de pisse et de sang, en train de vouloir décrocher le pénis de son fils adoptif. Et je réalise aussi que, si elle ne s'en rend pas compte, elle risque de me faire encore plus mal.

— Quoi? lance-t-elle à son aîné.

— ...

— Je sais ce que je fais. Vous ne voyez pas qu'il faut le mater avant qu'il ne devienne complètement pourri. C'est comme les chevaux sauvages, il faut les dompter si on veut pouvoir en faire ce qu'on veut.

Elle a bien dit ce qu'elle voulait dire. Pourquoi s'obstine-t-elle à vouloir faire de moi ce qu'elle veut? Ça me révolte. Je sens des mots qui montent dans ma gorge et que je ne pourrai pas contenir. Je tremble, je me sens faible et je n'arrête pas de glisser dans la douche. Je tousse au point de m'étouffer.

— Je ne suis pas à toi! Je ne t'appartiens pas!

Elle me regarde sans plus bouger, comme si mes mots l'avaient frappée. Est-ce que c'est ce qu'on appelle le calme avant la tempête? Brusquement, elle se déchaîne:

— Si! Si, tu es à moi. Complètement à moi. Je peux faire de toi tout ce que je veux. J'ai même dû emprunter à ma sœur pour pouvoir te faire venir de ton fichu pays. Tu es à moi et je vais faire de toi ce que je veux, tu m'as bien compris! Et pour commencer, regarde...

Elle a pris l'archet du violon, mais j'ai à peine le temps de le voir arriver sur ma figure. Une immense douleur me vrille la bouche. L'archet est cassé. Je crois qu'un éclat m'est resté dans la gencive. Le sang coule de plus belle, l'eau qui s'écoule dans la bonde est rouge vif. Je cherche à me rouler sur moi-même au fond de la douche, mais elle me tire encore une fois par les cheveux pour approcher ma tête de la sienne.

Jamais sa figure ronde et lisse ne m'a fait aussi peur. Je ne vois toujours rien dans ses yeux. Jamais elle n'aura pitié; il n'y a que le bon sens qui pourrait l'arrêter de chercher à me faire mal, mais tout ce que je lui ai dit doit l'aveugler.

Je comprends qu'elle veut dire quelque chose qui n'arrive pas à sortir. La furie l'étouffe comme l'eau froide le fait pour moi.

— Laisse-moi, s'il te plaît!

Je le lui ai demandé poliment, car je sais trop bien qu'en ce moment elle est capable de n'importe quoi. Est-ce que c'est parce que je le sais? Plus forte encore que toutes les autres, une nouvelle douleur jaillit soudain du fond de moi, emplit ma poitrine, s'agrippe à ma gorge et irradie dans mes bras qui se tendent pour quémander l'affection dont le manque total me fait si mal.

Une image est apparue dans ma tête, celle d'une douce jeune femme. Est-ce maman? J'ai tellement besoin d'elle. Tellement!

Je m'en rends compte, mais trop tard: mes bras se sont tendus vers Chantale pour lui demander son affection à elle. Est-ce possible? Là, comme ça, je suis prêt à l'accepter. Oh oui, je voudrais tellement qu'elle m'aime quand même un tout petit peu.

Sa bouche trop rouge se tord dans une grimace dégoûtée. Elle se retourne, ramasse le violon qu'elle avait laissé tomber, le regarde un instant, le soulève et...

Je crie.

— Non!

Mon cri est encore là lorsque le corps de bois se brise sur mon crâne, faisant exploser avec lui tout ce qui se trouve dans ma tête. On a brisé la lumière. Un voile gris descend devant mes yeux. Je ne vois plus que cette couleur cendre, et en moi il n'y a plus que cette grosse douleur qui m'a complètement envahi. Un instant qui n'en finit pas, je crois que la musique pousse un cri d'agonie, mais ce n'est que moi.

— Arrête de gueuler comme ça! hurle-t-elle. Vas-tu la fermer! Arrête si tu ne veux pas que ce soit les enfants qui s'occupent de toi.

J'entrouvre les yeux pour comprendre pourquoi elle met ses deux doigts dans ma bouche. Il n'y a rien à comprendre; elle tire simplement de toutes ses forces en étirant ma lèvre supérieure. La douleur m'arrache à tout le reste comme elle se déchire et le sang jaillit à flots dans ma gorge.

Je voulais tellement que ça existe, mais maintenant je sais; ça n'existe pas, l'amour. De le savoir, ça fait encore plus mal que les coups qui m'ont cassé.

— Tu tords ton linge et tu éponges tout, m'ordonne-t-elle. Tu as intérêt à ce que ce soit impeccable... Non mais, je vais t'apprendre à répondre, tête à claques! J'en connais, là-bas en Corée, qui doivent se retourner dans leur tombe. Tu vois, tes parents, même eux, ils ne t'aimaient pas; même eux, ils ne voulaient pas de toi. Tu es une calamité. Allez, hop! nettoie tout ça, il faut que ce soit assez propre pour qu'on puisse manger sur le sol. Une vraie mauviette! On le bouscule un peu et il a déjà un bleu, on souffle dessus et il s'envole!

À mes pieds, brisé, taché de mon sang, le violon est lamentable. On dirait quelque chose de vivant qui vient de mourir. C'est bête, j'ai comme envie de le prendre et de le serrer contre moi, mais je n'en ai pas la force. Je tombe. Il n'y a plus rien. Rien que ce vide affreux et froid partout en moi.

12

Plus rien n'est comme avant.

Avant, c'était lorsqu'il y avait le violon, l'espoir. À présent, il n'y a plus rien que le trop long voyage gris de chaque journée qui se confond avec la suivante, car je ne dors plus.

La nuit, étendu dans la cave, j'attends sans attendre. J'attends une fin qui n'existe pas. Souvent, sans que je comprenne pourquoi, la douleur violente me tombe dessus sous forme de coups de poing ou de pied. Pourtant je ne fais rien ou ne dis rien. Ça me tombe dessus comme ça, accompagné d'injures et d'humiliations.

Chantale est le maître du monde. Elle dirige tout. Ses enfants lui promettent de faire tout ce qu'elle veut. Même Laurent est commandé par elle. Avant, je croyais un peu que c'était lui le chef, mais non. Encore hier soir, elle l'a engueulé comme un enfant parce qu'il écoutait une émission de variétés où des danseuses n'étaient pas très habillées.

— Ça te plaît, ça! Tu ne vois pas que c'est une émission pour les porcs, a-t-elle dit. Quel exemple crois-tu que tu donnes aux enfants? Ne me dis pas que j'ai épousé un vicieux. Tu ne me feras pas le coup de la quarantaine, ça c'est pas vrai!

Il a soupiré et a changé de chaîne sans protester.

Moi, il me semble qu'à sa place je prendrais une chambre d'hôtel. C'est lui le soutien de famille après tout, il a autant le droit qu'elle à la parole; pourquoi il se laisse faire?

Un peu plus tard dans la soirée, j'étais en train de cirer les souliers dans le couloir, elle est passée et, malheureusement, j'ai eu un mouvement de tête pour ramener en arrière une mèche qui me tombait dans les yeux.

— Qu'est-ce que c'est que ce mouvement du chef? m'a-t-elle demandé. On dirait une pédale. Tu n'es pas de la clique à Charles Trenet en plus?

Je ne voyais pas le rapport avec Charles Trenet, mais j'ai nié:

— Non, non, j'aime pas tellement Charles Trenet...

— Non, maman, on dit.

— Oui.

Je n'ai pas eu le temps de m'apercevoir de mon erreur, son pied m'est arrivé entre les jambes. Cherchant mon souffle, je me suis roulé sur le plancher pendant plusieurs minutes. Maintenant, j'ai les testicules tellement enflés que j'ai du mal à marcher.

— Tu as chié dans tes culottes ou quoi? m'a-t-elle demandé tout à l'heure.

— Non, maman, j'ai les machins enflés...

— Les machins, qu'est-ce que tu appelles les machins?

— Les coui... les testicules.

— Qu'est-ce que c'est que cette histoire?

— Je ne sais pas.

— Qu'est-ce que tu as fait?

— J'ai rien fait, c'est depuis hier...

— Qu'est-ce qu'il y a eu hier?

— Bien... le coup de pied...

— Quoi! Tu veux me faire croire que c'est ça qui

t'a fait gonfler les parties. À mon avis, ça doit plutôt être le vice que tu portes en toi. Montre-moi ça, que j'inspecte.

J'aurais mieux fait de me taire, maintenant elle va me tripoter et je n'aime pas ça. En plus, elle finit toujours par me faire mal.

Nous sommes debout dans la salle à manger, ma culotte est par terre et elle «inspecte». Je me demande tout à coup ce qu'elle dirait si Laurent inspectait Laetitia comme elle le fait avec moi. Tout ça ne me semble pas très normal. Elle se redresse.

— Deux ou trois jours de pommade là-dessus et ça va rentrer dans l'ordre, déclare-t-elle. En attendant, on n'a pas le choix, tu peux aller te coucher. Et ne dis rien à personne si tu ne veux pas qu'on rie de toi. Tu resteras à la maison jusqu'à ce que ça aille mieux. Je vais te donner des vitamines et un repas chaud, et ne crois pas que c'est une récompense; ce ne sont que des restes que je préfère te donner, plutôt que de les jeter aux ordures.

— Qu'est-ce que j'ai?

— Tu dois trop te tripoter le zizi, c'est juste ça.

— Je me tripote pas!

— Tu ne t'amuses pas à faire durcir ce machin-là? Comme ça? (Elle esquisse un geste onanique.)

— Non!

— En tout cas, ne commence pas, parce que ceux qui en prennent l'habitude, ils se brûlent toutes les cellules du cerveau. Déjà que tu n'en as pas beaucoup...

— Mais tu le fais bien, toi?

— Je ne le fais pas, je te montre. C'est pas pareil du tout. Et puis il va bien falloir que j'y touche pour te soigner, pas vrai?

— Oui, maman.

— Tu vois que tu peux être gentil quand tu veux. Ah là, là! C'est comme tes cheveux, ils peuvent être beaux quand tu les coiffes comme on te dit. C'est bien plus chic quand ils brillent... Dire que je me donne la peine de chercher une belle coupe dans le catalogue et de t'envoyer chez le coiffeur... Tu n'es jamais content...

***

Mes testicules sont redevenus normaux et, ce matin, quelle délivrance! j'ai pu retourner à l'école. J'en avais marre qu'elle m'enduise les affaires de crème à n'en plus finir. Par contre, à l'école, je ne suis pas tombé sur la bonne journée: c'était la remise des bulletins. Le mien n'est pas fameux et, puisque les autres ont présenté le leur, il a bien fallu que je montre le mien à Chantale, qui est en train de l'examiner en fronçant les sourcils.

— Tous les efforts qu'on fait et toi tu nous arrives avec ça... Peux-tu t'expliquer?

— Je sais pas...

— Qu'est-ce que tu ne sais pas? Que tu es un cancre et un paresseux?

— Non!

— Tu ne le savais pas?

— Non, je ne suis pas un cancre et un paresseux, pas plus que les autres.

— Pourtant, les autres, ils ont de bons bulletins. Pas un torchon comme ça qui nous fait honte.

— Ils ont plus de temps pour faire leurs travaux et ils sont mieux installés pour étudier. Il y a des rats dans la cave, maintenant, et moi j'ai peur des rats.

— Comment ça se fait? On pourrait croire que tu t'entendrais bien avec eux, vu que tu es un rat toi-même... Non mais regardez-moi ces notes... Qu'est-ce que tu vas faire plus tard?

— Chanteur.

— Chanteur! C'est la meilleure! Non mais, est-ce qu'au moins tu t'es déjà regardé dans un miroir! Tu fais peur à voir; qui voudrait t'écouter chanter? Dans le monde du spectacle, tout ce que tu pourrais faire, c'est être figurant dans un film de vampires où tu pourrais jouer le rôle d'une espèce de gargouille vivante; autrement, non, il n'y a rien pour toi. Quand je pense à tout ce temps que j'ai perdu à essayer de t'enseigner le français et la grammaire! Ah là, j'ai bien perdu mon temps! Apprendre le français à quelqu'un comme toi, c'est comme donner du caviar à des cochons. L'année dernière, Paul-André avait un programme beaucoup plus compliqué que le tien et il a réussi haut la main; pourquoi est-ce que tu nous arrives avec ça? Oh et puis non, je ne te pose même pas la question, tu me sortirais encore un de tes mensonges. Tu vas plutôt m'écrire cinq cents fois: je suis un paresseux et il faut que je me corrige. Et, pour ne pas que tu t'endormes là-dessus, tu le copieras en faisant des pompes sur un bras. Allez hop! exécution. Non mais! Chanteur... Il te manque vraiment une case dans la tête... T'es juste bon à serrer des boulons aux usines Renault, et encore...

J'ai l'impression que mon bras ne va plus m'obéir, tant il me fait mal. Chantale s'est absentée et j'ai pu copier sans faire les pompes durant ce temps-là, mais elle est revenue et j'ai dû reprendre cet exercice complètement fou.

— Tu en es où? me demande-t-elle.

— Je l'ai copié à peu près trois cents fois...

— Et tu as fait des pompes tout ce temps-là?

— Oui, tout le temps.

Elle se baisse et me tamponne le front avec le dos de sa main.

— Tu mens, dit-elle. Si tu avais fait des pompes sans arrêt, tu transpirerais beaucoup plus que ça.

— Mais je t'assure...

— Non, je ne peux pas te croire. Et puis même si tu disais la vérité, je ne pourrais pas te croire quand même; tu nous as déjà tellement menti. C'est comme dans l'histoire de Pierre et le Loup. Pierre a tellement menti que plus personne ne peut le croire lorsqu'il dit la vérité. Avec toi, maintenant, je suis comme saint Thomas: il faut que je voie pour croire. Alors tu me recommences tout du début.

De nouveau, sans que je n'y puisse rien, je sens la révolte qui monte en moi.

— Alors tout ce que j'ai fait jusque-là, ça ne compte pas?

— Tu as très bien compris, pour une fois...

— C'est injuste!

— Quoi! Qu'est-ce qui n'est pas juste?

— Tu me donnes une punition à faire, je la fais et tu me fais recommencer parce que tu n'étais pas là pour voir si je la faisais comme il faut. C'est pas normal...

— Pour qui te prends-tu pour décider de ce qui est normal ou ne l'est pas? Je vois que tu veux encore jouer les fortes têtes, eh bien d'accord, moi aussi. Tu vas dans ta cave immédiatement et tu y resteras deux jours sans sortir. Et quand tu sortiras, tu feras ce que je t'ai demandé.

— Et l'école?

— Je m'en fous de l'école. De toute manière, avec les résultats que tu ramènes, ça ne changera pas grand-chose pour toi de ne pas y aller.

— Mais après, il ne faudra pas me punir parce que

j'ai des mauvais résultats. Je ne peux pas en avoir d'aussi bons que les autres si je dois rester dans la cave...

— Tu discutes encore!

Je ne réponds pas, je vois ses poings qui se serrent; il vaut mieux que je file dans mon trou avant qu'elle ne me frappe. Quand elle commence, maintenant, elle n'arrête plus et j'ai peur qu'un jour elle reste folle pour de bon.

Il y a déjà plusieurs heures que je suis dans la cave. Je tourne en rond parce que j'ai oublié de ramener mon pot de chambre avant qu'elle ne m'enferme, et je commence à avoir sérieusement envie d'uriner. Je n'ai pas le choix, il va falloir que je l'appelle...

— Qu'est-ce que tu as à crier comme ça? demande-t-elle de l'autre côté de la porte. Tu ne sais pas encore que lorsque tu es dans la cave on ne doit pas t'entendre, que ça doit être comme si tu étais mort?

— Je sais, maman, mais il faut absolument que j'aille aux toilettes.

— Tu as mangé aujourd'hui?

— Heu... non...

— Eh bien, puisque tu n'as rien mangé et rien bu, tu n'as pas besoin d'y aller. Fous-nous la paix, maintenant.

Sur ces paroles, je l'entends qui remonte. Je n'ai donc même pas le droit de faire mes besoins? Il va falloir que je quitte cette maison de fous, ils sont vraiment dérangés!

J'ai encore appelé pendant au moins deux heures, mais personne n'est venu. Tant pis, je ne peux plus me retenir, il va falloir que je fasse quelque part. Je cherche tout autour de moi dans quoi je pourrais bien pisser, parce je sais que si je fais n'importe où, vu que je couche par terre, il me faudra coucher dedans.

À tâtons, tout ce que j'ai trouvé, posés sur une tablette de bois, ce sont des vieux souliers à talons qui appartiennent à Chantale.

C'est très humiliant de pisser dans une chaussure dans le noir! Je me sens vraiment un moins que rien. Du mieux que je peux, dans l'obscurité, j'essaie de ne pas faire à côté, et je dois aussi faire attention à ce que ça ne déborde pas. Tout ça est vraiment ridicule, mais je ne pouvais pas faire autrement.

Attendait-elle exprès que je n'appelle plus, s'imagine t-elle que parce que je ne réclame plus j'ai pissé par terre? C'est maintenant que Chantale apparaît.

— Tu peux aller faire tes besoins, dit-elle.

— J'ai plus envie...

— Qu'est-ce que ça veut dire? Ça fait des heures que tu cries pour y aller, explique-moi ça!

— Bien...

— Quoi, bien, ce n'est pas une réponse, ça! Allez, j'attends!

— J'ai été obligé de faire...

— Ah non! Ne me dis pas que tu as fait par terre?

— Non, pas par terre...

— Où ça, alors?

— J'ai fait pipi dans une de tes vieilles chaussures. Je n'avais pas le choix, je ne pouvais plus me retenir.

— Quelles chaussures?

Je vois bien qu'elle a l'air de tomber des nues. Elle croyait sans doute que je m'étais soulagé par terre, d'apprendre que j'ai pu faire dans une de ses chaussures semble lui causer tout un choc. Je suis bête, j'aurais mieux fait de replacer le soulier sur l'étagère, d'aller aux toilettes et de ne rien dire. Elle a peut-être raison, je ne suis pas très intelligent.

— Une vieille chaussure que j'ai trouvée sur une étagère. J'étais vraiment pressé...

— Non! ne me dis pas que tu as osé pisser dans les beaux souliers du dimanche que m'a donnés mamy?

— Je ne sais pas, moi... Ils sont là depuis toujours, vieux et moches...

— Mais tu es pire qu'un dégueulasse, ce n'est pas possible! Pire que n'importe quel animal, je n'en reviens pas; c'est... c'est... Ça dépasse l'entendement! C'est pas vrai! Tu as vraiment pissé dans mon soulier?

Ça semble tellement difficile à accepter que je n'ose même plus répondre. Qu'est-ce qui va m'arriver?

— Tu vas le boire, déclare-t-elle en désignant le soulier qu'elle vient d'apercevoir dans un coin: tu vas tout boire. Ça va t'apprendre...

— Quoi?

— Oh tu m'as très bien compris. Allez, hop! Cul sec, comme ils disent dans les bistrots.

— Mais, maman, je ne peux pas! Pas ça!

— Et pourquoi, s'il te plaît? Tu es un vrai cochon, tu dois faire comme eux. Tu n'as jamais vu des cochons dans un parc d'engraissement, ils boivent la pisse des autres; alors qu'est-ce que ça peut bien te faire de boire la tienne? De toute façon, tu n'as pas le choix: si tu ne la bois pas, c'est moi qui te la ferai boire, et je te promets que ça pourrait passer de travers...

Je retiens ma respiration. Là, je voudrais vraiment être mort, et ce n'est pas une image. Oui, je ne voudrais plus exister, je voudrais que Yong Sub n'ait jamais été tiré du néant. Pourquoi est-ce que j'existe?

Quelle force elle a sur moi? Pourquoi est-ce que je porte cette chaussure pleine de pisse à mes lèvres? Non, décidément je ne peux pas!

— Qu'est-ce que tu attends?

— Je ne peux pas, maman; c'est de la pisse...

— Je sais malheureusement trop bien ce que tu as fait dans mon soulier, petite ordure.

Elle a posé une main brutale dans mon cou et de l'autre elle me force à monter le soulier vers mes lèvres. Elle m'ordonne de boire, mais moi je me raidis la nuque. Je voudrais bien renverser le soulier, mais sa poigne est beaucoup plus forte que la mienne. Le soulier atteint mes lèvres que je tiens scellées.

— Ouvre ta sale gueule! m'ordonne-t-elle. Ouvre-moi ça que tu apprennes ce que c'est que de ne pas respecter le bien des autres. Ouvre un peu, qu'on rigole...

Dans mon refus, j'ai voulu crier et, bien sûr, mes lèvres se sont entrouvertes. Elle en a profité pour incliner le soulier. Je crache, je me débats, tant et tant que le contenu du soulier me tombe dessus.

— Très bien! Très bien! hurle-t-elle, tu es content de toi, maintenant tu vas lécher le ciment par terre; tu vas voir qui c'est qui va gagner, salopard! fumier! ordure!

Elle me pince le cou entre ses doigts et me force à m'agenouiller. J'essaie encore de résister, mais elle y met soudain tout son poids et ma figure heurte le ciment. Il y a un craquement effrayant dans ma bouche puis une vive douleur. Je viens de perdre une de mes dents du devant.

— Lèche le plancher, salaud! Lèche! que je te dis...

Le ciment rugueux râpe mes lèvres. Le goût du sang se mêle à celui de la pisse. Je ferme les yeux, il faut que ça passe! Il faut que ce moment-là passe et disparaisse! je n'en peux plus! Qu'on me délivre, s'il vous plaît!

— Sors ta langue, imbécile, c'est pas comme ça que tu vas éponger...

Je réussis à crier, puis à lui faire savoir que je vais la tuer.

— Ah oui? Tu crois que tu me fais peur? Comme c'est là, c'est moi qui pourrais te faire passer de vie à trépas. Ça ne me dérangerait pas du tout, mais alors pas du tout. Alors, tu la lèches, cette pisse?

Elle en est capable! Je suis certain qu'elle en est capable. C'est vrai que je voudrais être mort, mais, là, j'ai horriblement peur de mourir. Je ne veux pas qu'elle me tue, ici, dans cette lumière grise, loin de tout. La peur me glace partout. J'ai envie de crier à faire s'écrouler la maison, à faire s'écrouler toute la terre. Mais seul mon silence sait lui répondre.

— Alors! Ça vient, oui?

Elle a gagné! Tremblant comme jamais je n'ai tremblé, les yeux scellés, une espèce de bouillie noire dans le crâne à la place de toute pensée, je lèche le sol.

— Parfait, maintenant tu ôtes tes shorts...

— Mes shorts?

— Tu as compris ce que j'ai dit, ne me fais pas répéter: ne me fais plus jamais répéter.

J'obéis. À quoi bon résister, à quoi bon se révolter? Il n'y a qu'à obéir. Elle fera ce qu'elle voudra, tant pis. Je ne suis plus rien. Je ne vaux rien. Peut-être qu'un jour ça changera, on ne sait pas, mais en attendant, il faut que j'obéisse. Obéir pour ne pas mourir. Obéir en espérant mieux. Mais est-ce que j'ai vraiment le droit d'espérer? Qu'est-ce que je suis? Et puis tant pis: même la douleur, on dirait qu'on peut s'y faire. On en souffre, mais on n'en meurt pas. Pas sur le coup.

— Mets-les dans ta bouche.

— Dans ma bouche?

— Qu'est-ce que je viens de te dire? Et que j'en voie un bout qui dépasse et je te les fais bouffer, tu m'entends!

Je m'exécute. Je ferme les yeux lorsque le goût âcre de mon urine envahit à nouveau ma bouche. Je voudrais tout vomir, mais non, ne pas penser; elle me ferait tout manger, c'est sûr.

— Ah tu as l'air chouette, comme ça. C'est dommage qu'il n'y ait pas de pellicule dans mon appareil... C'est vrai qu'au fond ce serait du gâchis de pellicule, tu n'en vaux même pas la peine. Ils ne voudraient même pas de ton portrait pour faire peur dans le journal *Hara-Kiri*. Bon, tu restes comme ça sans bouger. Je vais revenir voir et si tu as bougé, gare à toi.

Levant les yeux, elle sursaute. Elle a sans doute aperçu l'un des rats qui se promènent souvent sur la poutre en dessous du plafond. Au début j'en avais peur, mais je m'y suis habitué. Ils ne m'empêchent même plus de dormir.

— Il y a des rats ici? demande-t-elle.

Je hoche la tête puisque je n'ai pas le droit d'ôter les shorts de ma bouche.

— Pourquoi tu n'as rien dit?

Je hausse les épaules. Je le lui ai dit plusieurs fois et elle ne m'a pas écouté ou elle m'a répondu que c'était dans mes rêves et de lui fiche la paix avec ça. Elle interprète mal mon haussement d'épaules:

— Tu peux ôter les shorts pour me répondre.

— Je te l'ai déjà dit, dis-je en lui obéissant et en espérant qu'elle ne m'obligera pas à les remettre.

— Tu ne m'as rien dit du tout. C'est encore un mensonge, ça. Pour t'apprendre, je te nomme dératiseur de la maison; c'est à toi de nous débarrasser de toute la vermine dans cette maison. Je vais dire aux autres que, s'ils ont des araignées ou autres bestioles dans leur chambre, c'est toi qui dois t'en occuper. En attendant, tu vas me chercher un balai, tu me tues ce rat et tu vas le jeter loin d'ici. Je suis certaine que c'est toi qui les attires. Ils doivent se sentir en bonne compagnie, ici.

Il y a encore un quart d'heure, je lui aurais demandé si les rats ne pouvaient pas se montrer dangereux lorsqu'on les attaquait, mais je sais maintenant qu'il vaut mieux se taire.

Ce qui n'empêche pas que j'ai très peur de la réaction des rats. Et s'ils me sautent au cou? Et si, pour se venger, les autres m'attaquent la nuit quand je dors?

— Quand tu auras terminé, dit-elle en sortant, tu remettras les shorts dans ta bouche. Tu dormiras avec, cette nuit.

— Oui, maman.

— Tu sais qu'avec une dent en moins, tu es vraiment moche. Mais alors, vraiment, vraiment moche! Mais, avec la gueule que tu as, c'est une chance: comme ça, tu ne pourras jamais séduire une fille et il n'y en aura pas d'autres comme toi. Dans le fond, il n'y a pas à dire, la nature fait bien les choses... Je me demande bien, en y pensant, pourquoi Hitler voulait se donner tant de mal pour éliminer les moches, les mal foutus et les races dégénérées. Ça se fait tout seul. Au fait, n'oublie pas que je ne veux plus jamais voir un seul rat, jamais, sinon, ce sera comme pour ta pisse: tu le boufferas tout cru.

À peine a-t-elle disparu, je me précipite dans un coin pour cracher. J'ai l'impression d'avoir avalé toutes les ordures du monde. Je me sens sale, sale, sale. Est-ce que je vais pouvoir redevenir propre un jour? Est-ce que je n'aurais pas dû accepter qu'elle me tue plutôt que de... Est-ce que ce n'est pas ce qu'aurait fait un homme? Mais est-ce qu'on peut encore prétendre être quelqu'un lorsque la force brute nous menace de nous jeter aux ordures, de nous retourner au néant?

Le rat est toujours là. Je l'observe et il m'observe. Est-ce qu'il sait? Je n'ai pas du tout envie de le tuer. Avant peut-être, mais là, c'est bête à dire, j'ai l'impression qu'on est un peu copains.

— Il faut que je te dégomme, mon vieux, j'ai pas le

choix. Peut-être que dans ta prochaine vie tu vas revenir comme un humain; un bon conseil, si tu te retrouves orphelin, reste à l'orphelinat ou barre-toi sur une île déserte. N'accepte jamais que quelqu'un se dise ta mère ou ton père.

Je n'ai pas réussi à tuer le rat. Il a dû sentir quelque chose; lorsque je suis revenu avec le balai, il avait disparu. Ça me soulage un peu, mais voilà qu'en haut, Chantale me demande si j'en ai fini.

— Il a disparu, maman.

— Tu es trop lent, tu es toujours trop lent, tu ne sais pas te remuer le derrière. En tout cas, en attendant, va dans la chambre de Marie-Frédérique, elle dit qu'il y a une grosse araignée derrière ses rideaux. Mais n'oublie pas de passer d'abord par la douche, il ne faudrait pas que tu empestes la maison: tu pues.

Allongée sur son grand lit avec son inséparable *Larousse*, Marie-Frédérique me désigne la fenêtre en tendant le doigt.

— Elle est là, derrière la tenture, dit-elle du même ton où, dans les films, on peut voir une princesse trop gâtée s'adresser à ses domestiques.

Puis, levant les yeux vers moi, elle fait une grimace.

— Pouah! tu es vraiment laid avec une dent en moins, comme ça...

Je voudrais lui dire que cette dent est contre elle. Je le lui aurais dit encore hier, mais je ne m'en sens plus la force, ni même vraiment le droit.

Est-ce que quelqu'un qui a léché sa propre pisse par terre a le droit de s'adresser aux autres? C'est la question à laquelle je n'ose pas me donner de réponse.

L'araignée est ridicule. Je l'écrase entre mes doigts. Encore une fois, Marie-Frédérique fait la grimace.

— Faut vraiment être dégueulasse pour faire ça comme ça, dit-elle. Va-t'en, tu es écœurant.

Je m'arrête pour l'observer sur son dessus de lit rose. De quel droit me traite-t-elle comme ça? Si je ne réponds pas, là, peut-être en aura-t-elle le droit ensuite, mais là? Qui est-elle, elle? Je le lui demande:

— Pour qui tu te prends, exactement, par rapport à moi? Pas pour ma sœur, j'espère; si c'est le cas, oublie ça tout de suite. Je ne suis pas et je ne serai jamais de ton sang.

— Ça, je le sais, et je ne voudrais surtout pas te ressembler. Être comme toi, je me suiciderais. Plus laid que toi, tu meurs. Quand je te vois le portrait, je me console.

***

L'extermination rentre désormais dans mes «attributions». Un papillon de nuit dans la chambre de Paul-André, et il faut aussitôt que j'accoure pour le faire disparaître. J'ai l'impression qu'ils laissent les fenêtres ouvertes exprès pour avoir le plaisir de m'appeler.

— Machiasse! Vite, une mouche...

Il y a même eu une souris que j'ai dû assommer d'un coup de balai. Comme Anne-Céline se recroquevillait dans un coin en criant, j'ai pris l'animal par la queue et je me suis amusé à le balancer sous son nez.

— Si tu m'emmerdes encore, lui ai-je dit, j'en mets une comme ça dans ton lit quand tu ne t'y attendras pas...

Ceci pour dire que je deviens mauvais.

Je ne sais pas pourquoi, je suis de plus en plus porté à faire ce que je ne voudrais pas. Comme si un mauvais génie à l'intérieur de moi m'obligeait à leur jouer de mauvais tours.

Depuis quelques jours, tout le monde est triste à la maison parce que Laurent a perdu son travail et se retrouve sur le chômage. Pour eux, c'est un dur coup, mais moi je m'en réjouis presque. Il n'y a pas si longtemps, j'entendais Chantale traiter les chômeurs de paresseux vivant aux «crochets de l'État», et elle n'arrêtait pas de me dire que j'allais finir comme eux. Aujourd'hui, ce sont des victimes, et tout ce qui leur arrive, c'est de la faute aux «bicots qui viennent voler le travail des vrais Français». Sans se rendre compte que Laurent n'est pas lui-même ce qu'on peut appeler un pur Gaulois, elle déclare que Le Pen dit vrai au sujet des Arabes. Et qu'il a raison quand il dit qu'ils sont plus avantagés que les vrais Français. Elle dit que le tchador à l'école est une honte et elle se demande tout haut ce que ça donnerait si elle m'y envoyait avec un chapeau de Chinois.

C'est pour les embêter que, plus tôt cet après-midi, comme il n'y avait personne dans la maison, j'ai pris le gâteau d'anniversaire de Laurent, je l'ai écrasé avec mes mains et j'en ai mis des morceaux un peu partout sous les matelas. C'est ce que j'ai trouvé pour me venger du mauvais tour qu'elle m'a joué en me promettant depuis plus d'une semaine que j'allais partir en colonie de vacances, jusqu'à m'annoncer, hier, que ce n'était pas vrai, qu'elle m'avait dit ça pour m'habituer aux désillusions.

J'aurais préféré le manger, ce gâteau, mais ça n'aurait pas été satisfaisant. Il faut qu'ils comprennent que ce n'est pas le gâteau qui m'intéresse, mais la tête qu'ils vont faire lorsqu'ils découvriront ce que j'en ai fait. Je vais le payer, c'est sûr, mais je m'en balance. Tout ce qu'ils vont me faire, je leur en ferai autant. J'ai l'impression que si je ne me comporte pas comme ça, je vais devenir fou.

— Mathias, as-tu vu le gâteau?

— Le gâteau, quel gâteau?

— Ne fais pas l'imbécile, celui que j'ai fait pour l'anniversaire de ton père. Je l'avais mis au frigidaire et il n'y est plus.

— Je ne sais pas, moi... Je ne suis pas au courant.

— Tu ne l'as pas mangé, quand même!

— Non! J'y ai pas touché à ce gâteau. Il est peut-être ailleurs...

— Où ça, ailleurs? Ça ne marche pas tout seul, un gâteau. Quand je te dis que tu es le brouillon d'une famille...

— Je ne suis pas au courant, je ne suis même pas venu dans la cuisine quand nous n'étiez pas là. Peut-être que quelqu'un est venu dans la maison pendant que j'étais dans la cave...

— N'essaie pas de me faire prendre des vessies pour des lanternes. Qui veux-tu qui vienne dans la maison pour prendre un gâteau et repartir sans rien emmener d'autre?

— Pourtant, quand j'y repense, il me semble que j'ai entendu des bruits en haut, cet après-midi...

— Des bruits? Quels bruits?

— Je ne sais pas, comme des bruits de pas. Je croyais que c'était vous.

— Bien, ça alors! S'il y en a qui viennent voler les gâteaux jusque dans le frigidaire...

Je n'en reviens pas, elle croit presque à mon histoire! Je regrette de ne pas avoir pris d'autres affaires pour faire croire à un cambriolage et de ne pas les avoir jetées dans la bouche d'égout dans la rue. D'un autre côté, non, ils faut qu'ils sachent que c'est moi le coupable. Il faut qu'ils sachent que je les déteste et il faut qu'ils aient peur de moi. Il faut qu'ils comprennent que je ne me laisserai plus faire.

C'est Paul-André, le premier qui, tout à l'heure, a découvert du gâteau sous son matelas. Je me suis dit qu'il devait vouloir y cacher son exemplaire de *Picsou* qu'il se procure tous les mois. C'est le seul secret que nous partageons. Il est bien obligé, c'est moi qui fais son lit et il n'a pas d'autre place pour cacher ce qu'il achète avec l'argent que lui donne sa grand-mère, tandis que Chantale est sûre qu'il fait des économies.

Mais pour l'instant, Chantale tient un morceau de bouillie de gâteau dans une main qu'elle m'agite sous le nez.

— C'est toi, hein! Avoue que c'est toi!

Je ne réponds pas. Pas question que je lui fasse ce plaisir.

— Ton silence parle pour toi, dit-elle. Je ne sais pas comment on peut qualifier ça: ça dépasse tout ce qu'on peut imaginer, prendre le gâteau d'anniversaire de son père et en mettre des morceaux sous les matelas juste pour mal faire... Tu es un monstre! Tu le sais, ça, que tu es un monstre, un total dépravé?

Tous les autres sont là et me regardent comme si j'étais vraiment le diable en personne. Comment a-t-il pu faire ça? ont-ils l'air de se demander. Je crois que si j'avais fait un truc comme fait Satanik dans les bouquins que des gars apportent à l'école, ils ne me regarderaient pas autrement. C'est Laurent qui essaie lui-même de comprendre pourquoi j'ai fait ça. Il me pose la question d'une voix trop calme:

— Peux-tu au moins nous expliquer ton geste?

Je hausse les épaules. Comment pourrais-je leur expliquer ce que je ne peux pas pour moi-même?

Jusqu'à tout à l'heure, je croyais que j'avais fait ça uniquement pour les embêter, mais maintenant je ne sais plus très bien. J'ai presque l'impression que c'est pour me faire mal à moi. C'est ridicule!

— Mais qu'est-ce qu'on va en faire? demande Chantale. Cette fois-ci, ça dépasse tout ce qu'on peut imaginer; c'est le diable en personne; ça ne se peut pas! Tu es le diable!

— Oui...

— Quoi?

— Oui, je suis le diable.

Elle devient toute rouge. On dirait que ma réponse la dépasse, elle se tourne vers Laurent.

— Fais quelque chose, toi!

Mais Laurent reste anormalement calme. Il me regarde comme on pourrait le faire pour un insecte dont le comportement nous étonne. Ses yeux sont rouges, fatigués et méchants.

— Donc, tu es le diable? demande-t-il à son tour.

Pourquoi est-ce qu'il est si calme? Je sens que je commence à perdre pied; un long sanglot monte en moi, que je voudrais retenir.

— J'en sais rien! J'en sais rien! J'en ai marre!

Il secoue la tête d'un air découragé.

— Tu ne crois pas que c'est nous qui devrions en avoir marre? Ta mère me fait un bon gâteau pour mon anniversaire, tout le monde se réjouissait de pouvoir en manger ce soir, et toi, qu'est-ce que tu fais, tu le réduis en bouillie et tu en mets sous les matelas de tout le monde. Qu'est-ce que tu veux qu'on pense de ça? Qu'est-ce que tu avais dans la tête quand tu as fait ça?

— Je ne sais pas, je ne sais plus. Je voulais... Je voulais dire que moi aussi je suis là, que j'en ai marre de vivre dans la cave avec les rats, que j'en ai marre de parler aux rats qui me font peur en plus, que j'en ai marre qu'on me tabasse tout le temps, que j'en ai marre de tout!

— Et tu ne crois pas que tu aurais pu nous dire ça autrement?

— Comment?

Il a l'air d'y penser, mais Chantale ne lui en laisse pas le temps. Elle se met à crier:

— Mais Laurent! Tu ne vois donc pas qu'il est en train de te monter sur le dos. Il se fout de notre gueule, réagis!

Il secoue lentement la tête.

— Non, c'est toi qui t'en occupes d'habitude, tu n'as qu'à continuer. Moi, je ne veux plus rien savoir des conneries de ce môme-là; qu'on me foute la paix, c'est tout ce que je demande, sacré bordel de merde!

Elle me pointe du doigt. Un doigt qui soudain me fait peur.

— Toi, mon petit salaud, tu vas payer pour ça! Et je te jure qu'il va y avoir des intérêts qui feraient rougir de honte les Rothschild...

Elle a fait couler un bain d'eau froide et m'a conduit de force jusque dans la salle de bains.

— Allonge-toi là-dedans, m'ordonne-t-elle.

— Tout habillé?

— Fais ce que je te dis! Immédiatement!

L'eau me paraît glacée, je claque des dents jusqu'à en perdre le souffle.

— Alors, me dit-elle en me tenant par le collet, tu vas m'expliquer tout ce qui t'est passé par la tête quand tu as fait ça. Et arrête de claquer des dents; regarde: moi aussi, je peux en faire autant.

Elle essaie, elle perd son dentier et ça la fait rire. Je la trouve hideuse.

— Je le sais pas... dis-je surtout pour échapper à cette scène qui ressemble à un cauchemar.

Je ne sais pas si j'ai eu le temps de finir, elle m'immerge la tête. Je me débats, je ne peux plus respirer, je vois comme une grosse forme au-dessus de l'eau. Je ne veux pas mourir!

Elle me laisse remonter à la surface, l'air me fait presque mal comme je l'avale à grandes goulées.

— Alors? demande-t-elle, tu t'expliques ou on remet ça? Je ne te cache pas que je ne saurai peut-être pas toujours doser le temps que tu peux rester là-dessous...

— Je... Je voulais me venger...

— Te venger! Et de quoi donc?

— De tout...

Elle m'enfonce de nouveau brutalement la tête sous l'eau. J'ai à peine eu le temps de refermer la bouche, un peu d'eau me brûle les bronches et je sais qu'il ne faut pas que j'essaie de la rejeter. Cette fois ça y est! Je ne pourrai jamais tenir! Je vais me noyer!

Il y a un cri qui monte dans ma tête.

Maman!

Oui! je voudrais qu'elle vienne me chercher là, maintenant, que je n'aie pas besoin de me noyer pour ça.

Ne me laisse pas, maman! Où es-tu? Où...

L'eau s'engouffre dans ma gorge. Je ne sais plus ce qui se passe: je ne suis plus immergé, mais je ne peux plus respirer, il y a quelque chose qui bloque; mes mains essaient de s'accrocher dans l'air, d'accrocher quelque chose; je veux respirer! Je veux respirer! Il faut que ça remarche!

Je tousse, enfin! Ça débloque le passage, mais le feu a envahi ma poitrine et mes yeux me font mal. Je cherche une position qui pourrait apaiser ce mal.

— Comme ça, tu voulais te venger, dit la voix de Chantale. Monsieur doit se prendre pour un Corse, il a la vendetta dans le sang. Mais moi, vois-tu, je dois être corse un petit peu aussi... Bon, maintenant tu vas rejoindre ta cave et tu passeras la nuit sans te changer. Une nuit dans des vêtements mouillés, ça devrait te faire réfléchir un petit peu. Demain, tu as du travail: il y a tous les draps et tous les matelas à nettoyer. Attends un peu que je raconte ça à la famille; ils vont te faire la peau, c'est sûr! Salopard!

J'opine du chef. Je ne veux surtout pas qu'elle me replonge la tête dans l'eau.

Un jour, je pourrai partir d'ici et ce sera fini. Il faut que je survive jusque-là.

***

C'est mon anniversaire aujourd'hui. Enfin le jour où on suppose que je suis né. Car pour la date et l'année, en vérité, personne n'en sait rien. D'après ce que je crois savoir, je suis né dans la jungle, là-bas dans ce pays qui est gravé en moi. Maman devait être une femme très simple, il ne devait pas y avoir de livres autour de nous et je ne dois être inscrit sur aucun registre de l'état civil. Après la grande explosion dont je ne me souviens que le bruit, j'ai été conduit à l'orphelinat; il n'y a que cela de sûr.

Comme chaque année à cette date, Chantale m'a enfermé dans le hangar avec un livre de chants.

— C'est ton anniversaire, a-t-elle dit, tu vas chanter pendant que nous on va fêter ça...

Voilà pourquoi, pendant qu'ils sont dans la maison à manger des crêpes et même un gâteau d'anniversaire, je suis dans le hangar à chanter des chansons de colonie de vacances dans le genre: *Un kilomètre à pied, ça use, ça use...*

Je m'en moque! Non, ce n'est pas vrai, j'ai quand même le cœur gros. Je ne comprends pas pourquoi c'est comme ça pour moi. Pourquoi, le jour prétendu de mon anniversaire, je n'ai pas le droit à un peu de gentillesse. J'aimerais bien qu'on m'aime un peu.

Enfin, je sais qu'aujourd'hui elle me donnera quelques biscuits. Il n'y aura pas non plus la corvée presque quotidienne d'arrachage des mauvaises herbes. Ces mauvaises herbes qu'il faut ramasser en se penchant sans s'accroupir et auxquelles elle me compare sans cesse. Du reste, elle dit souvent que je suis la mauvaise herbe du diable.

— Et tes cheveux aussi, dit-elle souvent: regarde, ils sont noirs comme les ténèbres et ils poussent beaucoup trop vite pour que ce soit normal...

L'année dernière, c'était tout à fait différent comme anniversaire. Ils étaient tous partis et je suis resté seul avec Lavniczack, celui qui est réputé pour boire et battre ses filles. Mais il ne m'a pas battu et il m'a même offert de la bière. Je ne me rappelle pas combien j'en ai bu, mais je me souviens très bien que je trouvais ça chouette toutes les choses qui semblaient perdre de leur importance. Tout me faisait rire. En tout cas, ça a été bien jusqu'à ce que je me sente mal. Après, c'était beaucoup moins drôle. Ça ne m'a pas empêché de me promettre de lever le coude plus tard, lorsque je serais libre.

Qu'est-ce qu'ils font dans la maison? Elle doit en profiter pour prendre encore un peu plus de vin que d'habitude. Il va falloir que je porte encore toutes les bouteilles à la consigne. Ce ne serait pas trop grave, mais elle va encore exiger que je me fasse faire un bon par le marchand: c'est humiliant.

Tiens, c'est elle qui crie par la fenêtre; qu'est-ce qu'elle veut?

— Mathias! Essaie de nous chanter du Enrico Macias: *Enfants de tous pays...* J'aime ça... Allez, et arrête de faire cette tête d'enterrement; frappe des mains, saute, chante; c'est ton anniversaire, bon sang!

Elle peut bien aimer ça... On dirait que c'est ceux qui font tout le contraire qui aiment ce genre de chanson...

***

Il paraît que la famille vit de durs moments depuis que Laurent est au chômage, il paraît aussi qu'elle a besoin de détente pour oublier toutes ces heures sombres: aussi des vacances sont-elles prévues. Seulement, pour ce voyage, il n'y a pas assez de place dans la voiture pour que nous puissions partir «ensemble toute la famille». C'est pour ça, prétend Chantale, qu'après m'avoir demandé si j'étais capable de surveiller la maison pendant une dizaine de jours, elle a décidé que j'allais rester là pendant qu'eux passeraient du «bon temps» ailleurs.

Je croyais donc, à défaut d'aller me promener, que j'allais avoir à garder la maison tout seul, et cela me consolait un peu. J'ignorais qu'en réalité le «gardien» serait enfermé dans la cave avec un sac à poubelle contenant dix baguettes molles, trente litres d'eau (car elle avait lu quelque part que le corps humain a besoin de trois litres par jour) et, heureusement pour moi, mon violon qui a été réparé par mon professeur après que j'ai dû lui expliquer que j'étais tombé dessus en revenant à la course un jour de pluie.

Il n'a plus la même sonorité qu'avant, mais c'est mieux que rien; je peux à nouveau m'évader sur les ailes de la musique.

J'ai un peu l'impression d'être dans l'histoire de la

chanson *Il était un petit navire...* Je suis celui qui a été tiré à la courte paille, sauf que cette fois le tirage a eu lieu il y a déjà plusieurs années.

Allons! Il ne faut pas que je me laisse aller. Dans le fond, ce n'est pas si terrible. Je suis assis, là, tranquille sur le ciment de la cave, et je fais des centaines de boulettes avec la mie des baguettes. Je ne m'occupe pas de ce qu'il va me rester dans huit ou dix jours, j'ai décidé de manger jusqu'à ce que je ne puisse plus rien avaler. Je fais des tas de boulettes, je les mange et je recommence. C'est bon.

En y réfléchissant, c'est sûr que je suis enfermé dans le noir, c'est sûr qu'il n'y a pas la bonne odeur et les lumières des vacances, mais d'un autre côté, pendant dix jours, je suis aussi certain que je vais enfin avoir la paix. Je vais pouvoir dormir comme j'en ai envie; là, je peux manger comme il y a des mois ou même des années que ça ne m'est pas arrivé, c'est-à-dire à satiété; je peux crier et hurler, je peux jouer du violon comme ça me plaît; et, vu qu'elle me m'a pas laissé de lumière, elle n'a pas pu me laisser des devoirs à faire. Donc, dix jours pour rêver tranquille. Je suis peut-être enfermé, mais je me sens libre pour la première fois depuis très longtemps. Chantale ne devait pas se douter de ça!

Et ce qui me fait le plus plaisir, c'est que je ne la verrai pas, elle, pendant ces dix jours. Ça, c'est des vacances!

Dans le noir, je pense à Nancy, une amie à l'école. J'ai tout mon temps pour lui composer la lettre que je vais lui écrire quand je vais remonter à la lumière.

***

— Qu'est-ce que c'est que ça?

245

Je regarde, par terre, ma lettre à Nancy que j'avais glissée dans un livre, et que Chantale vient de découvrir en secouant celui-ci pour voir si je n'y cachais rien. J'ai l'impression que mon cœur s'arrête.

— Rien du tout...

— Montre.

— Je peux pas, c'est personnel...

— Personnel! Qu'est-ce que ça veut dire, ça, encore! Dis-toi bien qu'à ton âge, il n'y a rien de personnel. Tu m'as compris?

— Oui, maman...

— Alors montre-moi ce papier.

— C'est pas la peine, j'ai écrit ça juste pour rire...

Mais rien à faire, elle me prend le papier des mains et en commence la lecture. Ça me torture de voir ses yeux sur les mots que je destinais à Nancy. J'ai l'impression que juste à regarder cette lettre, elle salit tout.

— Mais c'est une lettre à une fille! dit-elle enfin comme si c'était quelque chose de monstrueux.

— Oui, une copine...

— Une copine! Parce que toi, tu as une copine! Quelle est la fille qui pourrait vouloir être ta copine? Elle doit être chouette, celle-là!

Je suis insulté de l'entendre dire du mal de mon amie sans même la connaître. Peut-être que si ses mots moqueurs avaient été pour moi, je n'aurais rien dit comme je commence à en prendre le parti, mais, c'est plus fort que moi, je ne peux pas accepter qu'elle dise du mal de Nancy:

— Tu n'as pas le droit de dire ça d'elle!

— Voilà autre chose! Il veut jouer au chevalier à présent... Eh bien, on va voir jusqu'où tu peux être chevalier; tu vas me copier cinq cents fois: je suis un petit vaurien et personne ne voudra jamais de moi comme ami. Et moi, de mon côté, je m'en vais écrire un petit mot à cette Nancy pour lui dire qu'avec le petit cerveau que tu as, tu ne peux pas te permettre d'aller à l'école pour autre chose que pour étudier. Paul-André le lui donnera, ce sera plus sûr qu'elle l'ait...

— Mais tu ne peux pas faire ça! Tu n'as pas le droit!

— C'est surtout toi qui n'as pas le droit de me parler sur ce ton. Tu me copieras aussi cinq cents fois: *père et mère, tu honoreras.* C'est un commandement qu'il va falloir que tu te rentres dans la tête.

Paul-André semble très content à l'idée de porter le mot à Nancy. Il faut dire que si je crois que Nancy m'aime bien, Paul-André, lui, est complètement amoureux de Nancy. Et de voir que ça va bien entre nous, ça l'enrage.

***

Heureusement, elle n'a pas écrit le mot à Nancy, et je crois qu'elle ne l'écrira jamais. Laurent vient d'arriver avec une nouvelle tout à fait surprenante:

— On déménage, les enfants...

— Comment ça, on déménage? demande Chantale.

— J'ai trouvé du boulot à Saint-Étienne; je vais m'occuper d'un foyer d'immigrants. Tout est arrangé...

— Saint-Étienne! Mais on ne connaît personne là-bas... On va arriver là-bas comme des inconnus...

Je comprends ce qu'elle veut dire; là-bas elle ne sera plus la mère de l'année. Là-bas sa réputation de bonne dame patronnesse sera à refaire: il va falloir qu'elle recommence à en mettre plein la vue à tout le monde, à redonner des cours de catéchisme aux petits enfants, et qui sait? peut-être même adopter un petit Africain.

Marie-Frédérique et Anne-Céline rouspètent aussi. Elles parlent de leurs amis qu'il va falloir laisser.

— C'est pas drôle, dit la seconde, laisser tout le monde derrière soi et partir comme des voleurs. J'étais habituée à ici, moi...

Je ne peux pas la contredire, moi aussi je réalise qu'il va me falloir laisser tous mes potes à l'école. Il n'y avait qu'eux qui me soutenaient moralement contre Chantale. Amigo me répète tout le temps:

— T'es pas gâté, mec, avec la *matouse* que t'as...

Là-bas, à Saint-Étienne, je vais de nouveau redevenir Yamamoto, Citron ou Chintok. Il va falloir que je me castagne pour me faire respecter. Et qui donc va rire de mes blagues? À l'école, ils me connaissent maintenant, ils savent que je suis là pour les faire rire, ils savent qui je suis. Comment est-ce qu'ils vont prendre mes farces à Saint-Étienne? Cet après-midi, même l'institutrice a ri du dessin que j'ai fait. C'était pourtant elle que je représentais en grossissant exagérément sa paire de gros nichons. Mais elle ne m'a pas crié par la tête, elle a ri et moi j'étais heureux qu'elle trouve ça drôle. Comment ça va être à Saint-Étienne? Je vais y être tout seul contre Chantale. La seule chose qui me plaît, à première vue, c'est que c'est la ville où joue Platini. Peut-être que je pourrai le voir s'entraîner? Peut-être même qu'il me donnera des conseils pour jouer? Finalement, je vais peut-être faire du foot?

— Et quand est-ce qu'on doit s'en aller? demande Chantale.

— Le plus tôt possible: je commence lundi. Le mieux est de commencer à emballer.

— Et c'est vraiment une place?

— Je vais être directeur.

— Ah oui, ça vaut la peine de déménager. Si t'avais dit ça en premier...

Déjà, Chantale commence à donner les ordres. Elle dit aux autres de nettoyer leurs chambres et de commencer à trier leurs affaires entre celles de première nécessité et celles qui iront dans des boîtes.

— Toi, me dit-elle, tu vas faire le grand nettoyage de la cave. Inutile que les futurs locataires sachent que quelqu'un y a vécu. Tu laves tout à l'eau de Javel, il faut qu'il ne reste rien de ta puanteur. Et en attendant le départ, tu resteras dans le grenier. Tu as ramené tes cahiers ce soir, c'est parfait; comme ça tu n'as pas besoin de retourner à l'école. Tu resteras ici pour m'aider à tout préparer.

— Mais je voudrais quand même dire au revoir aux copains.

— Quels copains? Ça n'existe pas les copains, pas quand on est comme toi. Les gens comme toi, ils ne fréquentent que des voyous. Quant à la fille de ta lettre, j'ai l'impression qu'elle va être bien soulagée d'être débarrassée d'un collant dans ton genre...

Ça me fait mal de savoir que je ne reverrai pas les copains. Demain, on avait même prévu s'éclipser de la cour de récréation pour un exercice de tir au pistolet à plombs. Nous nous étions mis d'accord. Est-ce qu'ils ne vont pas croire que je vais les vendre? Et Nancy, elle ne saura jamais que je l'aime bien. C'est pour qu'elle le sache que je lui ai écrit, parce que je n'ai jamais osé le lui dire en face. Et ma cachette en ville où je cache tous mes trésors! Est-ce que je vais pouvoir y retourner avant de partir? Je ne veux pas laisser tout ce que j'ai pris dans les magasins chaque fois que j'ai voulu me venger de Chantale: mon pistolet à plombs, mes lunettes de pilote, ma pipe toute neuve, mes bandes dessinées interdites, mon couteau suisse, mon briquet et mon portefeuille où je garde un billet de vingt francs. C'est tout ce que je possède.

Sans m'en rendre compte, je hausse les épaules. Je me dis qu'il va bien falloir accepter ce qui arrive, je n'ai pas le choix.

— Qu'est-ce que tu attends pour aller nettoyer la cave comme je te l'ai dit? me rappelle Chantale. Dépêche-toi et n'oublie pas de prendre une assiette d'avoine pour souper, je ne crois pas que tu auras le temps de remonter. Prends de l'eau aussi. Quand tu auras fini, tu monteras directement au grenier. Allez, exécution! Et ne me regarde pas avec ces yeux-là; je vais finir par te les crever, un jour. On dirait toujours que tu veux nous tuer.

Je suis à genoux et je frotte le ciment de la cave. J'ai versé beaucoup d'eau de Javel dans l'eau de nettoyage, mais l'odeur ne m'empêche pas de sentir celle des crêpes en haut. Pourquoi n'ai-je pas le droit à des crêpes comme tout le monde? Qu'est-ce que j'ai fait qui n'allait pas, aujourd'hui?

Et après, ils vont s'asseoir dans le salon pour regarder un film ou une émission, et moi je vais devoir continuer à nettoyer.

Il n'y a pas de changement avec les habitudes, mais on dirait qu'aujourd'hui j'y pense davantage. Est-ce que c'est parce qu'on s'en va ailleurs? Et si moi aussi je partais? Si cette nuit je filais dans la rue et que je m'enfonçais dans le noir sans me retourner, sans jamais me retourner?

Je repense à ces rues désertes qui m'ont tant fait peur cette nuit où j'aurais pu partir. Est-ce que j'aurais le courage de les franchir? Ce qui serait bien, ce serait que Nancy vienne avec moi. Ça, ce serait formidable! On partirait tous les deux en se tenant par la main et on n'aurait peur de rien. On rirait de tout, les rues ne seraient plus vides. Oui, c'est bien beau à imaginer, mais Nancy doit être très bien chez elle, et il n'est pas dit qu'elle voudrait me suivre. Il ne faut pas prendre ses rêves pour des réalités. Les rêves, c'est juste comme l'aspirine et le mal de dents: c'est pour que ça fasse moins mal. Ça ne soigne pas. Je crois qu'il n'y a que le bonheur qui puisse soigner les maladies.

J'ai fini de nettoyer la cave. Je suis couché sur le plancher du grenier et je me dis que j'aime mieux être là que dans la cave. Un craquement. J'entends la porte qui grince. Qui est-ce? Est-ce que c'est elle qui vient me chercher pour une autre corvée? À moins qu'elle n'ait décidé, comme ça lui arrive souvent, de m'envoyer passer la nuit dans le poulailler. Elle sait que j'ai peur, la nuit, avec les poules. Je n'y peux rien, mais quand je me réveille et que je vois tous ces regards étranges autour de moi, ce n'est pas comme si je m'éveillais d'un cauchemar, mais bien au contraire comme si je tombais dedans.

— Tu as tout nettoyé? demande-t-elle dans l'obscurité.

— Oui, maman...

— Très bien; dors, maintenant.

C'est bien elle, ça: me réveiller pour me dire de dormir.

13

Il neige sur ce qu'ils ont appelé le Massif central. C'est la première fois de ma vie que je vois la neige et je suis heureux que, même s'ils sont encore douloureux, mes yeux puissent la voir. C'est très beau, la neige. C'est très pur, on dirait que ça nettoie tout, même l'âme. S'il n'y avait pas les Bastarache avec moi dans la voiture, ce serait le bonheur total.

Le Massif central aussi est beau. J'en avais entendu parler à l'école, en géo. On nous avait dit qu'il fallait retenir qu'il y avait des volcans, la chaîne des Puys, que le point culminant était le puy de Sancy à 1886 mètres, que les villes importantes étaient Saint-Étienne pour la sidérurgie et Clermont-Ferrand, où l'on fabrique les pneus Michelin; bref, des villes avec des noms composés, comme on les aime chez les Bastarache biologiques.

Mais ce qu'ils n'ont pas dit à l'école, c'est toute la magnifique nature qui entoure ces villes que je n'ai pas encore vues. Nous roulons à travers de petites prairies, mais à l'horizon se profilent de belles collines et des bois de sapins. Il y a des petits chemins qui s'enfoncent mystérieusement partout; j'ai l'impression que si ça va mal à la maison, je pourrai toujours m'enfuir dans ces collines boisées. Personne ne pourrait jamais m'y retrouver, j'y dénicherais bien une caverne où je pourrais faire du feu pour me tenir au chaud et où, la nuit, je jouerais du violon pour les étoiles. Oui, si elle veut que je reste à faire son ménage, la grosse est mieux de ne plus m'embêter.

Mais ça m'étonnerait que ce déménagement la change, parce que tout à l'heure elle a eu l'air bien soucieuse lorsque Laurent lui a dit qu'il ne croyait pas qu'il y ait une cave dans notre nouveau logement.

Pour moi, c'est parfait.

La ville est nichée au creux des collines et la magie s'efface. C'est à croire que l'homme ne devrait se mêler de rien et laisser la nature comme elle est. Des cheminées qui crachent de la fumée rousse, des toits gris, des grappes de H.L.M. un peu moins gris; pour tout dire, rien qui ne me mette la joie au cœur, mais plutôt une vague de tristesse. Qu'est-ce qu'il fait ici, Platini?

Chantale a l'air ravi, elle. Il fallait s'en douter!

Le nouveau logis se trouve juste à côté du foyer où va travailler Laurent. Chantale a déjà distribué de grands sourires au voisinage et annoncé que son mari dirigerait le foyer. Puis elle nous a présentés sans oublier de mentionner:

— Laetitia, qui vient de Calcutta: c'est Mère Teresa qui nous l'a envoyée; et voici Mathias, qui était un petit orphelin à Séoul; mais nous, vous savez, on les considère comme les autres, il n'y a pas de différence.

Le logis est très banal. Je dirais qu'il est à l'image de ce que j'ai pu voir de Saint-Étienne: tristounet. Je ne comprends pas pourquoi les gens s'arrangent pour que tout soit terne autour d'eux; on dirait qu'ils font exprès.

Il y a une pièce minuscule où se trouvent une cabine de douche, une petite fenêtre et le chauffe-eau.

— Ça, c'est chez toi, me déclare Chantale. Et ne

prends pas ça pour une récompense, c'est parce qu'il n'y a rien d'autre.

Je la regarde qui retire la poignée intérieure et je sais qu'il n'y a qu'elle qui pourra ouvrir la porte quand elle en aura envie. Pour le reste, c'est simple: c'est ma nouvelle prison.

— Tu peux faire connaissance avec ton nouvel environnement, dit-elle avec un mauvais sourire; plus tard, je vais t'apporter à manger.

— Pourquoi je ne peux pas manger avec vous autres?

— J'ai pas du tout envie que tu gâches notre premier repas à Saint-Étienne. C'est une nouvelle vie que nous commençons ici...

— Pas pour moi, on dirait...

— Qu'est-ce que tu viens de dire?

— Que ce n'était pas une nouvelle vie pour moi...

— Qu'est-ce qui te fait croire que tu en mériterais une? Tu as une âme de voyou et on te traite comme tel, c'est tout à fait normal. Et puis ça suffit, tu m'as assez fait perdre de temps. Pendant que tu es enfermé, il n'y a rien à craindre...

Elle vient de m'apporter une assiette de riz arrosé de vinaigrette. Elle me regarde manger avec appétit.

— C'est que tu as l'air d'aimer ça, dit-elle comme je termine mon assiette. C'était pourtant les restes de la salade de riz qu'on avait emmenée en voyage et dont plus personne ne voulait. C'est intéressant de savoir que tout ce qui ne sera plus bon pour les autres pourra toujours te faire plaisir... Bon, maintenant tu peux te coucher, on a besoin de se reposer.

— Où ça?

— Bien, là, dans la douche...

— Mais il n'y a même pas assez de place pour m'allonger!

— Qu'est-ce que tu veux que j'y fasse? Tu n'as qu'à te recroqueviller en chien de fusil. Tu n'as jamais appris, en histoire, que les prisonniers de Louis XI étaient enfermés dans des cages suspendues où ils ne pouvaient ni s'étendre ni s'allonger; alors de quoi tu te plains?

— Je ne suis pas un prisonnier!

— Ça va venir, il faut que tu t'habitues. Avec le caractère que tu as, tu finiras bien par te retrouver en prison.

Il me semble qu'il y a des heures que j'essaie de trouver une position pour dormir, mais rien à faire. Au bout de quelques minutes dans une position, des crampes me prennent dans les jambes ou des douleurs me contractent le cou. La nuit est tombée depuis longtemps et je peux voir par la fenêtre que ce n'est pas une belle nuit noire et limpide, mais une nuit lourde salie de rouille.

Je crois que c'est pire que dans la cave. Au moins, là-bas, je pouvais dormir sans avoir à me plier en trois, même si le fond de douche est plus doux et conserve mieux la chaleur que le ciment de la cave. Et puis j'avais mes copains, ma cachette avec mes affaires; que me reste-t-il maintenant?

J'ai dû m'endormir à l'aube. J'ai l'impression que ça fait quelques minutes.

— Debout! crie Chantale, tu ne crois pas que tu vas passer ta journée à dormir? Pour commencer tu vas prendre une douche, ça te lavera et ça lavera aussi les vêtements que tu as sur le dos.

— Tu veux que je me lave tout habillé?

— Oui, oui, tout habillé. Et juste avec de l'eau froide; inutile de gaspiller de l'eau chaude pour toi.

L'eau glacée tombe sur moi et je grelotte. Je crois

qu'elle est encore plus froide ici qu'en Normandie. J'ai savonné les vêtements que j'ai sur le dos, je suis rincé: je crois que je peux fermer le robinet.

— Non, non, pas encore, me dit Chantale. Il faut que tu te rinces comme il faut. Compte encore jusqu'à deux cents. Compte tout haut et bien clairement.

Je compte. J'ai l'impression que je dois être bleu de froid et que le sang a du mal à circuler dans mes veines.

— Arrête de te comporter comme une chochotte, me dit-elle. Comment crois-tu qu'ils font à l'armée quand il faut se laver dehors et qu'il fait moins quinze?

— C'est pas de ma faute s'ils sont fous...

Son coup m'atteint juste sur les gencives. Je vacille tandis que des gouttes de sang vont s'imprimer sur sa robe.

— Tiens! Ça t'apprendra à te moquer de ceux qui sont prêts à risquer leur vie pour leur patrie. Les dix frères et sœurs de Laurent sont presque tous dans l'Armée, ce sont tes oncles et tes tantes et tu vas les respecter; ils ont travaillé dur pour en être là où ils sont, pas comme toi, Monsieur le pacha... Et tu deviens dur! petit salopard, je me suis fait mal à la main... Et puis regarde ma robe, elle est tachée maintenant. C'est de ta faute: si tu ne m'énervais pas, ça n'arriverait pas. Tu vas la laver jusqu'à ce que ta saleté de sang disparaisse.

Lui faire mal, l'insulter, il n'y a que ça qui me traverse la tête. C'est sans réfléchir que je lui dis:

— Sais-tu ce que je voudrais, le sais-tu?

— Non, quoi?

— Que tu crèves! J'en rêve la nuit, le jour, tout le temps. J'en ai marre que tu bousilles ma vie!

Je n'y comprends rien, au lieu de me frapper elle me regarde avec un petit sourire.

— On dirait que tu commences à entrer dans l'adolescence, dit-elle. En plus d'être mauvais, paresseux et puant, tu entres dans l'âge bête... Et puis tu sais, tu peux bien penser ce que tu veux, mais n'oublie pas une chose: c'est que moi aussi je serais bien tranquille si tu pouvais crever; on ferait des économies et puis je serais moins grosse. C'est à cause de toi si je suis grosse, c'est les soucis que tu me donnes. Ça oui, tu peux crever...

Dans ma tête, je me répète que je ne lui ferai jamais ce plaisir. Je vais vivre, et en plus je serai heureux! Tellement heureux, qu'elle en aura des cauchemars!

***

Les semaines passent et je m'étonne que, si loin de la Normandie, les choses soient si peu différentes. À la maison, à l'école, dans les rues, c'est la même vie, la même tristesse monotone. La différence est qu'ici je n'ai pas encore réussi à me faire des vrais potes. Comme prévu, je suis le Nippon, une peau de banane, Mitsubishi ou M. Ming. Il y a même un amateur de Bob Morane qui m'appelle l'Ombre jaune. Mais il arrive bien à Chantale de m'appeler Chien jaune; alors...

À cause de la nouvelle «position sociale» de Laurent, Chantale reçoit assez souvent. Pour moi, même si je suis le délégué au service de table, c'est à chaque fois un répit, car alors je couche au-dessus de Paul-André dans le lit superposé.

À chaque fois les invités trouvent ça «merveilleux ce petit gars qui fait le service avec le sourire».

— Il est comme ça, dit Chantale. Depuis qu'il est avec nous, ce qu'il aime le plus, c'est rendre service.

— Mais il n'aimerait pas mieux manger avec nous? demande parfois l'un ou l'autre.

— Pensez-vous! Pour tout vous dire, c'est un drogué à la lecture, et pas n'importe quelle lecture: savez-vous qu'en ce moment il lit Soljenitsyne...

— Pas possible! À son âge?

— Il paraît que c'est fréquent, cette maturité intellectuelle, chez les Asiatiques... Au début, on lui a bien demandé s'il ne préférerait pas lire Jules Verne ou Alexandre Dumas, enfin des lectures plus de son âge; mais non: lui, ce qu'il veut, c'est poursuivre *Le pavillon des cancéreux* ou *L'archipel du goulag*. Comme ce ne sont pas des lectures ordurières, on ne se sent pas le droit de l'en empêcher, vous comprenez... Ce n'est pas comme s'il exigeait de lire les œuvres de Sade ou même d'Henry Miller...

Ce qu'elle se garde bien de leur dire, c'est que c'est elle qui m'impose ces lectures où je ne comprends absolument rien. Elle-même ne se donne pas la peine de les lire, ces livres beaucoup trop gros; elle se contente parfois de me demander ce qui s'est passé dans les pages que je dois lire obligatoirement chaque jour. Au début, j'essayais de raconter tant bien que mal, mais je me suis vite rendu compte que je pouvais inventer n'importe quoi et que ça passait comme une lettre à la poste. Alors j'invente du Soljenitsyne tous les jours. Ça ne doit pas être si mal, ce que je raconte, car elle a dit l'autre jour que ça paraissait vraiment intéressant et qu'il allait falloir qu'elle s'y mette. Mais je suis bien tranquille, c'est tellement ennuyeux qu'elle laissera tomber au bout de quelques pages. Elle ne s'est même pas rendu compte que j'ai inventé un personnage qui lui ressemble, sauf que lui c'est un homme qui enferme une petite fille moujik, qui lui pince les seins qu'elle n'a pas encore, et qui la bat quand elle ne fait pas le ménage. Chantale dit parfois:

— Quand est-ce qu'il va lui arriver quelque chose à celui-là! Ça ne se peut pas, des monstres pareils!

J'approuve du menton sans, bien sûr, lui avouer que je ne lui ai pas encore trouvé une mort qui me paraisse assez cruelle.

Sauf pour rapporter mes faits et gestes à sa mère, Paul-André m'ignore toujours autant. Il parade dans les rues dans les vêtements que ne cesse de lui acheter Chantale. Elle lui donne même de l'argent pour qu'il aille manger au restaurant. Il paraît qu'avec la nouvelle position de Laurent, ils ont un «standing» à entretenir à présent. Pour la même raison, Marie-Frédérique est partie en pension dans une belle institution et Laetitia à une école pour aveugles à Clermont-Ferrand. Dès qu'un invité arrive, il est toujours question de l'institut où étudie Marie-Frédérique:

— Ce n'est pas pour nous vanter, ce qui serait stupide, mais, vous savez, dans cet établissement, ils ne prennent que la crème de la crème. Et ça coûte les yeux de la tête... Enfin, il faut ce qu'il faut: une fois qu'on les a mis au monde, on doit s'en occuper, n'est-ce pas.

Anne-Céline, elle, reste toujours à la maison, même si elle est, paraît-il, encore plus douée que sa sœur. Elle prend de l'indépendance et tient souvent tête à sa mère qui n'ose rien lui reprocher, même si elle se lève à onze heures du matin et passe ses journées de congé en pyjama. Il faut dire qu'elle revient toujours avec des notes imbattables qui, elles aussi, sont exhibées pour ce qui doit être le plus grand ennui des invités.

Ce n'est pas le cas pour celles de Francis. Pour tout dire, je crois qu'il doit avoir un engrenage de sauté dans le cerveau. Ça ne paraît pas comme ça tout de suite, mais des fois on dirait qu'il a oublié de vieillir.

Nous sommes justement tous les deux dans la maison et, pour la première fois, il est venu me trouver, soi-disant pour jouer. Je me demande bien à quoi; d'habitude, ce n'est pas le genre à jouer.

— Ferme la porte, dit-il, ça va être secret...

— Quoi donc?

— Tu sais ce que je veux faire plus tard?

— Non, pas vraiment.

— Docteur. Je ne dis rien à personne, mais je m'entraîne souvent. J'étudie des livres à la bibliothèque. Ça te dirait de faire celui qui est mon patient?

— Bah, je ne sais pas...

— C'est rien, ça ne fait pas mal: je veux juste vérifier si je suis capable d'analyser les réflexes.

— Qu'est-ce qu'il faut faire?

— Rien, tu te déshabilles et tu t'allonges par terre; je vais tester tes réflexes avec ce petit maillet en caoutchouc. Comme fait le docteur quand il vient.

— Oui mais pourquoi tu veux que je me déshabille?

— Parce que j'ai besoin de voir les réactions musculaires partout sur ton corps. Mais si ça te gêne, pas de problèmes, moi aussi je me mets à poil: comme ça, tiens. Entre gars, il ne doit pas y avoir de gêne. Si tu m'aides, je te défendrai quand maman en aura après toi... Je t'aime bien, tu sais... C'est moi ton parrain, tu ne te rappelles pas?

C'est bien la première fois qu'il se montre gentil comme ça. Il commence par me tapoter les genoux avec son espèce de marteau; il me tapote partout, sort un stéthoscope qui fait plutôt jouet d'enfant, et commence à écouter ma respiration; puis il le pose sur mes testicules pour entendre ma circulation.

— Ça bat fort, là-dedans, dit-il. Tiens, essaie sur moi.

— T'as bien une grosse bite.

— Oh c'est normal. Toi aussi, quand tu auras dix-sept, ce sera pareil. Heu... Ça t'arrive jamais de durcir?

— Oui, des fois. C'est emmerdant.

— Oui, c'est vrai, c'est emmerdant. Tu sais comment faire passer ça?

— Non. Il y a un moyen?

— Certain qu'il y a un moyen! Tiens, regarde: prends ma queue entre tes doigts, comme ça. Bon, maintenant tu lèves et tu descends, là, de plus en plus vite: tu vas voir...

— J'aime pas ça, faire ça.

— Pourquoi? Tu veux que je te le fasse aussi?

— Non, c'est pas la peine.

— Mais si, laisse-toi faire, tu vas voir: ça fait du bien.

Je n'aime pas ce qu'il me fait faire, mais je ne sais pas comment le lui dire. Après tout, c'est bien la première fois qu'il est gentil avec moi.

Ça a l'air de lui faire plus de bien qu'à moi. Pour tout dire, ça me fait plutôt mal qu'autre chose, et puis je n'aime plus ça du tout parce que lui, il se tortille et il y a un jus écœurant qui lui sort de la bite. Pouah!

— Ça fait du bien, hein, dit-il.

— Ouais...

— À partir de maintenant, tu peux compter sur moi, je te défendrai. Je t'aime beaucoup, vraiment! Et toi?

— Oui, moi aussi.

— Il y autre chose, il ne faut pas dire à personne que je veux être docteur et que nous avons fait des expériences. C'est pas tout le monde qui comprendrait.

— Je le dirai pas.

Il se redresse et m'embrasse très fort sur une joue. Je me recule, je n'aime pas ça du tout.

— Ça ne va pas? demande-t-il.

— Si, si, sauf que...

— Sauf que quoi?

— J'aime pas trop qu'un gars m'embrasse comme ça. Une fille, ça me ferait rien, mais un gars...

— Les filles, c'est toutes des garces. Ne te laisse pas avoir par elles. Elles te *font gentil*, puis, dès que tu as le dos tourné, elles se foutent de toi.

De l'autre côté de la porte, on entend soudain la voix d'Anne-Céline qui demande s'il y a quelqu'un dans la maison.

Je vois Francis qui saute dans son pantalon et me fait signe de m'habiller en vitesse. Nous avons à peine fini quand elle cogne à la porte.

— Francis, tu es là?

— Oui, qu'est-ce qu'il y a?

— Rien de spécial, on vient de rentrer. Pourquoi la porte est fermée?

Il ouvre et elle paraît surprise de le trouver là avec moi. Je vois son regard qui fait le tour de la petite pièce comme à la recherche de quelque chose.

— Qu'est-ce que vous faisiez? demande-t-elle.

— On parlait, répond Francis.

— C'est la première fois que je vous vois ensemble.

— Bah! on était tout seuls dans la maison, c'est pour ça. Et puis, pourquoi toutes ces questions?

Elle a une petite grimace moqueuse.

— Arrange-toi pour que maman n'apprenne jamais ça, dit-elle.

— Quoi donc?

— Rien, rien du tout... Salut, les... copains.

Quelque part, je le savais depuis le début, mais il me semble que c'est seulement maintenant que je me rends compte que dans toute cette histoire j'ai été mené par le bout du nez. Je me sens sale et moche et je voudrais oublier. Je me dis qu'il est mieux de ne jamais recommencer ça.

***

J'ai mal au ventre! C'est la vraie guerre là-dedans! Je ne sais pas si c'est ce que j'ai mangé hier soir, mais je viens de me réveiller et il faudrait absolument que j'aille aux toilettes. Seulement la porte est fermée et il n'y a pas de poignée de mon côté. Tant pis, il va falloir que je réveille la maison, mais je n'ai pas le choix. C'est leur faute, aussi: ils n'ont qu'à pas m'enfermer.

— Maman!

Il me faut appeler plusieurs fois avant qu'elle n'arrive en traînant ses pantoufles sur le plancher. Je sautille sur place pour m'aider à supporter l'attente.

— Quoi? demande-t-elle; qu'est-ce qu'il y a, qu'est-ce que tu veux à cette heure-là?

— J'ai mal au ventre, il faut que j'aille aux toilettes tout de suite.

— Quoi! C'est pour ça que tu me réveilles. Tu ne pouvais pas t'arranger pour faire tes besoins hier soir?

— J'ai fait comme d'habitude; j'y peux rien, c'est venu comme ça...

— Très bien, tu vas y aller, mais ensuite, pour t'apprendre à nous déranger en plein sommeil, tu passeras la nuit perché sur le chauffe-eau. Bon sang! Il ne peut même pas nous laisser dormir...

J'ai toujours mal au ventre et je suis recroquevillé sur le chauffe-eau. Ici, la seule position pour essayer de se reposer, c'est de s'enrouler sur soi-même. Mais il ne faut pas dormir: au moindre mouvement de côté, je tomberais en bas avant de pouvoir me rattraper.

J'ai vu se lever l'aube grise. J'ai l'impression d'être un cadavre ambulant. Je vois arriver Chantale, vêtue de sa grosse robe de chambre.

— Tu as bien dormi, sur ton perchoir? demande-t-elle.

— J'ai pas pu dormir...

— C'est bien, comme ça tu ne nous réveilleras plus. Mais dis donc, au fait, toute cette histoire m'a fait penser à une chose: est-ce que des fois, la nuit, tu ne fais pas ta petite commission dans la bonde de la douche?

— Non, jamais!

— Pourtant, plusieurs fois j'ai trouvé que ça ne sentait pas bon dans ton cagibi...

— C'est pas de ma faute.

— Alors là, je crois que tu me mens effrontément. Tu sais ce qu'il va t'en coûter: tu me fais tout de suite deux cents pompes, et que ça saute!

— Mais je te dis que je n'ai pas fait pipi dans la douche!

— Quatre cents!

— Mais...

— Tu en veux davantage?

Malgré la douleur qui me tord le ventre depuis cette nuit, je commence à faire ce qu'elle m'a demandé en comptant tout haut, comme elle veut que ça se fasse. Je me sens vraiment mal, j'ai l'impression que je n'irai pas au bout de ces quatre cents pompes, je vais m'écrouler avant et tomber dans le cirage.

— J'en peux plus!

— Quoi! Mais qu'est-ce que ça veut dire, ces jérémiades? Pour qui me prends-tu? C'est un faiblard, en plus! Qu'est-ce qu'on va faire avec ça?

Anne-Céline est venue chercher un yaourt dans le frigidaire, elle me regarde comme si le spectacle que j'offrais l'ennuyait au plus haut point.

— Maman, pourquoi tu ne le mets pas dans un centre pour les têtes dures? demande-t-elle à sa mère.

— Ça non, alors! Ça lui ferait bien trop plaisir.

— Peut-être, mais au moins on aurait la paix. C'est plus vivable ici.

À croire que c'est moi le responsable de ces mots, Chantale m'envoie au derrière un coup de pied si violent que je vais me cogner le menton par terre.

— Tu nous fatigues! crie-t-elle. Fous le camp dans ton cagibi et que je ne te voie plus. Disparais!

***

Le temps passe, interminable, et j'ai faim. Très faim! Je regarde mes mains, mes bras et je réalise soudain que je suis très maigre.

— Il n'est pas gros, disent souvent les gens à Chantale.

Elle leur répond toujours que les Asiatiques ne le sont jamais. Mais j'ai beau en être un, là, en me voyant vraiment, j'ai peur.

Il n'y a presque plus rien de moi; si ça continue, je n'existerai plus. Un coup de vent, une maladie et hop! plus de Yong Sub, plus de Mathias, plus rien. Ça me fait très peur. Je veux vivre! Je veux savoir ce qu'il y a derrière tout ça, je ne veux pas mourir! À la radio j'entends des chansons qui parlent d'un autre monde, d'un monde où l'on s'aime, où il y a du soleil, des plages, des rues de lumière et des rires.

La faim me dévore; je voudrais crier, mais j'ai entendu Chantale qui s'en allait: il n'y a plus un bruit dans la maison. Comment est-ce que je pourrais sortir d'ici puisqu'elle a ôté la poignée?

Faisant encore une fois le tour de mon recoin,

j'aperçois, qui dépasse du bas du chauffe-eau, ce qui ne peut être que le manche d'un tournevis.

Oui, c'est bien un tournevis! Un petit tournevis qu'un plombier a dû perdre lors de l'installation. Je le tourne et retourne entre mes mains. Avec ça, je devrais pouvoir faire jouer le pêne de la porte et aller me chercher au moins un morceau de pain.

Est-ce que je dois risquer d'y aller maintenant, alors que Chantale peut revenir n'importe quand, ou est-ce que ce serait mieux d'attendre le creux de la nuit, lorsque je l'entends ronfler?

La faim est trop forte: tant pis, il faut que je mange. Ce serait vraiment un coup de déveine si elle arrivait le temps que je me précipite chercher un morceau.

La porte s'ouvre sans difficulté. Le silence est total. J'avance une jambe dans le couloir. La cuisine est là, devant moi. Je regarde partout pour voir ce que je pourrais emporter. Est-ce que j'ai le temps de prendre un peu de sucre? Un ou deux carrés, elle ne s'en rendrait pas compte. De toute façon, elle me croit enfermé dans mon coin; elle ne saurait pas que c'est moi et ne dirait pas un mot aux autres.

J'ai la main dans le sucrier, la voix d'Anne-Céline retentit dans mon dos. Zut! Je l'avais oubliée, celle-là.

— Qu'est-ce que tu voles dans le buffet, toi?

— Je vole rien, je prends juste un petit carré de sucre...

— Tu sais bien que tu n'as pas le droit. Et puis pourquoi tu dis un petit carré, puisqu'ils ont tous la même taille? Ça prouve bien que tu ne te sens pas dans ton droit. Retourne tout de suite dans ton trou et sois sûr que je vais le dire à maman que tu sors en cachette dans la cuisine quand elle n'est pas là. Elle va savoir d'où ça vient quand il manque quelque chose.

— Mais, j'ai faim, moi! Tu t'en fous, c'est pas toi...

— Tu n'as qu'à faire comme il faut et tu seras traité comme les autres.

— C'est quoi, faire comme il faut? Qu'est-ce que je ne fais pas que toi tu fais?

— Tu ne veux même pas faire partie de notre famille. Ça se sent, ça...

— Et pourquoi est-ce que je voudrais? Dis-moi pourquoi, donne-moi une bonne raison!

— Eh bien parce que, parce que papa et maman t'ont fait venir, c'est tout. Ça devrait suffire.

Que répondre à ça? Il vaut mieux que je retourne dans mon cagibi en espérant qu'elle ne dira rien. Mais je ne me fais pas d'illusions, c'est la première chose que Chantale saura en rentrant. Je demande quand même:

— Tu vas lui dire, à maman, que je suis sorti?

— Pourquoi je devrais lui mentir?

— Si elle ne te demande rien, tu ne lui mentiras pas. Si t'étais vraiment ma sœur, tu ne le lui dirais pas. Si c'était Paul-André qui avait pris un carré de sucre dans le buffet, tu ne l'aurais même pas remarqué, tu aurais trouvé ça tout à fait normal.

— Oh! tu m'énerves avec tes grandes histoires...

Dans le fond, puisque Chantale sera mise au courant, pourquoi se priver? Je prends un morceau de pain et du sucre avant de retourner m'enfermer. Il va falloir que je cache le tournevis comme il faut, je lui dirai que j'ai réussi à ouvrir la porte avec mes doigts. Quand il n'y a plus rien à perdre, pourquoi se priver?

***

Je m'attendais à ce que Chantale fasse irruption dans mon cagibi aussitôt qu'elle serait rentrée, mais ça n'a pas été le cas. Il est presque l'heure du souper et je la vois qui passe sa tête par la porte avec un sourire qui ne me plaît pas du tout.

— Il paraît que tu as faim, dit-elle, j'ai quelque chose pour toi...

Du pied, elle pousse une caisse vers moi. Avant même de savoir ce qu'il peut y avoir sous le papier journal qui la couvre, l'odeur me fait grimacer. Qu'est-ce qui peut sentir aussi mauvais?

Je soulève le papier et me rends compte que la caisse est remplie d'endives. Crues. Moisies. Juteuses. Baignant dans le liquide de leur décomposition. L'odeur est vraiment terrible. J'ai envie de vomir.

— C'est pour quoi faire?

— Pour te nourrir, me répond-elle. Les endives, c'est plein de fer et de vitamines. C'est très bon pour toi. Tu n'auras rien d'autre à manger tant que tu n'auras pas fini cette caisse...

— Mais!

— Quoi, mais? Tu ne vas pas encore faire le difficile, j'espère. Manges-en une devant moi, que je voie si tu ne grimaces pas trop.

— Je ne peux pas!

— Ah tu ne peux pas... Eh bien, c'est ce qu'on va voir...

Elle s'approche de moi, pose sa main sur ma tête comme une grosse pince pour l'immobiliser et, de son autre, elle approche une endive dégoulinante de mes lèvres que je tiens scellées.

— Ouvre ta gueule! se fâche-t-elle.

Je secoue la tête, elle me répond par un coup de genou dans le flanc de la cuisse. J'ouvre la bouche pour crier, elle en profite pour y enfourner la moitié de l'endive.

— Bouffe! me commande-t-elle. Bouffe et ne t'avise surtout pas d'en recracher, sinon...

Avec l'impression affreuse que je suis en train de me salir le dedans, je déglutis cette première bouchée.

— Encore! insiste-t-elle. Plus vite, je n'ai pas toute la soirée. Tu ne te rends pas compte qu'il y a des petits Africains qui seraient contents d'avoir ça à manger. Pour qui tu te prends, toi?

Je ne sais pas comment, je réussis à avaler une autre bouchée. Le goût est infect.

— Bon: je te laisse à ton repas, dit-elle; il faut aussi que je prépare le repas des autres. Sais-tu ce qu'il y a à table, ce soir? Je fais du poulet rôti avec des patates frites... Des vraies patates frites cuites dans de l'huile de maïs... Comme dessert, il y aura des langues de chat de l'Alsacienne. C'est très bon, les langues de chat... Tu vois ce que tu manques!

Je ne sais pas trop si c'est la peine ou le dégoût, j'ai les yeux pleins de larmes. Je me détourne pour ne pas lui donner le plaisir de me voir comme ça. J'ai une question qui me brûle les lèvres:

— Pourquoi tu ne me traites pas comme les autres?

— Pourquoi! Tu oses poser la question! Tu ne sais donc pas la réponse?

— Non...

— Eh bien c'est très simple: tu es de la graine de voyou et il s'agit de t'éduquer en espérant quand même que tu n'en deviennes pas un. Mais, moi, j'ai plutôt l'impression qu'on se donne du mal pour rien: tu es irrécupérable. Tu as dû venir au monde avec une tare congénitale. Bon, maintenant tu manges tes endives et tu me fiches la paix. Quand tu auras fini cette caisse, on verra si on peut te donner autre chose...

Je n'ai pas mangé les endives. Au milieu de la nuit j'ai ressorti mon tournevis et j'ai démonté la bonde de la douche pour y enfouir toutes les endives les unes derrière les autres. Elles sont assez molles qu'en m'aidant avec le manche du tournevis, j'ai réussi à toutes les faire passer dans le tuyau. Je ne savais pas que, pour la première fois depuis que nous sommes à Saint-Étienne, Laurent voudrait justement prendre sa douche ici, parce qu'Anne-Céline n'en finit pas de se pomponner dans la grande salle de bains.

— Je vais essayer cette douche-là, pour une fois, vient-il de dire. Inutile de t'en aller, tu vas voir comment ça se lave, un homme. Il ne faut pas avoir peur de savonner.

Un instant, j'ai une mauvaise impression et j'ai peur que ça fasse comme l'autre jour avec Francis; mais non, il rentre dans la douche, ouvre l'eau et commence à se savonner.

— Tu vois, dit-il, je savonne sous les bras, dans le cou, je n'attends pas d'être gris... Bordel! pourquoi est-ce que cette flotte-là ne s'en va pas?

Je vois l'eau savonneuse qui a envahi tout le fond de la douche. Évidemment, je pense aux endives dans le tuyau, mais je ne dis rien.

— Merde de merde! crie-t-il, ils ont loué ça avec la douche bouchée. Quelle chierie! Je vais aller finir dans l'autre salle de bains.

Je le vois qui ferme l'eau, s'enroule d'une serviette et quitte la pièce, pas content du tout.

— Appelle le plombier, crie-t-il dans le couloir à l'adresse de Chantale. Et dis-lui que ça presse. Bordel, on peut même pas se doucher en paix; toujours quelque chose qui ne va pas... Eh, toi, Anne, as-tu fini de te tartiner là-dedans? j'ai besoin de la place.

Le plombier est là, il a amené avec lui une espèce de grand ressort très long avec une poignée. Il explique que ça travaille un peu sur le principe d'une vis sans fin et que ça devrait ramener ce qui bouche.

— Les douches c'est plus rare, raconte-t-il pour le bénéfice de Chantale et Laurent qui surveillent les opérations; d'habitude ce sont les éviers de cuisine ou les cabinets. Les éviers c'est souvent du gras accumulé, les cabinets c'est surtout des serviettes hygiéniques ou encore des capotes. Les capotes, il faudrait dire aux gens de les mettre à la poubelle... Bon sang! ça m'a l'air sérieux ici...

— On a emménagé il n'y a pas longtemps, veut se disculper Chantale, et c'est la première fois qu'on essaie de se doucher ici...

— Mais qu'est-ce qu'il y a là-dedans! s'étonne le plombier en commençant à remonter de la bouillie d'endive. J'ai encore jamais vu ça de me vie, on dirait... je ne sais pas, de la salade ou plutôt non, des endives. Oui, ça ressemble pas mal à des endives, mais qu'est-ce que ça peut bien foutre là-dedans? Les endives ne poussent pas dans la plomberie, que je sache... Merde, alors! ça c'est une première...

Laurent n'a pas l'air de comprendre et Chantale ne dit rien. Elle m'a juste lancé un œil qui ne me dit rien qui vaille sur ce qui va suivre quand le plombier sera reparti.

— Est-ce que ça peut venir d'un reflux? demande Laurent.

— Impossible! assure le plombier. Des endives ne peuvent pas remonter dans le siphon.

— Alors comment elles peuvent se retrouver là?

— Aucune idée... peut-être un mauvais tour qu'ont voulu vous jouer les anciens locataires. Il y a toutes sortes de monde sur cette terre, quoique se donner du mal à remplir des tuyaux avec des endives, et au prix que ça coûte...

Il a fini par déboucher complètement le tuyau et le magma d'endives est dans un grand sac en plastique. Ils lui ont offert un petit verre de Calva en précisant qu'ils l'avaient acheté directement chez un bouilleur en Normandie, puis il est parti en leur assurant qu'il aurait quelque chose à raconter en rentrant chez lui.

— C'est quand même une histoire incroyable, dit Laurent. Je n'en reviens pas...

— J'ai rien dit quand le plombier était là, mais je sais exactement ce qui s'est passé, laisse tomber Chantale sans rien ajouter.

— Qu'est-ce que tu veux dire?

— Je veux dire que les anciens locataires n'y sont pour rien. J'aurais préféré, mais non, ils n'ont rien à voir là-dedans... Si tu veux tout savoir, ces endives, c'est moi qui en ai acheté une caisse au marché l'autre jour parce qu'elles étaient à un bon prix. Je les avais placées dans la petite salle de bains en attendant. Je comptais faire plusieurs plats d'endives au jambon et à la béchamel et j'en aurais congelé pour les jours où on n'a pas le temps de préparer un repas...

— Mais alors, comment elle se sont retrouvées dans le tuyau de la douche, ces foutues endives?

— J'ai bien l'impression qu'il faut le demander à Mathias.

Les yeux presque sortis de la tête, Laurent se tourne vers moi.

— C'est toi qui as fait ça? Tu as foutu les endives dans le renvoi de la douche?

— Bah...

— Merde! c'est toi ou c'est pas toi?

— C'est moi, mais ça ne s'est pas passé comme ça...

— Comment alors? Comment!

Je cherche une bonne explication, mais je ne trouve rien. Ma tête est absolument vide. Je suis encore sous le choc d'avoir entendu les explications de Chantale. Je savais qu'elle racontait parfois des histoires, mais là elle a menti à son mari et en plus elle sait très bien que je le sais. C'est la preuve qu'elle me veut du mal. J'avais voulu croire qu'elle était trop sévère, mais maintenant je suis bien obligé de me rendre à l'évidence: elle veut me faire du mal pour le plaisir, c'est tout.

— Il y avait des vers dans les endives, dis-je à Laurent. Beaucoup de vers: ça grouillait et j'avais peur qu'ils se répandent partout.

— Et pourquoi tu ne nous l'as pas dit au lieu de boucher le tuyau? Mais, ma parole, cet enfant-là est complètement cinglé! Ça ne tourne pas rond, là-dedans!

— Tu ne vas pas croire son histoire abracadabrante, dit Chantale. Elles étaient parfaites, ces endives. Je crois que ce qu'il y a, c'est tout simplement que monsieur n'aime pas les endives et qu'il a voulu s'en débarrasser. Il y en avait toute une caisse, tu te rends compte...

— C'est ça? Ne me dis pas que c'est vraiment ça! me hurle Laurent aux oreilles. Mais retenez-moi! Retenez-moi, je vais l'étriper, je vais...

— Calme-toi, Laurent, calme-toi, je vais m'en occuper... Je sais ce que ça lui prend; ne va pas te mettre dans tous tes états pour lui, il n'en vaut vraiment pas la peine.

Laurent a baissé les bras et il est parti vers le salon comme un automate. J'ai presque honte pour lui.

— Tu as voulu encore jouer au plus fort, me dit-elle, eh bien cette fois tu vas t'en rappeler. Je te promets que tu vas t'en rappeler toute ta vie...

Elle m'a bloqué la tête sous son bras gauche, elle me fait avancer vers la douche où se trouve encore le sac en plastique d'où elle sort une bouillie d'endives marquées de traces noires, d'eau savonneuse et de cheveux.

Elle m'en remplit la bouche; je veux régurgiter, mais ce n'est pas possible. Chaque fois que j'entrouvre les lèvres, elle en rajoute. J'étouffe, je veux me débattre pour me sortir de là, mais elle est beaucoup plus forte que moi.

C'est trop infect! D'un bond, je réussis à me dégager, mais elle me rattrape contre le chauffe-eau sur lequel elle me cogne de toutes ses forces. Je vois le tournevis qui tombe par terre.

— Ah! c'est donc avec ça... dit-elle. Tu l'avais caché, hein!

Elle commence à me taper sur la tête avec le manche. J'essaie de me protéger avec les mains, mais elle tape encore plus fort.

— Arrête! dis-je.

— Comment ça, arrête! Qu'est-ce que ça veut dire, ça? Hein, hein? Et ça, est-ce que c'est mieux...

Maintenant, elle me rentre la pointe du tournevis un peu partout dans les bras, les fesses et les cuisses. Je crie très fort. Du salon, la voix de Laurent demande si ça va.

— Ça va très bien, répond-elle. Tu sais comment il est, il faut toujours qu'il en remette. T'en fais pas, je ne vais pas le tuer, même si ce serait un sacré débarras...

Je cherche à parer les coups. Elle m'attrape une main par le pouce, se fâche parce que je ne me laisse pas faire, et tire très fort mon doigt par en arrière. J'essaie de résister, mais elle s'énerve encore plus. Il y a un craquement, je pousse un hurlement: elle m'a cassé le pouce!

Je hurle toujours en sautillant sur place.

— Quoi, quoi? demande-t-elle. Pourquoi est-ce que tu te débattais pendant que je te corrigeais? C'est de ta faute tout ça! Entièrement de ta faute... Tu es content, là!

Mon pouce est resté coincé vers l'arrière. Elle s'en aperçoit et il faut croire que ça la calme.

— Tu n'as qu'à essayer de le replacer, dit-elle. Maintenant tu restes là-dedans, et je ne veux plus entendre parler de toi avant demain. Tu m'as compris? Pas un mot, pas un ouf. Tout ce que tu as le droit de faire, c'est de replacer ton pouce sans te plaindre. Si je t'entends, l'autre pouce y passera, et si ça ne suffit pas, on trouvera bien autre chose...

Elle me laisse dans le noir et je vais me blottir dans un coin en serrant les dents pour ne pas crier. J'ai l'impression d'être comme le hangar abandonné pas très loin d'ici: une ruine. Oui, j'ai vraiment l'impression d'être complètement abîmé; je ne pourrai plus jamais être rien de bon. La douleur voudrait me faire crier, mais même ça, je n'en ai pas le droit. On dirait que quand on ne peut pas crier, ça fait encore plus mal. Pourquoi est-ce que je ne suis pas resté dans les rues désertes quand j'en ai eu l'occasion? Je serais peut-être en Afrique maintenant, au moins au Maroc...

À l'école je dois me battre souvent pour me faire respecter, mais je me suis fait copain avec une fille qui vient du Maroc. Elle m'a expliqué où c'était, comment c'était, et elle me donne souvent des bananes pour que je me remplume, comme elle dit.

Au Maroc, il paraît qu'il y a tout le temps du soleil. On n'y est pas riche, mais on n'y est pas malheureux. Elle dit que là-bas les familles sont plus unies qu'ici. Que les jeunes respectent les vieux, que les vieux ne vivent pas dans des asiles, et là-bas, elle n'a jamais entendu dire qu'une femme faisait du mal à son fils. Il y a aussi la mer et l'eau y est bonne à longueur d'année. La seule chose que je n'ai pas comprise, c'est pourquoi ma copine était à Saint-Étienne. En tout cas, je l'aime bien. Et je suis sûr que demain mon pouce me fera moins mal quand elle va le voir et qu'elle s'apercevra qu'il n'est vraiment pas normal. Ça ne lui fera pas plaisir, à elle.

***

Je ne vais pas à l'école, ce matin. Chantale a décidé que mon pouce valait une visite chez le docteur.

— Et combien ça va coûter? me demande-t-elle, comme si je ne savais pas qu'il y a la Sécurité sociale. As-tu une idée de ce que ça va encore coûter, une visite chez le docteur? En plus du plombier, du panier d'endives... Tu peux dire que tu nous coûtes la peau des fesses. Et ne t'en va pas dire au docteur comment c'est arrivé avec ton pouce. Tu lui diras que tu es mal tombé en courant, tu m'as compris?

— Oui...

— Si tu lui dis autre chose, je te jure que ce que tu as eu hier soir, c'est de la petite bière à côté de ce que je te réserve. Alors, qu'est-ce que tu vas lui dire?

— Que je suis tombé parce que je courais trop vite.

— Non, ça ne va pas; tu lui diras: «Je courais vite dans la rue, je n'ai pas vu la marche du trottoir et je suis tombé.» Tu as compris?

— Oui, mais il va bien voir que je n'ai pas la main éraflée. Quand on tombe, on se blesse.

— C'est vrai, ça... Eh bien, tu lui diras qu'en plus tu as déchiré les beaux gants de cuir que t'a offerts ta mamy. Tu sauras lui dire ça?

— Je vais essayer...

— Je te conseille surtout de réussir...

— Ça ne fait rien de mentir comme ça, tout le temps?

277

— T'en veux une? T'en veux vraiment une? Tu n'as pas remarqué que dans la vie il y avait des hiérarchies? D'abord et avant tout, un enfant doit le respect à sa mère. Alors si c'est pour ne pas mettre celle-ci dans l'embarras, oui, tu peux mentir. Non! mieux, tu dois mentir. La seule personne à qui tu dois toujours dire la vérité quoi qu'il arrive, c'est moi.

***

Elle est là, à proximité; j'entends sa respiration et je sens son odeur de sueur. Il doit pourtant être autour de minuit. Je fais comme si je dormais profondément et j'essaie de respirer le plus calmement possible.

Une douleur vive dans les côtes. Elle vient de me donner un coup de pied.

— Ne fais pas semblant de dormir, ça ne prend pas avec moi.

— Je... Je... Quoi?

— Qu'est-ce que tu fiches avec toutes ces serviettes sur toi?

— J'avais un peu froid...

— Un peu froid... Mais qu'est-ce que tu peux être douillette, une vraie femmelette. On va t'appeler Mathiasine...

Je n'ose pas lui demander ce qu'elle fait ici ni pourquoi elle vient me donner des coups de pied au milieu de la nuit. Il faut agir comme si c'était tout à fait normal.

— Tu es mieux de te tenir tranquille, dit-elle sans que j'en comprenne les raisons.

Je l'entends qui s'éloigne, puis la porte se referme. Qu'est-ce qui lui a pris de venir me donner un coup de pied au milieu de la nuit? Je soupire très fort et marmonne une vulgarité.

De nouveau un froissement derrière moi. Qu'est-ce que c'est? Pourtant, je l'ai bien entendue partir, il ne peut plus y avoir personne ici. Le cœur battant à tout rompre, je me retourne et, saisi de terreur, je l'aperçois, là, qui se découpe, toute noire dans les ténèbres grises, debout sur ses deux énormes jambes, immobile.

Pourquoi est-ce qu'elle a fait semblant de partir? Elle a dû faire exprès de faire du bruit en allant jusqu'à la porte et elle est revenue tout doucement. Qu'est-ce qu'elle s'imagine que je fais durant la nuit? Est-ce qu'elle m'épiait comme ça dans la cave à Grand-Couronne?

— C'est moi que tu regardes comme ça? demande-t-elle comme si c'était un crime. Je t'ai déjà dit que je ne voulais pas que tu me regardes comme ça.

Mais avant que je puisse répondre qu'il fait nuit, que la lumière n'est pas allumée et qu'elle ne peut savoir comment je la regarde, elle m'appuie ses deux pouces sur les paupières. Elle appuie très fort!

Ça fait mal! Il y a des lumières violentes qui s'entrechoquent derrière mes paupières. Je voudrais hurler, mais je me retiens: je sais trop bien que cela l'énerverait davantage. Il ne faut pas qu'elle me crève les yeux! Je veux voir!

La terreur de ne plus voir se joint à l'affreuse douleur. Que faut-il faire pour qu'elle arrête? Je ne sais pas, aidez-moi! Aidez-moi!

— La prochaine fois que tu me regardes avec les yeux comme des fusils, dit-elle, je n'arrêterai pas... Tu sais, quand on appuie trop fort sur les globes oculaires, ça fait flop, ça coule et il n'y a plus rien: que deux trous noirs... Penses-y bien, à l'avenir, quand tu lèveras le regard sur moi.

Elle s'en va, mais la douleur demeure infernale. Je

n'ai qu'une envie: pleurer. Pleurer jusqu'à ce que mon chagrin engloutisse tout et qu'il ne reste rien.

***

Je suis dans un taxi avec Chantale, en route pour consulter un psychologue.

J'ai demandé pourquoi, elle m'a répondu que c'était parce que j'étais un fou, un caractériel.

— Comment tu le sais, puisqu'on n'a pas encore vu le psy?

— N'importe qui le saurait...

— Qu'est-ce que c'est, un caractériel?

— Une personne à problèmes, un paquet d'ennuis... Tu as onze ans et tu représentes autant d'années de tracasseries.

Je n'aime pas le psy. Il est du même style que Chantale. Il l'écoute, elle, et moi il me regarde comme un insecte.

— Fais-nous un dessin, demande-t-il.

Je dessine la maison que nous habitons; devant, je place une grosse femme sans visage.

— Où est ta chambre, dans cette maison? me demande-t-il. Montre-moi.

— Ma chambre, on ne peut pas la voir...

— Pourquoi?

— Parce que...

— Parce que quoi?

— Parce qu'elle est en arrière...

— Ah, je vois... Et tu l'aimes, ta chambre?

Chantale s'interpose vivement:

— Je ne vois pas comment il pourrait faire pour ne pas l'aimer, il est le seul de la famille qui ait son lavabo et sa douche dans sa chambre.

Le psy semble approuver.

— Bien dis donc, tu es chanceux, tu ne trouves pas?

— Bah...

— Réponds au docteur, m'ordonne Chantale. Comment veux-tu qu'il trouve ton problème si tu ne lui réponds pas?

— Oui, oui, je suis chanceux.

Il approuve avec le sourire.

— Sais-tu pourquoi tu es ici? me demande-t-il.

— Non, enfin je crois que c'est pour mon eczéma...

— Oui, ta maman me dit que tu n'arrêtes pas de te gratter la tête. Je me demande s'il n'y a pas quelque chose qui t'ennuie dans la vie. As-tu un souci particulier? Avec tes copains, est-ce que ça va bien à l'école?

— Oui, ça va bien à l'école...

— Tu es heureux, alors?

— Oui.

Il regarde Chantale d'un air entendu. J'ai l'impression qu'elle est carrément venue chercher son approbation. Si ç'avait été une visite sérieuse, est-ce que je n'aurais pas dû être seul avec lui! Mon gros problème, c'est Chantale, mais comment le dire devant elle en sachant qu'on va se retrouver tous les deux ensuite? Tout ça est ridicule, il a dû avoir son diplôme de psy dans une pochette-surprise.

— Tu peux aller dans la salle d'attente, me dit-il, il faut que je parle à ta maman.

Ma *maman*! ça me choque d'entendre ça. C'est une insulte pour ma vraie mère.

Je n'ai pas revu le docteur et je me suis retrouvé dans le taxi avec Chantale.

— C'est bien ce que je pensais... balbutie-t-elle comme nous débarquons sur le trottoir, en face de la maison. Il m'a parlé, tu sais...

— Oui, maman.

— Savais-tu qu'un vrai fou ne sait pas qu'il est fou? Est-ce que tu savais ça?

— Non, maman.

— Moi je le savais, j'ai déjà été éducatrice spécialisée. Rien ne m'échappe... Est-ce que tu sais que tu es fou?

— Non, maman.

— Eh bien, maintenant tu le sais. Tu vois, tu es un vrai fou. Bravo! Ça fait honneur à la famille. Sais-tu ce qu'il m'a dit, le spécialiste?

— Que j'étais fou?

— Oui, mais il a aussi ajouté que plus tard tu ne pourras rien faire, que tu n'es qu'un bon à rien et que, dans le meilleur des cas, si tu ne te retrouves pas en prison, tu seras un clochard. Ah là, là! Mais qu'est-ce qu'on va faire de toi? Une chose est sûre: dès que tu auras l'âge, il va falloir que tu te fasses émanciper et que tu reprennes ton ancien nom. Tu ne peux pas salir le nom des Bastarache comme ça toute ta vie.

— Moi, ça m'est égal de reprendre mon nom tout de suite...

— Et tu oses te montrer impertinent! Ah tu vas voir! Dès demain, je vais te prendre sérieusement en main. Ce sera la dernière chance de faire quelqu'un de toi et je te jure que je ne vais pas lésiner sur les moyens. Et dis-toi bien que je ne le fais pas pour toi, je le fais juste pour l'amour du bon Dieu.

Je me tais. Je sais qu'elle vient encore de se trouver des *bonnes raisons* pour me faire mal. Il lui en faut, car elle a pris goût à ma souffrance. Je le vois dans les yeux qu'elle pose sur moi: ils brillent d'un désir mauvais. Quand elle me regarde, ce n'est pas moi qu'elle observe, c'est la chose avec laquelle elle peut faire tout ce qui ailleurs est interdit.

Ce que je me demande, c'est ce qu'elle me réserve

qui puisse être pire qu'avant. Si ça continue, elle va finir par me tuer. Je la vois déjà racontant aux policiers que j'étais le diable incarné et qu'à cause de sa bonté elle n'a pas pu supporter le mal que je représentais. Non, il faut que j'évite de la mettre en colère, je veux vivre. Je suis sûr que derrière la maison Bastarache, il se cache une autre vie beaucoup plus belle. Je le sais, Omer me l'a appris.

Omer... Il est mort maintenant. Quand c'est arrivé, à la maison, ils ont tous pris ça comme une nouvelle ordinaire du journal télévisé. Durant un instant, ils ont eu un petit air contrit comme pour l'annonce d'un tremblement de terre au Mexique ou d'une inondation au Bangladesh, et puis, l'âme en paix, satisfaits de leur minute de recueillement, ils sont passés à autre chose.

Dans le fond, elle a peut-être raison de dire que je suis fou, si être fou c'est bien ne pas être comme tout le monde. Mais ce qui me console, c'est qu'Omer aussi devait l'être, et des gens comme Mère Teresa ou Gandhi, ou même Houdini. Oui, un jour, quand je partirai de la maison Bastarache, je serai comme ces gens-là! Un vrai fou!

***

À l'école, il a fallu plusieurs fois que je rentre dans le lard de plusieurs qui avaient entrepris, comme au début à Grand-Couronne, de me donner toutes sortes de noms. Ceci dit, je me suis fait des copains et des copines. Surtout Aliya, la Marocaine qui me donne tout le temps des bananes et aussi des oranges qui, dans la bouche, explosent de saveur tant elles sont bonnes et juteuses.

Je ne sais pas pourquoi, la plupart de mes amis sont du Maghreb. Ça ne fait pas l'affaire de Chantale.

Paul-André lui a dit que je me tenais tout le temps avec des Arabes.

Comme à Grand-Couronne, les heures à l'école sont une cure de repos, mais ce qui s'y passe est rapporté fidèlement par Paul-André. Il faut toujours que je me méfie de faire ce qui, dans les autres familles, ne constitue pas une faute.

— Je ne veux pas que tu restes avec les Arabes, me dit Chantale. Je ne suis pas raciste, mais il faut bien voir les choses en face: dès qu'il y a une voiture volée, c'est eux; dès qu'on entend parler d'un vol, c'est eux; une bagarre dans un café ou dans la rue, c'est encore eux; du trafic, du recel, de la drogue, des couteaux dans le dos, c'est toujours eux. Il n'y a pas à en sortir, ils sont dans tous les mauvais coups. Ça ne m'étonne pas du tout que tu aimes leur compagnie; qui se ressemble s'assemble. Mais tu vas me faire le plaisir de mieux choisir tes fréquentations. Les Algériens, ils travaillent ici, en France, et ils envoient tout l'argent qu'ils gagnent dans leur pays. C'est de l'argent de perdu pour nous. Ils ne sont pas capables de parler français en plus, sans compter qu'ils ne se convertissent pas à la religion de notre pays. Ils trouvent ça bien, la France, mais est-ce qu'ils se sont demandé une seule fois si ce serait aussi bien si c'était un pays musulman? On a beau dire, c'est juste dans les pays chrétiens qu'on vit à peu près bien.

Je ne l'ai pas écoutée et c'est avec eux que j'ai fumé mon premier joint. Ça c'est quelque chose! Après tout ce qu'elle me fait subir à la maison, quelle liberté de penser qu'il suffit de deux ou trois taffes pour partir et rire de tout ça! Deux ou trois taffes et, pour la première fois depuis mes vacances avec Omer, je me sens un peu libre. Mon corps ne l'est pas, mais mon esprit se détache.

L'autre jour, plutôt que d'aller au cours de judo où elle m'a inscrit après s'être demandé si, en tant qu'Asiatique, je ne pourrais pas me montrer bon là-dedans et, qui sait, gagner des compétitions qui feraient honneur à la famille, je suis allé chez mon copain Éli. Lui il n'est pas plus vieux que moi, mais, à mon avis, il représente la liberté. Une drôle de liberté, mais la liberté quand même. Son frère est en prison pour le vol d'une voiture qu'il a été revendre en Italie, et chez eux, avec ses autres frères et sœurs, tout le monde fume des «tarpets», écrasés dans le sofa du salon. Ce jour-là, Éli a carrément déballé tout un gramme de hasch qu'il a fait brûler dans un saladier en verre au-dessus duquel on a aspiré la fumée joyeuse avec des pailles. Je suis rentré à la maison avec les paupières lourdes, mais j'avais un scénario en tête si jamais elle me posait des questions. Ma défense aurait été que j'avais pris toute une volée au judo.

Le lendemain, je devais être encore *stone*, la prof a demandé qu'on ramène des dattes, et c'est tout ce que j'avais retenu. J'ai donc apporté des dates inscrites sur des couvercles de pot de yaourt plutôt que des fruits destinés à confectionner un gâteau. Tout le monde a trouvé ça drôle et j'en étais bien content. J'aime quand je peux faire rire les autres. Je sais que ça ne porte pas chance, mais je vois du bonheur dans le rire et je ne peux pas me passer de le provoquer quand j'en ai la chance.

En ce moment même, par contre, Chantale et moi, on ne rit pas. Elle tient dans ses mains le petit miroir serti de coquillages que j'ai préparé à son intention pour la fête des mères. J'ignore pourquoi, elle a l'air vraiment furieuse.

Sans comprendre, je la vois qui lève le bras, puis elle jette mon cadeau par terre où il explose en une multitude d'éclats de verre et de coquillage.

— Je n'en veux pas de ton cadeau hypocrite! hurle-t-elle. Je ne veux rien d'un salopard comme toi: juste de l'obéissance et du respect. Rien d'autre, tu m'as compris!

Les coups pleuvent. Je les pare comme je peux, mais elle me fait mal.

— Et puis tu n'iras plus à l'école! crie-t-elle. De toute manière, ça ne sert à rien vu que tu n'y fous rien. À la place, tu vas plutôt faire du ménage dans la maison, ce sera beaucoup plus utile.

— Non! je veux aller à l'école, je veux y aller, c'est mon droit!

— Je vais t'en faire, moi, des droits. Tu feras ce que je vais te dire; un point c'est tout. Ton droit... Où est-ce que tu as vu qu'un gamin de onze ans, de la graine de criminel, un brouillon de famille, avait des droits!

Dans ma tête, au-delà des coups, je vois s'écrouler tout ce petit univers parallèle que je réussis, une ou deux heures par semaine, à arracher à l'emploi du temps serré qu'elle m'impose. Fini cet univers peuplé de mes amis, de musique et de rire. De nouveau, elle va m'imposer toutes ses lubies vingt-quatre heures sur vingt-quatre.

***

Je suis en train d'étendre du linge sur la corde, dehors, et je viens d'apercevoir Aliya. J'ai honte, parce que, depuis que Chantale me garde à la maison, elle me fait habiller comme l'as de pique.

— Salut, me dit mon amie.

— Salut...

— Je croyais que tu étais malade? À l'école on a dit que tu étais très malade, et je te vois dehors, à peine habillé, en train d'étendre du linge?

— Oh, ça va mieux...

— Alors tu vas bientôt revenir?

— Je ne sais pas...

Je voudrais bien lui en dire plus, lui raconter tout ce qui m'arrive, mais je viens d'apercevoir Chantale à la fenêtre de sa chambre qui nous observe en fronçant les sourcils.

— Il faut que je rentre, dis-je.

— Oh! On parlera une autre fois, alors?

— Oui, une autre fois. Il faut que j'y aille, ma mère m'attend.

— Bon, bah! salut. Je vais dire aux autres que tu vas mieux. On était un peu inquiets.

Je ne comprends pas pourquoi je rentre. Je voudrais tout dire à Aliya, je voudrais partir avec elle pour l'école, en riant, comme tout le monde. Mais non, je ne fais rien; pire même: sans trop lui renvoyer son salut, je rentre à la maison, la tête basse. Est-ce que je suis un lâche?

— Qui c'était, celle-là? me demande Chantale.

— Une fille de ma classe...

— Qu'est-ce qu'elle voulait?

— Savoir si j'allais mieux. Il paraît qu'à l'école tout le monde me croit malade.

— Ce qu'ils ne savent pas, c'est que tu es malade de la tête... À l'avenir, si tu l'aperçois, je veux que tu rentres tout de suite, tu m'as compris?

— Oui, maman.

— C'est encore une Arabe, hein?

— Oui, maman.

— C'est bien ce que je pensais... Tiens, fais-moi deux cents pompes.

— Mais pourquoi?

— Quatre cents, puisque tu insistes. Et il n'y a pas de changement: si j'en aperçois une qui est mal exécutée, tu recommences à zéro.

Elle vient de m'appeler depuis la salle de bains. Je ne sais pas ce qu'elle veut, mais c'est une occasion de se redresser. La porte est entrouverte, je la pousse.

— Oui, maman... Oh!

— Quoi! Mais qui t'a demandé de venir? Je voulais juste savoir ce que tu faisais. Non, maintenant que c'est fait, ce n'est plus la peine de partir; de toute façon, il faudra bien que tu saches un jour ce que c'est qu'une femme à poil. Eh bien, tu vois, c'est comme ça...

Je ne sais pas où regarder. Au bas de son ventre, au milieu de toute cette peau trop blême, ce gros triangle gris-noir me dérange. Ce n'est pas du tout comme sur les photos que m'a montrées Éli. Je voudrais retourner à mes pompes.

— Pourquoi tu regardes ailleurs? Tu n'as même pas le courage de faire face aux choses?

— Si, mais...

— Mais quoi? Il faut être plus courageux que ça, Zigomar. Allez, regarde! Ça vaudra mieux pour ton éducation que toutes les cochonneries de revues dégénérées qui doivent circuler sous le manteau à l'école. Est-ce que je me trompe?

— Hein... Oui... Non!

— Quoi? Tu en as déjà regardé, oui ou non?

— Un peu... une fois...

— Eh bien, regarde une bonne fois; comme ça tu n'auras plus besoin d'aller voir ailleurs.

Ça me dégoûte. Je camoufle mal une grimace. Elle s'en aperçoit et un éclair méchant traverse ses yeux.

— Fous le camp! Retourne à tes pompes, tiens... Et il est vicieux en plus! Il n'a vraiment rien pour lui, rien de rien!

Je sens comme une masse grise et visqueuse en moi. Je déglutis ma salive plusieurs fois pour chasser un mal de cœur qui ne veut pas repartir. Pourvu que je ne dégueule pas sur le plancher: elle me le ferait manger.

J'ai arrêté de compter combien cela fait de fois que je dois recommencer. Parfois je lève mon derrière trop haut, d'autres fois mon menton vient toucher le plancher et elle n'est jamais satisfaite. Je n'en peux plus et je braille. J'ai l'impression que mes bras se tassent sur eux-mêmes. Et ça ne doit pas être une illusion, car souvent, à l'école, les potes m'ont fait remarquer que j'avais les bras trop courts. Il n'y a que l'orgueil qui m'empêche de leur dire que chez moi l'on me fait souvent passer des heures à faire des pompes, les pieds levés sur une chaise.

Pour tout dire, je crois qu'elle est en train de me détruire physiquement. Je ressemble à une espèce de lapin depuis qu'elle m'a fait éclater la lèvre supérieure; la blessure s'est mal cicatrisée et j'ai un semblant de bec de lièvre. Depuis qu'elle m'a fait mal aux yeux, mes paupières aussi sont abîmées; elle peut bien dire que j'ai des yeux de merlan frit. Et puis il y a toutes les autres petites cicatrices: j'ai vraiment l'air d'un épouvantail à moineaux. Je me demande aussi si ma petitesse n'est pas due à mon régime alimentaire. Elle dit que c'est parce que je suis asiatique, mais je les vois, les autres Asiatiques de mon âge: ils sont beaucoup plus grands.

— Ferme ta gueule! dit-elle alors que je pousse un profond soupir. Je ne veux pas t'entendre, tu as compris...

Un bruit de porte, la voix de Laurent:

— Qu'est-ce qui se passe, tu cries encore après lui, lui demande-t-il; qu'est-ce qu'il a encore fait?

— Il m'emmerde, voilà ce qu'il a fait!

— Ouais, bien moi je commence à en avoir par-dessus la tête de tout ça. Il va falloir que ça change, sinon...

Instinctivement, je rentre la tête dans les épaules. C'est la première fois que j'entends Laurent lui parler comme ça. C'est certain que ça va me retomber sur le dos.

— Sinon quoi? hurle-t-elle.

— Sinon je fous le camp, voilà! C'est clair?

— Ah oui, c'est ça! Moi je me donne tout le mal du monde pour essayer de faire rentrer un peu de bon sens dans la tête de cet emmerdeur et toi tu veux foutre le camp. C'est le monde à l'envers, il faut que je fasse tout là-dedans...

— Y a jamais personne qui t'a demandé de lui crier après à longueur de journée. On ne s'entend plus penser dans cette foutue cabane. On est tout le temps sur un stress, pas moyen de relaxer. Non, il va falloir que ça change. Et puis qu'est-ce que tu fais de plus que les autres, au fait?

— Ah! parce que tu veux dire que je ne fais rien?

— Oh tu m'emmerdes...

— Je t'emmerde! Ah oui! Eh bien on va voir...

— Qu'est-ce qu'on va voir?

— Première des choses, tu ne coucheras pas dans ma chambre ce soir, ça non!

— Tant mieux, je ne t'entendrai pas ronfler.

— Tu ne t'es jamais entendu, mon pauvre vieux...

C'est une véritable engueulade. Je voudrais disparaître. Qu'est-ce qui va m'arriver quand ils en auront fini entre eux?

J'avais raison de m'inquiéter, un coup de pied vient de m'arriver dans les côtes.

— C'est de ta faute, tout ça! me crie-t-elle. Tu es content, là! Hein que tu es content?

— Mais non...

— Va prendre une douche froide, immédiatement. Et tout habillé. Ensuite tu tordras ton linge, tu le remettras et tu viendras recommencer tes pompes à zéro. Non mais, on va voir qui c'est qui aura raison, ici... Et ne me regarde pas comme ça! Combien de fois il va falloir que je te le répète?

— Ça continue encore! hurle Laurent. Cette fois y en a marre, merde! Fous-le en pension, quelque part, qu'on ait un peu la paix.

— Une pension, ça coûte les yeux de la tête. J'ai pas envie de dépenser un centime de plus pour lui, mais alors pas du tout!

— Pourquoi on ne l'enverrait pas dans le centre où Lavniczack avait envoyé le sien? Il l'a fait passer pour un asthmatique et la Sociale a tout payé. Pourquoi on ne pourrait pas essayer ça pour lui? On pourrait respirer un peu, du moins j'ose espérer; c'est plus une vie, tout ça...

— Lavniczack, c'est pas ce qu'il y a de mieux au monde comme référence. Je ne sais même pas si j'ai gardé leur adresse.

Je ne doute pas un instant qu'elle l'ait gardée. Elle a assez dit de mal sur lui, elle a assez répété qu'il battait sauvagement ses enfants et qu'il buvait comme un Polonais, qu'elle n'a pas dû vouloir perdre sa trace. L'espoir me gagne. Serait-il possible qu'ils se décident enfin à m'envoyer en pension? Ils m'ont toujours brandi ça comme une menace, mais combien de fois j'ai pu rêver qu'ils la mettent à exécution. Même la menace de la maison de redressement m'a souvent paru préférable à ce que je vis ici.

Comme d'habitude, la douche est glaciale, et il va falloir passer la nuit avec des vêtements humides, mais, pour la première fois, et malgré la masse grise que je sens toujours en moi, je crois voir une lueur au bout du tunnel.

14

Il y a eu environ cinq heures de route pour arriver en Lozère. Ils m'ont conduit dans la Renault et sont repartis aussi vite. Il y a plusieurs mois de ça et je n'en crois toujours pas mon bonheur.

La pension pour asthmatiques est un vieux château dirigé par des religieuses. Tout autour, il y a des champs, des moutons, des arbres et de vieux monuments mortuaires qui datent d'une autre époque. Je me demande encore s'il est possible que je n'aie plus à redouter les humeurs de Chantale. Ça me paraît toujours irréel.

Ici, je dispose d'un vrai lit dans un vrai dortoir, les sœurs ne nous battent pas et chaque jour il y a trois vrais repas. C'est le paradis! Il y a bien quelques têtes de nœud comme partout, mais, très vite, je me suis fait de nombreux amis.

Non, je n'arrive toujours pas à croire que je puisse grimper dans les arbres, courir dans la montagne, construire des cabanes et beaucoup d'autres petits bonheurs sans me soucier des colères de Chantale; que je peux avoir du pain, un plat principal et même du dessert à tous les repas; que pour la première fois je prends du poids et ressemble déjà beaucoup moins à un cure-dent, même si je suis toujours asiatique. Et plus besoin de faire des pompes la nuit, de dormir plié en trois dans la douche ou sur le ciment d'une cave; plus besoin d'apprendre mes leçons sur une jambe ou de faire ma toilette sous inspection continuelle; plus de coups qui m'arrivent derrière la tête, plus de doigts que l'on enfonce dans mes yeux, plus de promenade à travers les autres en couche ou tout nu, plus personne qui me traite de chiasse, plus de nuit debout avec du linge mouillé sur le dos. C'est un miracle!

Ce que je ne comprends pas, c'est moi-même. Comme si toute ma colère accumulée voulait sortir, alors que je voudrais remercier les sœurs pour la belle vie que j'ai ici, je ne peux m'empêcher de faire tous les mauvais coups qui me passent par la tête, je ne peux m'empêcher de tenir tête aux éducateurs et surveillants, et, pour un rien du tout, j'ai même frappé l'un d'eux; ce qui a bien failli me coûter un renvoi à Saint-Étienne.

Nous faisons de nombreuses sorties, du camping, des feux de joie, du ski, des excursions; chaque jour je retrouve la nature que j'ai perdue il y a trop longtemps, et pourtant je me rebelle. Quand nous allons dans la petite bourgade, je ne peux m'empêcher de voler dans les magasins et je parle mal aux adultes, comme s'ils étaient tous mes ennemis. Je sais bien que ce n'est pas vrai, mais je ne peux pas faire autrement. Je ne comprends pas ce qui se passe en moi.

Avec six copains, nous formons une bande. Mon meilleur ami s'appelle Chris. Avec lui, je partage la passion du foot et celle de la musique. Car, depuis que je suis ici, je découvre de nouvelles musiques qui m'ouvrent des horizons que je ne connaissais pas. Bob Marley me fascine complètement, mais aussi Miles Davis, Peter Tosh, Jimmy Cliff et James Brown. C'est tout un nouveau monde rempli de promesses qui s'ouvre pour moi et j'ai l'impression de me remplir d'énergies très fortes qui vont faire de moi quelqu'un de nouveau. Quelqu'un qui un jour saura dire non à Chantale; car je me doute bien que rien n'est éternel et qu'un jour il me faudra retourner chez les Bastarache.

En attendant, les vacances de Noël viennent de commencer et, pour mon plus grand bonheur, même si ça me fait un peu mal de me demander pourquoi cela n'arrive qu'à moi, je reste seul à la pension en compagnie des religieuses. Jusqu'ici, j'ai toujours détesté Noël qui signifiait pour moi un temps sans la libération de l'école et un surplus de corvées, mais, hier, la Mère supérieure m'a fait venir dans son magnifique bureau tout en bois qui sent bon, elle m'a tendu un catalogue et m'a dit:

— Commande tout ce que tu veux, Mathias.

— Tout!

— Tout...

— N'importe quoi?

— Je te le dis...

— C'est une farce, ma mère, ça se peut pas...

— Pas du tout, Mathias. Tu restes avec nous pour Noël, ça nous fait plaisir de t'offrir ce que tu veux, et puis tes parents ont envoyé quelque chose pour ça...

— Savez-vous pourquoi ils n'ont pas voulu de moi à Noël?

— Oh! ils voulaient sans doute t'avoir avec eux, mais tu habites trop loin...

— Il y en a d'autres qui habitent encore plus loin.

— Tes parents doivent avoir de bonnes raisons, Mathias, on ne peut pas juger...

— Alors je peux commander ce que je veux?

— Bien sûr.

N'osant y croire, j'ai commandé des souliers à crampons pour le foot, une montre à quartz avec chrono, des gâteaux en quantité et des bonbons. Normalement, c'est cette nuit que ça doit se passer; je me demande quand même si la sœur ne m'a pas mené en bateau. Si j'ai tout ce que j'ai demandé, ce sera vraiment une première. Un autre miracle.

Je n'en reviens pas, j'ai eu tout ce que j'avais demandé! Je suis assis à table avec les sœurs pour le repas de Noël. Je suis seul avec elles et j'ai l'impression d'avoir plusieurs mamans. Je suis fier de partager leur repas. Elles parlent souvent de choses que je ne comprends pas et quelquefois leur ton change pour s'adresser à moi.

— Tu dois être un peu triste de ne pas être à la maison? me demande l'une d'elles un peu machinalement.

— Pas du tout! dis-je sans pouvoir mettre de frein à mon exclamation. Je suis bien mieux ici, avec vous.

— Tu es très gentil avec nous, mais je sais bien qu'on est toujours mieux avec ses parents.

— Vous savez, ma sœur, mes vrais parents, ils sont morts il y a longtemps en Corée.

— Tu te rappelles de la Corée?

— Pas beaucoup. Mais, au fond de moi, on dirait toujours que je m'ennuie de là-bas...

— Tu voudrais y retourner, un jour?

— Je ne sais pas.

— Mais ta nouvelle maman, elle doit être bien gentille pour t'avoir fait venir de là-bas.

Ce n'était même pas une question et je ne réponds pas. De toute façon, je ne sais pas comment dire ce que je pense de Chantale. J'ai toujours l'impression qu'on ne pourrait pas me croire, même si, l'autre jour, j'ai surpris la conversation à voix basse de deux monitrices parlant des lettres que m'envoie Chantale environ une fois par mois. Je les avais montrées à l'une d'elles qui m'avait demandé si ça allait bien chez moi:

— Ces lettres sont de véritables sermons; comment pourraient-elles lui remonter le moral?

— Il y a quelque chose que nous ignorons...

— Ou peut-être qu'on se fait des idées. On ne peut pas savoir, mais quand même...

Comme j'aurais voulu leur dire, à ce moment-là, que moi je le savais trop bien, et que les lettres étaient loin de traduire ma réalité à la maison. Mais je sais aussi que les adultes se défendent entre eux et qu'ils ne nous croient pas. Même à Omer, je n'ai pas osé parler de Chantale. En tout cas, inutile de penser à ça aujourd'hui, c'est une trop belle journée et la dinde est un vrai régal.

Ce soir, je sens que je vais me glisser sous les couvertures chaudes dans le noir et là je vais allumer la lumière de ma montre pour regarder l'heure, ça va être formidable.

***

Environ neuf mois que je n'avais pas revu les Bastarache! Autant de mois après lesquels j'avais presque fini par me dire que j'avais peut-être fait un cauchemar. Mais voici que Chantale est là, devant moi, avec Laurent et Anne-Céline. Ma mère adoptive me détaille presque comme on le fait pour un cheval sur le marché.

— Eh bien mon cochon, me dit-elle, on peut dire que ça te profite, l'air de la campagne; tu as presque doublé de taille et de volume...

— Ouais, je suis devenu presque aussi grand que les autres... On mange bien ici...

— Tu peux dire que t'es chanceux, oui... Paul-

André n'a pas autant de chance que toi, lui. Nous autres, là-bas, on se serre la ceinture pour que tu puisses vivre ici comme un nabab. Ah! c'est facile d'être fier de soi quand on a le beau temps sur la tête et qu'on nous sert trois repas par jour pendant que d'autres doivent se priver.

— Oui, ajoute Laurent, tu es mieux de te tenir à carreau si tu veux rester ici, sans quoi...

Je n'avais pas oublié, mais, je ne sais pas pourquoi, j'avais presque espéré que tout ce temps aurait changé quelque chose. Je me trompais: elle est là, devant moi, et je sens à nouveau des vibrations qui me font peur. Je voudrais qu'ils repartent tout de suite et ne plus jamais les revoir, ne plus jamais savoir qu'ils existent, oublier ces mauvaises énergies qui de nouveau me paralysent et me glacent jusqu'au fond des os.

C'est incroyable, mais déjà la tête me gratte et j'ai mal au ventre et au cœur.

— On va aller manger au restaurant, dit Chantale. On va pouvoir parler de ton avenir. J'ai vu qu'ici tu avais plutôt des bonnes notes. C'est nouveau pour toi, ça?

— Ça va pas mal... Et puis on fait du théâtre, j'adore le théâtre!

— Tu ne vas pas nous dire que tu veux être comédien, maintenant; je croyais que tu voulais entrer dans l'aéronavale?

C'est elle qui s'est fabriqué cette idée. Il a suffi qu'une fois je colle quelques images d'avions de chasse sur le mur en face du lit où je pouvais dormir durant les vacances de Noël pour qu'elle en tire illico la conclusion que je voulais être dans l'aviation militaire. Et, comme je lui avais dit que j'aimais aussi les bateaux, elle a décrété que mon avenir est dans l'aéronavale. De nouveau, comme avant, je n'ose même pas la contredire. Je bafouille quelque chose qu'elle interprète comme ça lui convient.

— En tout cas, dit-elle, si tu veux entrer dans l'Aéronavale à Grenoble, il faut encore que tu améliores tes notes, car le niveau de l'établissement n'est pas très haut. Ce n'est pas en sortant d'ici qu'on arrive à Saint-Cyr ou à Polytechnique... Et ce n'est pas parce que tu es le premier de ta classe ici qu'il faut que tu roules des mécaniques. J'ai l'œil, j'ai bien vu que tes notes en discipline étaient lamentables. Il faut toujours que tu joues les fortes têtes, hein! Ça ne te passera jamais. Comédien... c'est un truc de mauviette, ça. Ça te ressemble, dans le fond; c'est vrai que j'ai du mal à t'imaginer en pilote de chasse. Je te vois mal en Corée, comme l'était Laurent...

— J'ai jamais dit que je voulais être comédien. J'aime le théâtre, mais ce qui me plaît, c'est de chanter du reggae...

— Ah tu n'as pas changé! Est-ce que tu m'écoutes, oui ou non? Je t'ai demandé quelque chose...

— Ouais, je sais...

— Comment ça, ouais! Tu ne sais pas encore qu'on doit dire oui? Non mais tu vas voir! Je vais t'apprendre à parler comme ça à ta mère. Franchement! on est tes parents, tu nous dois un peu de respect, on n'est pas tes copains... Ensuite, je t'ai posé une question précise...

— Oui...

— Oui, qui? Oui, mon chien?

— Oui, maman.

— C'est si dur que ça à dire? Et puis articule quand tu parles, on dirait qu'ils vous donnent de drôles d'habitudes ici... Alors, qu'est-ce que je t'ai demandé?

Je croyais que lorsque je la reverrais je n'aurais plus peur d'elle, mais elle est apparue et je suis là sans même être capable de répondre; comme si tous ces mois passés loin d'elle n'avaient servi à rien, les forces que je croyais avoir prises ayant été balayées en un instant. Elle me secoue par l'épaule.

— Alors? Je t'ai posé une question: est-ce que tu veux aller à Grenoble, oui ou non? Est-ce que je dois leur envoyer ton dossier de candidature?

Je ne sais pas quoi répondre. Je me souviens que Bob Marley appelle l'uniforme militaire un habit de brutalité. Non, je ne veux pas aller dans l'armée, à Grenoble, sur les avions, les bateaux ou ailleurs; non, je veux être comédien ou chanteur, enfin un truc comme ça où je n'aurais pas besoin de faire mal aux autres; un truc où je pourrais dire tout ce qui est bloqué, là, au fond de moi. Un truc qui servirait à dénoncer ce qui fait les Chantale de la Terre. Mais, d'un autre côté, je préfère mille fois aller à Grenoble que de retourner chez elle. C'est pour ça que je dis:

— Oui, les bateaux, les avions, ça me botte...

— Ça te quoi! Qu'est-ce que c'est encore que ce langage de vaurien! Je t'interdis d'employer ces mots-là quand tu me parles, tu m'as bien compris!

— Oui, maman.

— Bon, j'aime mieux ça...

— Si tu veux vraiment aller à Grenoble, me dit Laurent, il va falloir que tu en mettes un coup. Ils ne prennent que les meilleurs, là-bas. Et c'est pas du théâtre ou des chansons qui vont t'ouvrir les portes de l'Institut. Jouer la comédie ou chanter la ritour-nelle, n'importe qui peut faire ça, il n'y a qu'à ouvrir la radio ou regarder la télé pour s'en rendre compte. Ce qu'ils attendent de toi, c'est des maths, de la science, bref, des trucs intelligents.Tu saisis bien ce que je te dis?

— Oui, papa. Mais la chanson et le théâtre font

partie du programme. Je chante à la chorale, on fait des spectacles et les gens d'ici aiment ça; je ne vois pas ce qu'il y a de mal à faire ça... Chris et moi, on compose des chansons de reggae, c'est notre façon à nous de donner de l'amour...

— Il n'y a rien de mal pour quelqu'un qui en a les moyens intellectuels, me dit Chantale, mais toi, avec ce que tu as entre les deux oreilles, tu serais mieux de te limiter à ce qui te permettra d'entrer à Grenoble. Tu connais l'histoire de la cigale et de la fourmi? *La cigale ayant chanté tout l'été...*

Je fais signe que je connais et, j'ignore pourquoi, j'éprouve aussi le besoin d'ajouter qu'en plus de jouer et de chanter, je danse aussi.

— J'aime bien Michael Jackson, leur dis-je, je voudrais bien être capable de danser comme lui. Regardez ce que je sais faire...

Sans plus réfléchir, cherchant à démontrer je ne sais quoi, je commence à improviser des pas de *break-dance.*

— Il n'a pas changé, dit Chantale. Il faut toujours qu'il se fasse remarquer. Michel Jackson, maintenant... C'est pas très moral, toutes ces musiques-là... Ils vous laissent écouter ça, ici?

— On peut écouter la radio comme on veut, il n'y a pas de censure...

— Qu'est-ce que c'est que ce ton-là! Je n'aime pas beaucoup ça. Je t'en ficherais, moi, des Michael Jackson et tous ces zoulous-là... Paul-André, lui, il chante à la chorale, il va chanter pour le pape en Italie: ça c'est quelque chose! Tu vas me faire le plaisir d'oublier toutes ces musiques de cinglés.

— Mais, maman! Il y en a qui ont des choses à dire. Bob Marley, c'est vrai tout ce qu'il dit, et puis la musique de Miles Davis, c'est quelque chose! C'est autrement mieux que Gérard Lenormand ou des trucs comme ça.

— En tout cas, Gérard Lenormand, lui, c'est de la chanson française, ça dit ce que ça veut dire et c'est plein d'entrain... Et puis je ne vais pas commencer à discuter avec toi. Tout ce que tu as à faire, c'est m'obéir; un point c'est tout. C'est pas compliqué... James Brown, Laurent, tu te rends compte ce qu'ils peuvent écouter ici! C'est le type qui chante *Sex Machine*... et ils leur laissent écouter ça à la pension. Je me demande si on a bien fait de l'envoyer ici...

Je vois bien à la tête de Laurent que celui-ci serait tout à fait partisan que j'y demeure le reste de mes jours. Sans doute qu'à la maison, elle ne peut plus crier comme elle le faisait quand j'étais là, ça doit être plus calme et les ondes doivent être un peu meilleures.

En les voyant partir, je fais un signe de la main en direction de l'auto, comme ça doit se faire, mais vraiment le cœur n'y est pas. J'avais cru que c'était fini, mais je sais maintenant qu'il va me falloir retourner chez eux un jour et que tout va recommencer. Je regarde autour de moi. Oui, il me reste un peu de temps pour profiter de cette vie à fond avant qu'ils ne me fassent revenir à Saint-Étienne. J'ai soif de vie et de lumière; je veux danser, sauter et chanter dans les montagnes; je veux faire provision d'un maximum de forces avant que, d'un mot, elle ne m'arrache une nouvelle fois au vent de la vie.

***

Je me dis heureux, mais je n'y peux rien: chaque fois que des parents viennent visiter les copains et que je vois à quel point ceux-ci sont heureux de les voir, ça me fait mal partout. Pourquoi est-ce que je n'ai pas le droit à ce bonheur-là, moi? Les autres, ils comptent les jours avant de repartir chez eux; moi, je me demande toujours s'il en reste assez. De penser à ça, ça me joue des mauvais tours; des fois je me révolte contre ceux qui n'y sont pour rien, je joue les durs, je leur dis des mots qui font mal et pourtant je sais très bien qu'ils n'y sont pour rien. D'autres fois, je fais des cauchemars qui réveillent tout le dortoir. L'autre jour, je me débattais tellement dans mon sommeil que, lorsque je me suis réveillé, tout le monde était debout, les lumières allumées au milieu de la nuit, et Chris était sur moi pour m'empêcher de me débattre. Lorsqu'ils m'ont demandé à quoi je rêvais, j'ai parlé bêtement d'un monstre style Godzilla. Comment j'aurais pu leur dire que je me débattais contre Chantale, qui m'étouffait volontairement entre ses gros seins, entre ses bourrelets immondes, que j'étais paralysé par elle et qu'elle riait d'un grand rire tout droit sorti des enfers?

Ceci dit, nous ne sommes pas des anges ici, et je ne suis pas le dernier à faire des mauvais coups, au contraire. On vole des cigarettes et de l'alcool lorsqu'on va en ville; nous buvons comme des trous et on appelle ça avoir du bon temps. On se comprend, on s'entraide et on se dit qu'on n'a besoin de personne. Ça nous rend solidaires. On forme une équipe, la meilleure, que ce soit pour les bêtises ou le foot. Parfois, on se réunit loin des murs et on expérimente de nouvelles drogues; j'ai entendu dire que des Indiens du Mexique pouvaient avoir des visions prophétiques ou initiatrices avec ça: l'idée me plaît. Moi aussi, je veux me sentir un avec mes frères: le soleil, la terre, la lune et les étoiles. Je me dis que l'univers est ma famille, et je l'aime; je veux le chanter, le dire en musique et en images. Mais je m'y prends mal. Les commerçants de la ville m'ont repéré sur leurs caméras et je me suis fait une mauvaise réputation. Je passe pour la pire graine de voyou et, c'est bête, c'est pour m'en défendre que je continue. Je vole des cassettes, des bouteilles, n'importe quoi qu'au besoin je rapporte en douce où je l'ai pris. Bien sûr, à la pension, on me tire les oreilles; ça me révolte encore plus: je distribue des coups, je me dis que tous les adultes sont pourris, je dégonfle des pneus de voiture, vide des réservoirs d'essence; ça me vaut d'autres reproches et je m'aime de moins en moins. Je ne comprends plus rien à rien. Je ne sais même plus pourquoi je fais ce que je fais. J'ai tout pour être heureux, ici, mais la peur de retourner chez les Bastarache me fait faire tout ce qu'il ne faut pas, exactement comme si je voulais y retourner au plus vite.

C'est justement ce qui risque d'arriver très bientôt et c'est ce qui me fait réfléchir à tout ça. Je viens d'apprendre que des «Maghrébins», qui n'étaient pas contents des services de Laurent comme directeur du centre d'immigration, ont mis le feu à la maison blanche de Saint-Étienne. La famille déménage dans le nord de la France, à Douai, et il est fort probable que je vais devoir les y rejoindre. Je ne suis pas étonné par le feu, je n'ai jamais compris comment Laurent pouvait être directeur d'un centre d'immigration alors qu'il n'arrête pas de rouspéter contre les services que le gouvernement donne à ces mêmes immigrés; par contre, ce qui m'étonne et me surprend, c'est que je croyais pouvoir rester ici encore un peu de temps. En faisant mes mauvais coups, je me disais toujours que j'aurais bien le temps de me racheter et de prouver que je ne suis pas celui qu'ils pensent. Je me suis trompé, je crois maintenant que c'est fini et que je n'aurai pas le temps de leur dire merci en leur prouvant que je suis devenu meilleur.

Dans la montagne, j'ai rencontré des bergers. Ils m'ont parlé des moutons, du ciel et des étoiles. J'ai appris le goût de la nature et je lui parle comme d'autres parlent à leur Dieu. Chantale m'a forcé à apprendre une religion; pour ça, je me sens incapable de l'accepter. Si des fois j'y prête attention, j'ai aussitôt l'impression de renier celle de ma mère, et ça, c'est comme si je la reniais, elle; je ne peux pas, même si je respecte beaucoup les religieuses qui, sous leur austérité, cachent souvent un cœur qui sait donner. À tous ces gens, je voudrais dire merci pour tout ce qu'ils m'ont apporté. Mais tout ce qu'ils retiendront sans doute de moi, c'est l'image d'un petit dévergondé cogneur et voleur. Je ne comprends pas très bien ce que j'ai fait de moi. C'est comme si j'avais voulu me venger sur eux de tout ce que m'a fait Chantale. Ce que je sais aujourd'hui, c'est que Chantale est indemne et que je les ai déçus, eux.

Enfin une chose est certaine: durant les dix-huit mois que je viens de passer en Lozère, j'ai vieilli de plusieurs années. J'ai appris la liberté, l'ivresse et les nuages qui courent autour des montagnes. Je dois être assez fort à présent pour m'opposer à Chantale.

Je dis ça, mais, quelque part au fond de moi, je tremble déjà.

15

Ils sont arrivés en fin d'après-midi. Chantale, Laurent et Anne-Céline. Puisqu'il est tard et qu'il y a huit cents kilomètres de route à faire, il a été décidé qu'on allait passer la nuit dans un hôtel-restaurant de la ville. Par souci d'économies, ils ont pris une chambre avec deux lits. Il paraît que je vais devoir coucher avec Anne-Céline, à qui ça ne plaît pas du tout: elle fait une moue très ennuyée.

Ils me parlent de l'Aéronavale, et moi je leur réponds par Miles Davis, Aretha Franklin et Bob Marley. Une nouvelle fois pour eux, j'y vais d'un aperçu de *break-dance.*

Chantale a un regard qui en dit long sur ce qu'elle en pense et surtout sur les modifications qu'elle compte apporter à mon comportement.

Huit cents kilomètres aujourd'hui. La nuit a été étrange, je n'ai presque pas dormi. Ça m'a fait curieux de partager leur chambre, curieux de me retrouver sous les draps avec Anne-Céline. Si nous avions été amis, on aurait pu échanger des paroles, se dire des secrets, mais non, je ne suis pas dans une famille; ce n'est même pas une équipe, c'est une prison.

Je croyais au moins que les autres seraient contents de me revoir après dix-huit mois; mais non, pas du tout. À peine un signe de tête et ils se sont tout de suite intéressés à la meule de fromage de Lozère achetée par Laurent.

— Qu'est-ce que tu as à faire cette tête-là? me demande Chantale. Qu'est-ce que tu croyais, qu'ils allaient te sauter au cou? Tu les as emmerdés pendant des années, ça va prendre du temps avant qu'ils te parlent gentiment – si jamais tu arrives à changer, ce qui m'étonnerait...

Le disque n'est pas rayé, elle est toujours la même. Je n'ai rien fait, rien dit; j'aurais juste voulu un peu de gentillesse de la part de ceux qui sont supposément mes frères et sœurs, au lieu de ça elle me tombe sur le dos.

Je ne suis pas le seul à avoir vieilli; effaré, je regarde Paul-André qui mesure 1 m 80 et dont la voix a mué. Chantale a un petit sourire ironique et satisfait.

— On ne dirait pas qu'il y a juste un an et demi de différence entre vous, me dit-elle. Regarde ton frère comme il est costaud: il peut jouer dans une équipe de volley-ball à l'école...

J'aime mieux ne pas regarder trop longtemps: s'il se met en rogne contre moi... Quoique ce n'est pas parce qu'il est grand qu'il doit être moins lâche et moins traître qu'avant.

L'appartement est loin de ressembler à la maison blanche de Saint-Étienne. On dirait bien qu'on est redescendus dans l'échelle sociale, comme dit Chantale. Il est situé au sixième étage d'un immeuble marron clair, identique à plusieurs autres tout autour. Cette fois, pas de doute: nous habitons ce qui s'appelle une cité-dortoir.

Je me dirige vers la table familiale à l'annonce que le souper va être prêt; elle me rappelle aussitôt à l'ordre:

— Non mais! où est-ce que tu crois que tu es?

Qu'est-ce que tu fais là? Il n'y a pas de changement, tu manges toujours à la table de la cuisine avec Laetitia. Quand tu nous auras prouvé que tu as vraiment changé, peut-être alors pourras-tu manger avec nous. Laetitia, elle, elle a suivi ton exemple: elle nous ment; ah! c'est beau, l'exemple que tu lui as donné, tu peux être fier...

— Mais j'ai rien fait!

— Tais-toi. Qu'est-ce qu'ils t'ont appris là-bas? Tu pouvais leur répondre comme ça?

— On avait le droit de donner notre idée, j'ai rien dit de mal...

— Eh bien, dis donc... j'ai l'impression qu'il va falloir réviser les comportements que tu as pris. Ici, ça ne marche pas comme ça.

Je suis assis devant cette vieille mixture d'autrefois que je n'ai pas oubliée, mais dont j'avais cru pouvoir espérer que c'était du passé: un mélange écœurant de pain, d'œufs crus et de lait, le tout accompagné de Viandox. Les autres ont droit à une paella toute préparée dont le fumet alléchant imprègne tout l'appartement.

Je panique. Je sens que tout va redevenir comme avant. Je me gratte frénétiquement la tête, je me sens pris au piège.

***

J'avais raison, ça recommence comme avant. Tout, tout est contrôlé, supervisé, révisé et corrigé. De mes livres scolaires jusqu'aux habits que je dois porter. Je me rends compte que je redeviens le domestique de la maison et ce que je croyais acquis ne l'est déjà plus; mon corps et ma voix se rétractent comme un escargot dans sa coquille. De nouveau, je me sens tout petit et minable. Plus petit encore que le chat de la famille qui s'appelle Amadeus.

Heureusement, l'école a recommencé et, comme avant, le temps que j'y passe me libère de Chantale. C'est un établissement privé «très chic», où je vais en compagnie de Paul-André et d'Anne-Céline. Je dis en compagnie, mais en réalité, ils font tout pour éviter que les autres nous associent. J'ai entendu dire que Chantale avait pu nous y inscrire tous les trois car elle avait eu un «prix de gros». C'est une école où règne un esprit de compétition infernal. Parce que je viens de la Lozère, ils m'appellent le Paysan, et la plupart considèrent cette catégorie sociale à peu près comme Hitler considérait les Juifs et les Tsiganes.

Ce n'est pas peu dire: alors que je croyais jusqu'ici que snob était un terme péjoratif, il y a dans cette école, ouvertement, le Club de snobisme. Dans toutes les conversations, ce qui revient le plus souvent, c'est la mode. Attention à qui n'est pas *in* ou *cool*. Tout est compétition: on compare le nombre de chevaux-vapeur de la voiture des parents, la taille de la maison, les lieux où l'on va en vacances, les exploits sexuels insensés et la longueur des pénis. Pour ma part, je n'ai rien de tout ça. La seule réputation que j'ai, et je ne l'aime pas, c'est d'être une tête brûlée. Il faut dire que celui qui s'avise de m'appeler «Crapaud jaune», «Bonsaï» ou « Citron», qu'il soit grand ou gros ou les deux, je lui saute dessus. En colère, je ne sais plus m'arrêter; je cogne sans tenir compte des coups que je peux recevoir; à chaque fois, j'imagine que c'est Chantale et plus rien ne m'arrête.

De nouveau, je couche dans une pièce qui n'est pas une chambre, mais il faut dire que je suis gâté par rapport à ce que j'ai connu car je dispose d'un matelas. Cette fois, c'est le débarras à côté de la chambre de Laurent et Chantale. Ils couchent dans deux lits séparés qui grincent et la nuit je me réveille dès qu'ils bougent un peu. Le matin, Chantale n'a qu'à cogner dans la cloison, ce qui signifie que je dois me lever immédiatement, passer dans la salle d'eau pour y faire ma toilette durant très exactement quinze minutes, rallier le débarras, allumer la lumière et, les bras le long du corps, les talons joints et le buste droit, je dois l'attendre au garde-à-vous.

Bref, dans l'ensemble et surtout en considérant le passé, tout ne va pas si mal. Je devrais dire «n'allait», car mon dernier bulletin scolaire a été si mauvais que je n'ai pas pu m'empêcher de le falsifier. Je n'aurais pas dû; à cause d'un coup de téléphone qu'elle vient de donner à mon professeur titulaire, Chantale vient de comprendre.

Elle me regarde comme si j'étais un rat porteur de la peste.

— On a voulu te donner une chance, crie-t-elle, on a voulu croire que tu pouvais agir comme quelqu'un... Ah! je te promets que tu vas comprendre ta douleur... Pour commencer, je vais ôter la poignée intérieure de ta pièce et c'est moi qui dirigerai tes entrées et sorties... Ah tu vas voir, mon vieux... Mais comment tu faisais, là-bas, en Lozère, pour avoir des bonnes notes? Tu devais tricher, ce n'est pas possible autrement!

— Non, je n'ai jamais triché, là-bas!

— Alors pourquoi tu as des mauvaises notes ici? Comment crois-tu que tu vas pouvoir entrer à Grenoble avec ces notes-là?

Je ne comprends pas pourquoi mes notes ont tellement baissé. Je me suis posé la question, mais je n'ai pas de réponse. C'est vrai qu'en Lozère, la discipline mise à part, j'étais le plus souvent le premier. Je ne comprends pas pourquoi, à peine revenu chez les Bastarache, au lieu d'être en tête, je me retrouve à la queue.

— Va dans ta pièce et ne bouge plus. Je vais réfléchir à ce qu'il faut faire de toi. Ton père va être tout content quand il va savoir que tu recommences...

— Je ne voulais pas vous faire de peine avec des mauvaises notes...

— C'est en travaillant qu'il fallait faire ça.

— Mais je veux bien travailler, au contraire; je ne sais pas ce qui se passe, quand j'arrive en classe je ne comprends plus rien.

— Eh bien si c'est comme ça, t'en fais pas, je vais te faire rentrer ça de force dans la tête. Aussi vrai que tu es là, je te promets que quand on en aura fini tous les deux, tu parleras couramment l'allemand, l'anglais, le latin et le grec classique.

Je ne doute pas de ce qu'elle dit, elle sait comment me faire passer des nuits debout jusqu'à ce que je sache tout ce qu'il lui passe par la tête de me faire apprendre. En tout cas, je ne me fais pas trop de souci pour l'anglais, je l'ai appris au château en me disant qu'un jour j'allais quitter la France pour ne jamais y revenir. Non, je n'aime pas ce pays qui me fait vivre tout ça. Je l'aurais peut-être aimé au temps des chevaliers, à une époque où, d'après ce qu'on nous apprend, la valeur d'un homme établissait sa renommée; mais, pour moi aujourd'hui, c'est juste le berceau de Chantale et de ses semblables: c'est le pays où je suis un «citron» et un «Pacman», celui où il faut toujours porter des fringues à la mode pour être quelqu'un, celui où il faut passer ses étés à «Saint-Trop» ou aux *States* pour être regardé, le pays où l'on fait venir des enfants d'ailleurs pour les convertir de force en petits Français catholiques vénérant par-dessus tout les pulls Lacoste et les pantalons Naf Naf, tout en leur signifiant clairement qu'ils ne seront jamais des citoyens comme les autres. C'est le pays où des millions de

grosses madames sont assises derrière leur caisse enre-
gistreuse et derrière leur sourire aimable, ne savent
que compter leurs sous et dire des méchancetés sur les
autres. Oui, un jour je partirai pour ne plus jamais
revenir. J'irai dans le pays de Bob Marley, j'irai chez les
Indiens d'Amazonie ou chez les Inuit, enfin dans un
de ces pays où la vie est peut-être moins douce, mais
où les cœurs sont grands.

Cinq heures du matin. Je ne suis pas ressorti de
mon débarras et j'ai une terrible envie de pisser. Voilà
le vieux cauchemar qui recommence. Tant pis, il faut
que je les réveille, sinon...

— Maman, maman, s'il te plaît! Il faut que j'aille
aux toilettes... Maman!

— Hein! c'est toi qui nous déranges comme ça au
milieu de la nuit... Tu ne peux pas te retenir un peu...

— Ça presse...

— Non, non et non: démerde-toi pour attendre
l'heure du lever. Bon sang! tu ne vas pas nous emmerder même au milieu de la nuit...

— J'aurais pas besoin s'il y avait la poignée...

— J'ai dit non! À la guerre comme à la guerre. Et je
ne veux plus t'entendre maintenant, tu m'as compris?
Si tu me déranges encore, tu vas le sentir passer...

Le temps passe. Je suis plié dans un coin sans
savoir comment me retenir davantage. Chaque instant
est une épreuve. Pourquoi est-ce toujours de cette
façon qu'elle a le dessus sur moi? Non! je ne peux plus
attendre; tant pis, il faut que je fasse...

Je mets mon linge en boule pour uriner dessus.
Tout ce que j'espère, c'est qu'il absorbera tout et que
j'aurai l'occasion de le laver aujourd'hui sans que ça
paraisse. Je me fais honte. Je voudrais avoir la force de
défoncer la porte, de traverser la chambre et d'aller aux

toilettes comme je l'entends. Mais, même si je venais à bout de la porte, je sais trop bien qu'avec ses bras de débardeur, Chantale ne ferait qu'une bouchée de moi.

Elle ouvre la porte et plisse tout de suite le nez.
— Je le savais, dit-elle, je le savais: tu as pissé au lit!
— Non! Non, j'ai pas pissé au lit...
— Alors explique-moi pourquoi ça sent la vieille pisse de cheval dans ton trou.
— J'ai pas pu me retenir, je ne pouvais plus... je, j'ai fait sur mon linge... Mais je vais le laver, je vais m'en occuper. Je ne pouvais plus attendre...
— Salopard! Mais quel salopard! Il pisse sur son linge! Même pas la volonté de se retenir, je n'en reviens pas! Et ça vit sous notre propre toit, ça prétend faire partie de la famille... Tu n'es rien qu'une merde, un rien du tout, un... Oh et puis tu m'énerves!

Elle entre dans le débarras, aperçoit le tas de vêtements dans un coin. Elle prend mon slip dégoulinant, m'attrape par les cheveux et me le fourre d'office dans la bouche. Je voudrais me défendre, me débattre, refuser, mais elle est beaucoup plus forte que moi. Un chagrin immense me submerge. Je sais qu'elle a repris le dessus complètement, elle va de nouveau faire de moi tout ce qu'elle veut. Je voudrais mourir, je voudrais me pendre et qu'on trouve mon corps et qu'on sache que c'est de sa faute à elle.

Elle m'agite son gros doigt devant le nez.
— Tu te comportes en bébé, on va te traiter en bébé. Première chose: pour toi, interdiction totale d'aller aux toilettes comme du monde normal. Dorénavant, tu feras tous tes besoins dans le pot de chambre que tu devras transporter partout avec toi. Je ne veux plus jamais te voir loin de ton pot de chambre. Toi et lui, à partir de maintenant, vous êtes comme des frères jumeaux. De

toute façon vous allez bien ensemble... Deuxièmement, puisque tu n'as pas plus d'attention que ça pour tes vêtements, à partir d'aujourd'hui, dès que tu rentreras de l'école, tu devras te déshabiller complètement en franchissant la porte d'entrée et rester tout nu. Tu m'entends bien: dans la maison, tu resteras tout nu. De toute façon, tu es un avorton, tu n'as rien à cacher; il n'y a personne qui aura un traumatisme en te voyant le zizi.

Elle a disparu un moment, puis elle est réapparue avec le pot de chambre promis.

— Pisse là-dedans, m'ordonne-t-elle.

— J'ai pas envie...

— Pisse quand même. Qui c'est qui commande ici? Je suis ta mère, à ce que je crois.

— Oui, mais...

— Quoi! Tu oses encore répondre...

Elle est passée derrière moi et elle m'envoie son sabot au derrière. La douleur me fait fermer les yeux. Humilié comme jamais encore je ne l'ai été, je m'entends pisser dans le pot. Elle rit:

— Eh bien tu vois, dit-elle: un coup de pied bien placé, ça fait pisser. Maintenant tu bois ça...

— Non!

— Si! J'ai dit: tu le bois, tout de suite, immédiate-ment...

— Non, je ne peux pas!

— Ah non? Eh bien on va voir... On va voir si tu ne peux pas...

Méthodiquement, elle commence à me frapper partout sur le corps. Elle y va avec les mains et avec les pieds. J'essaie de parer les coups, mais elle trouve tous les points sensibles.

— Je ne m'arrêterai que quand tu boiras ton pot, dit-elle dans un souffle.

Je ne comprends plus ce qui se passe. Tout ce que

je sais, c'est que j'ai mal. La nouvelle chienne de la maison, Stella, qui est là derrière, pousse des petits cris comme si elle souffrait avec moi.

Est-ce que c'est moi qui suis en train de faire ça? J'ai pris le pot de chambre et je le porte à mes lèvres. Tout plutôt que cette pluie de coups qui sont en train de me rendre fou.

À peine une gorgée dans la bouche, le cœur me lève, tout mon être veut rejeter ça et je crache.

— Salopard! hurle Chantale en m'arrachant le pot de chambre des mains et en me le renversant sur la tête. Qu'est-ce que tu peux faire chier le monde! Tu fais même pleurer la chienne; tout le monde pleure à cause de toi. Tu gâches notre vie; j'en ai marre de toi, marre! Tu pourrais crever, ça ne me ferait absolument rien: tu es comme les mauvaises herbes. Pourquoi est-ce qu'on ne t'a pas laissé crever en Corée? Tu es le diable incarné... Non mais regarde-toi... les yeux noirs, les cheveux noirs... Le vrai visage du Malin... Attends un peu, je vais t'arranger ça...

Elle m'a traîné nu sur la terrasse, la loggia, comme ils disent, et je suis écrasé dans un coin sur le dallage.

— Tu as les cheveux du diable, tu es le diable, dit-elle en revenant et en portant une bassine fumante. J'ai mis là-dedans assez d'eau de Javel pour te les faire blanchir comme tu fais blanchir les miens... Tu es le diable et mon rôle est de t'empêcher de nuire... C'est mon rôle...

Encore une fois, je ne peux pas me défendre, je ne peux que subir cette eau beaucoup trop chaude qui me brûle le crâne. L'odeur me chauffe les narines et me fait pleurer.

— Si tu pouvais crever, répète-t-elle, on aurait des vacances...

— Laisse-moi, s'il te plaît, maman...

316

— Te laisser! Sûrement pas. Tu peux sauter en bas de l'immeuble si tu veux, mais il n'est pas question que je te laisse. Je vais te mater, moi... Bon, maintenant tu vas passer le reste de la journée et toute la nuit ici. Je ne veux plus entendre parler de toi avant demain. Ensuite on verra...

Voilà, je suis de nouveau sur un sol dur et froid. Cette fois ce n'est pas dans une cave, c'est sur un grand balcon cerné par des murets en béton, six étages au-dessus de la rue. J'y suis tout nu sous le ciel froid du Nord qui, ici, comme il l'était à Grand-Couronne, est à l'image de mes sentiments.

Je me sens comme un cheval à l'abattoir. Je sais que dehors, au loin, il y a des étendues où l'on peut courir, mais je sais aussi que je suis pris ici sans pouvoir en sortir, jusqu'à ce qu'on m'achève.

***

Ça ne va pas mieux à l'école. Mon problème, ce sont les maths. Je descends en enfer chaque fois que je vois l'ombre d'un théorème. Comme si quelque chose en moi refusait les mathématiques depuis que Laurent a dit que c'était là-dedans que je devais avoir de meilleures notes si je voulais aller à Grenoble.

Et la faim m'a repris plus que jamais. À l'école, j'occupe la plupart de mes temps libres et mes idées à trouver le moyen de manger. Je surveille les fournisseurs pour savoir où se trouvent les croissants et les pains au chocolat, et quand je ne trouve rien à l'école, je vais dans les magasins et je vole. C'est pourquoi je viens encore de me faire pincer par une pâtissière qui veut savoir mon nom. À force d'insistance, et puisqu'elle menaçait d'appeler les gendarmes, j'ai fini par le lui dire.

— Tu sais, me dit-elle en cherchant notre numéro dans l'annuaire, ce n'est pas la première fois que tu es filmé en train de nous voler...

— Je sais bien, madame, mais ne le dites pas à mes parents, sinon ils vont me tuer!

— Il fallait y penser avant, tu ne crois pas...

— Ne dites rien s'il vous plaît! Et puis mes cours sont déjà recommencés; si ma mère sait que j'ai manqué, ça va être terrible.

— Mais qu'est-ce qui se passe: on ne te donne pas à manger, chez toi?

— Oui, des trucs, mais je ne peux pas manger autant que je veux; ma mère, elle est vachement sévère.

— Bon... Bon, je veux bien te laisser filer, mais ne reviens plus jamais voler dans mon magasin, sinon c'est la police que je vais appeler directement. Tu me promets que tu ne voleras plus?

— Oui, madame, je le promets!

— C'est bon, tu peux t'en aller à tes cours.

— Vous n'allez rien dire à ma mère?

— Pas si je n'entends plus parler de toi.

— Merci, madame. Merci beaucoup! Vous êtes bien gentille.

Je me déteste en sortant de ce magasin. Pourquoi est-ce que je ne me fais pas écraser par une voiture? Ce serait fini, on n'en parlerait plus de tout ça. J'en ai assez! Suffit!

J'ai promis à la pâtissière de ne plus voler; pourtant, en cours d'habilité manuelle, je suis en train de me confectionner un sac de toile où je devrais pouvoir dissimuler le produit de mes vols. Peut-être pour pouvoir expliquer tous les bleus dont je suis couvert, Chantale m'a inscrit aux entraînements de hockey sur gazon; je compte mettre à profit les déplacements pour s'y rendre et en revenir pour remplir mon sac de tout ce qui me fait envie. Se doute-t-elle de mes projets? Chantale a acheté un carnet sur lequel mon moniteur doit marquer l'heure où j'arrive et celle où je repars. Ça intrigue terriblement mes coéquipiers.

— Tu n'as pas le droit d'aller où tu veux? m'a demandé l'un d'eux.

— Non, ma mère veut savoir exactement où je suis à n'importe quelle heure de la journée.

— Vacherie! C'est pas le pied, chez toi...

— Tu peux le dire...

— Ça fait que tu ne peux pas aller voir les gonzesses ni rien?

— Rien du tout. Dès que l'entraînement est fini, je dois rentrer au bercail.

— Vacherie! Moi je me laisserais pas faire...

— Oh il m'arrive de trouver des moyens de passer à travers. L'autre jour, j'ai changé les heures et je suis allé au sex-shop voir ce qu'il y avait là-dedans.

— Le sex-shop: c'est pour les bébés, ça! Quand on commence à avoir du poil aux couilles, on va voir les putes... les vraies, en chair et en os...

Je n'ai rien dit car je n'ai pas de «poils aux couilles». C'est mon cauchemar, chaque semaine, quand il faut prendre la douche à la piscine. Tous ceux de mon âge se baladent à poil, plutôt fiers d'exhiber leur pilosité, mais moi je n'ai rien du tout. Absolument rien. Et je dois faire preuve d'un haut niveau d'astuces, chaque fois, pour rester à l'abri du rideau. J'ai toujours la hantise qu'un doigt me désigne et qu'une voix s'élève pour dire:

— Regardez, les mecs, le Chintok n'a pas de poils aux couilles.

Je ne comprends pas pourquoi j'en ai pas comme tout le monde. Est-ce que c'est comme ça pour tous les

Asiatiques? Il y a un autre Coréen à l'école, Ariel. Lui il est dans une bonne famille, il a l'air heureux comme un pape – preuve qu'on peut être un Coréen adopté et heureux – mais il me considère un peu de haut. La Corée, les origines, on dirait qu'il a oublié tout ça. Je ne peux tout de même pas aller lui demander s'il a du poil au bas du ventre.

J'ai réussi à fausser les heures sur le carnet. J'ai fait un détour par les magasins et, puisqu'elle me fouille chaque fois que je rentre, je suis retourné aux vestiaires pour y laisser le sac. Me voyant, Chantale me demande tout de suite où il est.

— Je l'ai oublié aux vestiaires.

— Ça c'est curieux, car, en plus, Paul-André t'a vu devant le Prisunic un quart d'heure avant l'heure de ton départ marquée par ton entraîneur sur le carnet... Est-ce que tu peux expliquer ça?

— ...

— Tu es muet... Alors je répète ma question: qu'est-ce que tu faisais devant le Prisunic, avec ton sac à ce moment-là, un quart d'heure avant que ton moniteur ne marque l'heure de ton départ; est-ce que tu as une explication rationnelle à ça?

— Je... J'ai pris un raccourci...

— Un raccourci dans le temps, alors! Tu es très fort, vraiment très fort... Monsieur, à présent, peut prendre des raccourcis dans le temps. On aura tout entendu... Bon, maintenant, sans me raconter de conneries, je veux savoir la vérité, et ne mens pas, sinon je te fais passer un mois à dormir dehors sur la loggia... Alors, dépêche-toi...

Il n'y a aucune vérité que je puisse donner et je sais que mon compte est bon. De toute façon, ce serait aussi grave, sinon pire, si je racontais tout.

***

Tout comme je dois faire signer un carnet par l'entraîneur, tous mes devoirs doivent être signés par mes professeurs. Ainsi, Chantale peut contrôler chaque minute de mon existence. C'est une humiliation perpétuelle. Jamais Anne-Céline ou Paul-André ne parle de mon mode de vie aux autres; pour eux, j'imagine que ce serait humiliant aussi. Du reste, le plus possible, ils évitent que l'on soit vus ensemble. À l'école, il n'y a que Vinz qui soit mon ami. C'est avec lui que j'ai joué dans *L'Avare* et on a eu une excellente note. Le désir d'être comédien ne me quitte plus depuis qu'en Lozère Chantale a décrié ce métier.

C'est grâce à Vinz si j'ai pu me tenir à distance de Chantale une journée entière. Par l'intermédiaire de sa mère, il a fait en sorte que je les accompagne à une foire locale. Il aurait été difficile à Chantale de dire non à cette femme qu'elle ne connaissait pas. Lors ce cette fameuse sortie, ce qui m'a le plus impressionné a été de pouvoir manger des frites sans demander toutes sortes d'autorisations qui, de toute manière, auraient été refusées dans ma famille.

C'est aussi lui qui s'est arrangé pour que l'on se retrouve assis au même pupitre, et depuis ce temps mes résultats en maths ont augmenté. Paul-André a trouvé le moyen de dire que j'étais assis à côté d'un de mes copains et que je devais tricher. Vinz a soutenu le contraire auprès de Paul-André.

— Non, il ne triche pas. Est-ce que tu insinues aussi que je suis un imbécile?

Mais, pour tout dire, je trichais et il le savait. Lui, il n'a vraiment pas besoin de le faire, c'est une encyclopédie sur deux pattes.

Tout à l'heure, j'ai piqué des pâtisseries près des cuisines. Assis sous le préau avec Vinz, je partage.

— Où est-ce que t'as eu ça? demande Paul-André qui a surgi devant nous et me pointe méchamment du doigt.

Je sais que lui-même n'a pas d'argent pour s'en acheter, car nous ne sommes pas retournés visiter mamy. Il doit se douter que je les ai volées.

— Un copain à moi... dis-je en guise d'explication.

— Merde! t'as vraiment des bons copains, toi...

— C'est moi qui les ai achetées, dit Vinz: t'as quelque chose contre ça? Ça te défrise?

— Non, non, je m'en fous, moi, je faisais juste poser la question...

Mais je vois bien au regard qu'il a qu'il ne compte pas en rester là vis-à-vis de moi. Je suis certain que je vais en entendre parler par Chantale.

Il fallait s'y attendre, Paul-André a parlé à sa mère; je ne sais pas ce qu'il lui a dit, mais je suis de nouveau sur ce fichu balcon, qu'ils appellent « la loggia», comme si cela pouvait faire plus chic dans cet affreux H.L.M.

Sans que j'y sois pour quelque chose, Paul-André m'en veut à mort, ça se voit. Tout a commencé aux premiers jours, lorsqu'il a cru qu'il lui faudrait désormais partager sa chambre. Ça s'est poursuivi à chaque fois que j'avais quelque chose qu'il n'avait pas, comme l'affection de Nancy ou les cent francs que me donnait mamy, alors que lui n'en avait que cinquante. À ce sujet, il n'a pourtant jamais tiqué sur le fait que moi je devais immédiatement remettre cet argent à Chantale pour ne plus jamais le revoir. Il y a eu aussi la fois, à Saint-Étienne, où il n'a pas digéré que je mange toutes les truffes que Chantale avait reçues en cadeau de je ne sais plus qui. Oui, cette fois-là, comme d'autres auraient pu faire une crise de nerfs pour manifester

leur désespoir, moi, sur un coup de tête, j'avais en-
glouti d'un coup toutes les truffes qui, comme on le
sait, valent une petite fortune.

Parfois, il vient, il me donne des coups de pied et il
repart, comme si c'était naturel. Mais il n'en veut pas
qu'à moi: Laetitia aussi a droit à son mépris. Il l'appelle
souvent Bwana et il se moque d'elle sans arrêt parce
qu'elle grossit. L'imbécile: il n'a même pas remarqué
que sa propre mère est énorme.

16

Pour mes quatorze ans, pas de chansons en solitaire dans un hangar; j'ai le «privilège» de passer la nuit dans la chambre d'hôpital de Chantale qui vient de se faire opérer la vésicule. Est-ce l'opération? son ton est moins autoritaire, plus humain, presque celui d'une femme envers son fils.

Elle désigne la fenêtre.

— Il est beau, le beffroi, hein?

— Oui, maman...

— Ça n'a pas l'air de te passionner!

— Si, il est pas mal...

— C'est difficile de savoir à quoi tu t'intéresses...

— À beaucoup de choses...

— Comme quoi, par exemple?

— La musique, le théâtre, la photographie, la sculpture, l'architecture aussi...

— Tu veux parler de ta musique de fous avec tes chanteurs rémachinchose?

— Les chanteurs reggae, maman, et aussi la philosophie rastafari...

— Je ne vois pas ce que tu peux trouver de bien là-dedans... Au fait, as-tu fini le livre que je t'ai passé quand je suis partie en retraite en Belgique avec Laurent: *Au nom de tous les miens*?

— Oui, je l'ai lu...

— Et puis?

— C'est pas mal.

— C'est très bien, tu veux dire. Tu devrais en prendre de la graine.

Elle me montre la télé où ça parle encore de politique. Je déteste la politique. À la maison, c'est le principal sujet de conversation. Elle et Laurent sont pour Chirac, mais parfois ils ne détestent pas ce que dit Le Pen. C'est justement de lui qu'il est question et elle me dit que, si j'étais payé pour le faire, elle n'aurait aucune honte à ce que j'aille coller des affiches pour dire de chasser les «non-Français» du pays.

— Je ne pense pas qu'on me paye jamais pour coller de pareilles affiches, dis-je. À première vue, je ne fais pas tellement vrai Français.

Elle hausse les épaules sans répondre. Je perçois de nouveau ses ondes négatives à mon égard. Je sais que pour elle je ne suis qu'une incarnation du mal. Pour elle ce doit être nécessaire, puisque ça justifie ce qu'elle me fait. Pendant le procès de Klaus Barbie, elle a exigé chaque soir que je vienne écouter le compte rendu des audiences. Chaque fois, elle me répétait que je devais bien regarder ce qui arrivait aux gens comme lui, parce que je lui ressemblais en tous points. Tout comme elle m'avait déjà dit que si j'avais été à la place de Pol Pot au Cambodge, j'aurais fait exactement comme lui: que lui et moi, nous étions de la même nature.

Enfin, cette nuit à l'hôpital fait changement des habitudes. Ici, pas besoin de se mettre à poil en entrant, pas besoin de traîner partout mon pot de chambre orange, pas de nuit à passer nu dans le froid du balcon. Car, à la maison, c'est désormais ainsi que ça se passe. Je repense à Klaus Barbie; outre qu'elle a prétendu que nous étions pareils, lui et moi, je me souviens souvent qu'elle a dit que, si elle avait été à sa place, elle aurait sans doute fait comme lui. Ça me trotte souvent dans la tête. Klaus Barbie a dit qu'il n'avait fait que son devoir, mais, si je dois en juger à Chantale, est-ce que, pour satisfaire ses penchants, on ne choisit pas ce que l'on croit être son devoir?

***

Je crois qu'elle est malade de la tête! Toute ma vie doit tourner autour de cet horrible pot de chambre. Elle veut que je le traîne partout, que je m'en serve pour ramasser les crottes de Stella sur le balcon, et elle m'a même obligé à aller à l'école avec: j'ai passé la pire journée de ma vie, redoutant à chaque instant que quelqu'un ne découvre ce que je transportais dans mon sac.

— Renverses-en une seule goutte, me prévient-elle souvent, et je te fais bouffer tout ce qu'il y a dans le pot.

Tous mes jours sont sous le signe de la merde. Au-delà de l'humiliation, j'ai l'impression de vivre dans une infection permanente. Tout mon univers en est marqué et je ne peux même plus rien manger sans que, dans mon esprit, jusqu'à la nourriture en soit imprégnée.

Tous les jours, je dois faire des pompes avec le pot plein que je dois tenir par l'anse entre mes dents. Tous les jours, je dois ramasser les besoins de Stella sur le balcon et les mettre dans mon pot pour les transporter à l'extérieur. Je voudrais m'enfuir, mais, j'ignore pourquoi, je n'y arrive pas. On dirait que je préfère cet enfer à l'inconnu. Je ne comprends rien.

Si l'on peut dire, il n'y a qu'un seul bon moment dans la journée: c'est lorsque l'aube se lève le matin sur le balcon où, la plupart du temps, je passe la nuit nu comme un ver. Avec l'aube, se lève une brume épaisse qui pour moi est comme un manteau, un abri; en même temps, j'ai le sentiment qu'elle me lave. Elle est parfois si épaisse que, de l'autre côté de la vitre, Chantale ne peut même pas me voir. J'ouvre tout grand la bouche et j'en aspire de grandes goulées destinées à me laver l'intérieur. Mais ça passe vite. Ensuite, tandis que de l'autre côté de la fenêtre elle souffle sur son bol de café pour le refroidir, nu sur le balcon, je dois me laver à même le seau d'eau glacée. Quand elle me voit grelotter trop fort, elle entrouvre la porte-fenêtre et me demande ce que je vais faire quand je serai à l'armée et que je devrai me laver dans les rivières gelées. J'ai l'impression qu'elle a trop lu les récits de la traversée de la Bérézina.

Comme si ça ne suffisait pas, elle me donne des corvées prolongées et, pendant que les deux autres vont à l'école en voiture avec Laurent, elle ne me laisse pas partir avant huit heures moins cinq, alors que les cours commencent à huit. Je suis continuellement en retard. Ça me vaut des mauvais points, des mauvaises notes et des mauvais regards de la part des autres qui, à la longue, ne trouvent pas ça drôle. Ce qui, en fin de compte, me conduit à des bulletins désastreux qui, à leur tour, enflamment la colère de Chantale qui, pour m'en punir, me trouve toujours de nouvelles sanctions. Et puis elle exige que je transporte matin, midi et soir tous mes cahiers d'école, même ceux dont je n'ai pas besoin pour la journée. Je suis toujours chargé comme une mule sous les regards étonnés des passants et des voisins.

Il y a aussi les sinusites à répétition qui me font gémir parfois durant des nuits. Quand elle en a assez de m'entendre, elle surgit comme une furie avec une serviette qu'elle m'enfonce dans la bouche.

— Ça va te fermer ta sale gueule, dit-elle.

Je ne sais pas pourquoi, elle est de plus en plus vulgaire et, ce qui me chagrine lorsque je le constate, à force de l'entendre, à force de la haïr, je deviens pareil. Ses mots me rentrent dans le crâne, ils s'y font un nid et, quand ils sont bien installés, ils font des petits.

Une fois de plus je pense à tout ça, car tout à l'heure elle est venue me chercher dans le débarras pour que je descende écouter l'accident survenu à une petite malheureuse.

— Tu vas voir quelqu'un qui pourrait se plaindre, m'a-t-elle dit. Pas une femmelette comme toi qui gémis dès que tu as un petit bobo. C'est toi qui devrais être à la place de cette gamine qu'ils nous montrent à la télé...

Je ne comprends pas très bien ce qui se passe sur le petit écran. Il y a une fillette, prise dans une espèce de torrent de boue mouvante, et elle a juste la tête qui émerge.

Je ne sais pas ce qui se passe, je ne comprends pas pourquoi on la filme alors qu'elle est en train de disparaître, je préférerais ne jamais assister à cette scène et je suis paralysé par le calme de la fillette.

— Ne t'en fais pas, maman, dit l'enfant d'une voix presque chantante, je vais retrouver la Vierge Marie...

J'ai très envie de pleurer, non pas tant par ce qui lui arrive, que par le courage dont elle fait preuve, à cause de la bonté qui coule de sa bouche à travers des mots très simples. Je voudrais tant lui tendre la main, la tirer de là ou partir avec elle: l'un ou l'autre, pas autre chose.

— Tu la vois, Zigomar, cette petite fille... Eh! je te parle.

— Oui...

— Oui, qui? Et tu pourrais me regarder quand je te parle!

— Oui, maman.

— Oh et puis non, ne me regarde pas, tu as trop une sale gueule... Tu vois ça, salopard: cette petite fille, elle n'a rien fait de mal, elle. C'est ça qui est pire que tout; c'est toi qui devrais être à sa place. Parfaitement! Elle ne se plaint pas, elle, pas une seconde; tu la vois... Quand je pense que monsieur se plaint pour des riens... Qu'est-ce que ça va être pour toi, plus tard? Tu ne pourras même pas être éboueur, il faut le bac maintenant pour ça... Tête à claques... Brouillon de famille... Oh et puis, remonte dans ton bordel...

Je remonte sans rouspéter, mes deux mains cachant mon sexe. De toute façon, peu importe où ça se trouve, je préfère être loin d'elle. Et puis maintenant, j'ai le regard plein d'amour de cette petite fille pour m'occuper l'esprit aussi longtemps qu'il le faudra pour oublier tout ça. Tout ce que je regrette, c'est de ne pas avoir pu lui tendre la main réellement, soit pour la sauver, soit pour partir avec elle.

***

Une belle pause dans le déroulement du quotidien: parce qu'elle doit se rendre je ne sais trop où, Chantale nous a envoyés, Paul-André et moi, passer quelques jours chez mamy.

La seule ombre au tableau, c'est Paul-André. Je déteste son hypocrisie. C'est l'après-midi, l'heure de la sieste; la fenêtre de notre chambre au deuxième est ouverte et du bon air parfumé entre dans la pièce.

Paul-André s'agite sur son lit et dit qu'il ne s'endort pas.

— Et toi? demande-t-il.

— Je pense à des choses...

— Je peux venir sur ton lit?

— Pour quoi faire?

— Pour parler.

— Comme tu veux...

Il est venu à côté de moi, mais ça ne l'a pas tranquillisé; au contraire, il n'arrête pas de gigoter.

— Comment ça se fait que tu n'as pas de poils aux couilles? me demande-t-il.

Je n'aime pas la situation, elle me rappelle celle avec Francis. Mais comment lui dire de retourner sur son lit et de me laisser en paix? Je sais qu'il se vengerait vite d'une manière ou d'une autre. Il est comme ça.

Je réponds que je n'en sais rien.

— Moi j'en ai, dit-il en ouvrant son pantalon. Regarde...

Ce que je peux surtout voir, c'est qu'il bande comme un cheval. Je voudrais qu'il retourne sur son lit et, si ça peut lui faire plaisir, qu'il se masturbe sous les draps comme il a l'habitude de le faire le soir. Pourquoi est-ce qu'il veut m'embarquer dans cette histoire dégoûtante?

— Est-ce que la tienne est aussi longue? demande-t-il.

— Tu dois le savoir, je dois me promener à poil tous les jours...

— Ouais, mais quand tu bandes?

— J'en sais rien, ça ne m'intéresse pas.

— Tu ne te branles jamais?

— Non.

Il ne m'a rien demandé, il a fourré sa main dans ma culotte et il me triture le pénis. Surpris, je ne sais pas quoi faire; quelque chose de malsain me retient sur ce lit.

— Fais comme moi, dit-il.

— Quoi donc?

— Branle-moi.

Et comme je ne réagis sans doute pas assez vite, il m'attrape la main, la pose sur son pénis et lui imprime le mouvement qu'il désire.

Je ne sais plus ce qui m'arrive. J'ai honte, mais je ne bouge pas. Je voudrais ne pas réagir.

— Plus vite! ordonne-t-il.

Comme sans doute je n'accélère pas mon mouvement à son goût, il me laisse et pose sa main sur la mienne pour lui donner le mouvement qu'il souhaite.

Soudain il se redresse, file à la fenêtre et, les yeux fermés, éjacule sur le toit de la cuisine en dessous. Il n'a pas terminé lorsque la voix de mamy nous parvient de cette même cuisine.

— Je vous prépare du thé, les enfants; il fait chaud dehors, ça va vous faire du bien avant de jouer au tennis.

— Oui, mamy, on descend tout de suite, lui répond Paul-André.

Il finit d'éjaculer, remet de l'ordre dans ses vêtements, puis pointe le doigt vers moi en guise d'avertissement:

— T'es mieux de jamais rien dire à personne...

Avec un sourire mauvais, il se moque de moi qui suis resté sur le lit dans la position où il m'a abandonné, puis il ouvre la porte et descend comme si de rien n'était.

J'ai l'impression qu'un cancer gris rampe en moi. Je voudrais pleurer, mais je ne peux pas: il faut que j'aille jouer au tennis avec lui.

***

La plage de Wessant! J'use mes yeux à contempler la beauté du ciel, les côtes anglaises au loin, la grandeur de la mer. Je n'arrive pas à croire à ce qui m'arrive. Je dois ce bonheur à Bernadette.

Dès que je l'ai aperçue à l'école, j'ai tout de suite su que c'était une grande dame. Une messagère de la joie.

— Bonjour tout le monde! avait-elle lancé à la classe d'une voix claire et reposante. Je vais vous demander le nom de chacun, mais avant il faut que vous sachiez que le mien est Bernadette, Bernadette Bavière. Mon rôle ici est de partager avec vous durant une heure chaque semaine tout ce en quoi vous pouvez croire. Et, pour ceux qui ne croient pas, peut-être les amener à la foi. Mon credo est que dans la vie il faut croire à quelque chose. Pour gagner ma vie, je suis étalagiste; j'ai quatre enfants, dont Axel, que vous connaissez peut-être car il est dans cette école.

Toujours honteux de ce nom que je ne reconnais pas plus qu'à cinq ans, je me suis présenté sous ce nom d'adoption et, pour la première fois depuis Micheline, je me suis dit que cette personne allait sans doute m'apporter quelque chose de bien. Je ne savais pas qu'en plus de l'espoir que chaque semaine elle a diffusé dans mes veines, ce serait presque deux mois de plage à Wessant.

Chaque semaine nous avons parlé et les matins où je savais qu'elle serait à l'école, c'était comme un soleil qui se levait. Elle ne nous parlait pas directement de la religion, elle ne voulait pas nous enfoncer de force des vérités dans le crâne; elle nous parlait de la joie, du rire, de la bonne humeur, de tous ces petits gestes qui peuvent rendre les autres heureux, et nous-mêmes par contrecoup.

Au début, parce que son fils fréquentait notre école et que je craignais qu'elle ne parle de moi chez elle, puis que cela soit rapporté à Paul-André ou Anne-

Céline, je ne disais rien de moi. Ce n'est que petit à petit que je me suis ouvert à elle. Je me demande encore comment elle a pu s'intéresser à moi qui, jour après jour, selon les ordres de Chantale, ne devais porter pour tout linge d'école qu'une paire de bottes en caoutchouc et des shorts de fille. Oui, dans cette école de snobs où le Lacoste et le Naf Naf sont de rigueur, j'ai dû m'habiller comme le dernier des demeurés. Je suppose que Chantale s'est dit que comme ça je ne pourrais pas me faire d'amis et que tout le monde me rejetterait. Si c'est cela, elle s'est trompée en ce qui concerne Vinz et Bernadette.

Et peut-être est-ce même à cause de cela que cette femme s'est intéressée un peu plus à moi qu'aux autres. Pourtant, surtout parce que pour moi catholique équivalait à Chantale, je continuais à me vouloir complètement athée, ce qui m'a conduit sans doute à voir les choses de plus en plus noires. Tout me paraissait absurde, à ce point que la tentation de disparaître de la scène des vivants a commencé à m'effleurer sérieusement. Est-ce que Bernadette a deviné cela? Je l'ignore. Ce que je sais, c'est qu'un jour, sans prévenir, elle est arrivée à la maison et a demandé à Chantale l'autorisation de m'emmener deux mois en vacances avec elle.

— Qu'est-ce que tu penses de ça? m'a demandé un peu plus tard Chantale, qui n'avait pas pu dire non.

— Je suis content...

— Qu'est-ce que tu as bien pu lui raconter pour l'embobiner comme ça? Est-ce que tu lui as dit combien tu nous en fais baver? *Content*! Tu n'es pas bien avec nous! Tu préfères aller passer tes vacances avec des étrangers. Après tout ce qu'on a fait pour lui, voilà les remerciements...

Je crois que Chantale a accepté pour ne pas nuire à

sa réputation. Comme elle joue bien le jeu de la charité dès qu'elle est en société! Même Bernadette, chaque fois qu'elle rencontre ma famille, se trouve enchantée de trouver des gens aussi serviables et pieux. Nous devons avoir l'air d'une crèche vivante. Combien de fois, à la messe, Chantale m'a soufflé à l'oreille:

— Souris, salopard. Souris ou tu vas avoir affaire à moi en rentrant à la maison.

Et souvent, de retour à l'appartement, elle met ses doigts dans ma bouche et en tire chaque extrémité, comme pour me figer dans un sourire perpétuel.

Mais aujourd'hui, je suis sur la plage, dans la lumière, avec la famille Bavière et, même lorsque je vais au terrain de tennis où je prends des leçons, on m'appelle Mathias Bavière. Je ne veux surtout détromper personne. À deux heures de Chantale, à cent et quelques kilomètres du beffroi de Douai, la vie est complètement différente. Ici je peux faire ce qui me plaît, ou plutôt, pour être plus exact, je peux être ce que je suis. Je peux aller au lit quand ça me tente, je peux marcher pieds nus sur la plage, me baigner, regarder les gens, réfléchir, rêver. Je peux laisser le soleil chauffer ma peau et parler aux filles. De ce côté-là, on comprendra que je n'ai pas beaucoup de succès, avec le portrait que m'a fait Chantale en me déchirant la lèvre supérieure et en me relâchant les muscles des paupières, ce qui me donne l'air d'un dangereux psychopathe. Moi-même, je ne me trouve pas attirant du tout. Et ça m'embête, car je sais que dans cette société, l'apparence a beaucoup d'importance.

Parfois, nous allons dans un restaurant au bord de l'eau manger des moules et des frites, devant la mer qui scintille sous l'immensité de l'azur. Et j'observe les bateaux qui voguent vers l'Angleterre dont je rêve si souvent. J'imagine qu'un jour j'irai à Londres et en Écosse. Je rêve à la liberté des Highlands.

Dans le crépuscule iodé qui clignote des feux des navires, je me demande s'il est possible qu'à deux heures d'ici une femme prenne plaisir à m'enfermer et à me salir! Non, ça devait être un cauchemar et je suis enfin réveillé. Maintenant, c'est la vraie vie.

Je vais au cinéma, me gave de films de science-fiction, puis je mange autant de baguettes que je veux au petit déjeuner; enfin, je respire à pleins poumons et je sens la vie qui me pénètre les pores.

J'ai aussi rencontré Fab, un gars très bien, qui m'offre du haschish de temps en temps. Le soir venu, je m'allonge sur le sable durci par la marée et, givré, je me laisse aller à rêver que je quitte la France et que, sur le pont d'un cargo, je pars pour les pays du soleil, des odeurs et de l'amitié. Des pays où, contrairement à ici, il n'y aura pas de bandes de jeunes remontant la plage pour dénicher et chasser les «gens de couleur», les «bronzés», en leur disant qu'ils n'ont rien à faire en France, que si on continue à se multiplier comme des rats, il va bien falloir se débarrasser de nous. En riant, certains disent même «exterminer». Ils m'appellent Chintok ou Bol-de-riz.

Parce que je me rappelle sans arrêt d'où je viens, ce n'est pas assez pour gâcher mes vacances, mais ils sont nombreux, très nombreux, et je sais que ce pays, où la haine s'appelle trop souvent patriotisme ou civisme, ne sera jamais parfait pour les gens comme moi.

Je ne saurai jamais assez remercier Bernadette de ce qu'elle a fait pour moi. Déjà, l'été tire à sa fin, et je me demande si sans elle je n'aurais pas définitivement cessé de croire à la vie.

17

Non, ce n'est pas le reste qui était une illusion cauchemardesque, c'est Wessant qui a été un rêve. À peine de retour, Chantale m'est tombée dessus en m'accusant d'avoir pris de mauvaises habitudes et, surtout, sans que je n'aie eu à le dire, d'avoir préféré une autre famille à celle des Bastarache. De nouveau, il me faut cirer les souliers, faire les lits, me promener nu au milieu des autres comme Adam avant la Chute, manger à part, seul ou avec Laetitia quand elle est là, servir puis débarrasser les autres, secouer les nappes, remettre la table du prochain repas sans oublier le moindre article, faire la vaisselle, étendre et plier le linge, descendre les poubelles, bien sûr, faire mes devoirs, réciter mon allemand, mon latin, nettoyer les déjections de Stella sur le balcon, et, trop souvent, y passer des nuits sur le dallage, sans rien d'autre pour m'abriter que les vieux journaux qui me servent à ramasser les crottes de la chienne.

Il y a aussi des nouveautés: lorsque, par hasard, je suis autorisé à écouter quelque chose à la télé, je dois justifier tout rire qui ne serait pas en accord avec celui des autres. Aussi, Chantale peut décider de me faire monter les six étages de l'immeuble pendant toute une matinée, sans autre raison que de m'endurcir en vue du «régiment» où l'on me promet depuis des années le fameux parcours du combat-tant.

Mes journées commencent ainsi: dès que Laurent se lève à l'aube pour aller fumer sa cigarette dans les toilettes, le grincement de son lit doit automatique-ment me réveiller et je dois me précipiter sur le balcon pour faire ma toilette à poil avec un seau d'eau froide; ensuite, je dois réviser mes leçons contre un coin du mur, jusqu'à ce que la télé s'allume et qu'un animateur annonce à Chantale qu'il est sept heures et demie, heure à laquelle il m'est ordonné de ramasser les crottes de Stella. Ensuite, je passe devant la table où tout le monde boit du chocolat chaud et mange du pain, du beurre et de la confiture, et je me rends à la cuisine où je dois me servir mes flocons d'avoine avec de l'eau et du sucre. Pour le lait, il faut au moins que ce soit Noël. Ensuite, je dois débarrasser la table des autres, faire la vaisselle, nettoyer l'évier, dresser la table du midi et, comme les autres sont le plus souvent déjà partis en voiture avec Laurent pour l'école, il ne me reste plus qu'à courir pour ne pas être trop en retard.

Parfois, j'abandonne. Au lieu de me précipiter vers l'école, lorsque cette ville et toutes ses silhouettes me paraissent trop grises, lorsque la rapacité et la mesqui-nerie ambiante forment à mes yeux un *smog* au-dessus de la ville, je vais à la gare où, affamé dans la vapeur des hot-dogs, je regarde partir les trains en me deman-dant quand viendra mon tour de monter dans un wagon pour un ailleurs où Chantale ne pourra jamais me rejoindre. Évidemment, ces escapades sont rap-portées et je dois payer, mais tant pis: je dois toujours payer. Hier soir, dans tous mes travaux, une seule lettre n'avait pas la calligraphie que Chantale aurait voulue; j'ai dû tout recommencer, toujours dans mon débarras, avec pour m'éclairer la seule lumière qui peut filtrer sous la porte. Mais ce n'est pas exceptionnel; il est rare que je dorme plus de quatre heures par nuit, comme il est rare que je mange à ma faim. Il y a déjà longtemps que les couleurs et les formes que j'ai gagnées à Wessant font partie du passé. Je suis de nouveau un paquet d'os douloureux. Et Chantale ne cesse de me répéter:

— Tu ne souris jamais! Laetitia, elle, au moins, elle ramène des bons bulletins à la maison. Tu vois les rides que j'ai sous les yeux, c'est parce que j'ai ri toute ma vie. Moi je m'en fous que tu crèves ou que tu passes le reste de ta vie en prison, j'ai fait ma vie. Mais qu'est-ce que j'ai fait au bon Dieu pour avoir une calamité comme toi? Tête brûlée! Tu vas me le payer, tu vas voir...

C'est vrai que Laetitia ramène des bonnes notes. L'autre jour, avec Anne-Céline, j'ai dû aller la chercher à l'école pour aveugles où elle se trouve à cause de sa cataracte. Les deux bras m'en sont tombés tellement les aveugles m'ont impressionné. Ils ont tout vu, c'est le cas de le dire, et ils vivent complètement avec leur instinct et les vibrations qu'ils ressentent avec tout leur corps. Ils marchent, montent les escaliers, jouent ensemble et fabriquent n'importe quoi, tout ça en riant et sans se plaindre. Ça m'a rappelé que j'avais entendu Mère Teresa dire à la télévision qu'il y a souvent beaucoup plus de joie, là où il n'y a vraiment plus rien, que dans l'abondance. Je dois en avoir encore de trop, car cette sorte de joie-là n'est pas la mienne. Loin de là!

Tout ceci pour dire que quand ça va mal, ça va mal. Il y a quelques jours, j'ai emprunté quarante francs à un surveillant de l'école qui habite le même immeuble que nous. Pour appuyer ma demande, j'ai malheureusement cru utile de lui raconter qu'un membre de ma famille était décédé et que je n'avais pas un centime pour prendre le train le plus rapidement possible. C'est la faim qui m'a poussé à emprunter et, aussitôt, l'argent est passé dans des pâtisseries et dans un paquet de cigarettes qui, je l'ai remarqué, ont l'avantage de faire oublier la faim. J'ignorais que la femme du surveillant allait téléphoner aussi vite chez nous pour récupérer son argent, et en plus en faisant ses condoléances à Chantale. Celle-ci est furieuse et m'accuse de tous les maux de la Terre.

— On se serre la ceinture pour vous donner une bonne éducation et voilà... Laurent va aller les rembourser, ces quarante francs, mais je te promets une chose, tu vas les payer au centuple. Ça va t'apprendre. Et pour commencer, tu vas t'établir définitivement sur la loggia. Tu ne mérites plus de vivre entre nos murs: tu n'es qu'un démon!

— Mais...

— Quoi mais! Quoi! Et ne me regarde pas comme ça! C'est pas possible, je vais finir par te crever les yeux; comme ça, tu ne me fixeras plus. J'en ai plus qu'assez de tes yeux! Assez! Et puis tiens-toi droit quand on te parle... Ah devant les autres, tu sais gonfler le torse, tu sais faire le malin; ils ne te connaissent pas, eux. Il n'y a que moi qui sais ce que tu vaux. Je devrais dire qui sais que tu ne vaux rien. Et monsieur se faisait appeler Bavière... Ah! je ne l'ai pas oubliée, celle-là, ça non: elle m'est restée coincée dans la gorge. Tu sais ce que c'est des gens comme toi, tu le sais?

— Non...

— De la mauvaise herbe. Je te l'ai dit des milliers de fois, mais ça te passe toujours par-dessus la tête. C'est pas grave, tu vas me le copier jusqu'à temps que tu le saches parfaitement. Tu es tellement roublard et comédien que, si les autres ne font pas attention, tu es capable de te payer une bonne vie...

— Non, je ne suis pas comme ça!

— Qui t'a autorisé à parler? Hein, qui? C'est moi qui commande, ici! Ah! tu ne manques pas de toupet, franchement! Et arrête de te cacher le sexe avec tes mains, il n'y a rien à cacher. Tu crois que j'en ai jamais vu d'autres... Eh bien je vais t'apprendre une nouvelle: on va adopter un autre enfant, il s'appelle Mathieu et il est mongolien; eh bien! ce petit Mathieu, qui a trois ans, il a un plus gros pénis que le tien. Tu sais ce que c'est, un mongolien?

— Heu... un peu...

— Eh bien il est mongolien, mais beau comme tout. Mais toi, tu ne partageras pas les bons moments qu'il va passer avec nous. Toi, tu vas rester tout seul dans ton coin. Je te jure que tu ne feras pas peur à cet enfant. Et arrête de trembler comme une feuille. Non mais, tu n'es même pas capable de te contrôler, fille manquée. Tiens: puisque tu n'as rien à faire, monte un peu les hamsters sur la terrasse, qu'ils prennent l'air.

Je vais chercher les bestioles qu'elle a cru bon nous offrir pour apprendre à être «bons et responsables envers les créatures vivantes». Le mien est mort peu de temps après et il a fallu jouer le simulacre de la peine pour ne pas qu'elle s'imagine que je suis un monstre sans-cœur. Sur la loggia, comme je n'aime pas les voir en cage et que de toute façon ils n'ont aucune chance de s'échapper, je les laisse en liberté. Je m'aperçois soudain que Chantale me surveille de derrière un rideau de la chambre où elle prépare le lit de ce petit Mathieu qu'elle dit qu'ils ont adopté.

— Tu peux les prendre dans tes mains, crie-t-elle

en ouvrant la porte vitrée, ça serait trop te demander! Sûrement, il n'y a que sa petite personne qui l'intéresse: même pas capable de donner une caresse aux hamsters... Je crois savoir pourquoi le tien est mort... Ça ne m'a pas surpris. Mais au fait! qui t'a permis de les laisser sortir de leur cage? Et ton nez! Tu ne vois pas que la morve te coule du nez, tu ne peux pas l'essuyer!

— J'ai pas de mouchoir.

— Eh bien, débrouille-toi! À la guerre comme à la guerre, compris?

— Est-ce que je peux avoir un mouchoir, s'il te plaît, maman?

— Toujours ce ton... trop poli pour être honnête. Tu ne vois pas que je suis occupée: je prépare le lit du petit Mathieu. Débrouille-toi.

Croyant faire *comme à la guerre*, je me mouche avec les doigts. Voyant cela, elle sort sur la terrasse comme une folle, m'ouvre la bouche de force et me tire la langue avec ses doigts pour m'en racler le nez.

— Salaud! Cochon! hurle-t-elle, où est-ce que tu te crois! Ah! tu n'as pas fini d'en baver, avec moi... Si tu penses que tu me fais peur quand tu me regardes comme ça, tu te trompes. Regarde comme je tremble, regarde si j'ai peur... Je vais te la faire manger, ta morve, ça fera des économies. Et puis ton cadeau de Noël, n'y pense plus, on va le donner à Laetitia. On peut dire qu'elle a des défauts, mais, au moins, elle est récupérable, elle. Pas comme toi. Ah tu t'es acheté des gâteaux avec ces quarante francs, tu t'es empiffré, Sub le gros plein de soupe... Oui, oui, Sub; tu ne mérites même plus de t'appeler Mathias. C'est pas un nom pour toi, ça. Il ne pense qu'à bouffer; je suis sûre que tu dois voler le goûter de tes camarades, au collège...

— Non, maman, j'ai jamais volé leur goûter. Jamais!

— C'est ça, je vais te croire... et ne m'appelle plus maman ou...

Sans finir, elle écrase son poing sur mon nez d'où jaillit un flot de sang épais.

— Tiens, dit-elle, au moins, maintenant, tu ne chialeras pas pour rien... Nettoyage! et plus vite que ça, tu as intérêt à ce que ce soit impeccable lorsque je vais revenir. Ça y est, tu as réussi à me foutre en colère. Il a réussi, le salopard!

Paul-André apparaît pour dire que le dîner préparé par Anne-Céline est prêt.

— Laisse-le, dit-il à sa mère, il ne vaut pas la peine qu'on s'en occupe. Laisse-le, maman, tu te fais du mal pour rien. (Puis se tournant vers moi.) Espèce de salaud!

Je le regarde. Je ne comprends pas pourquoi c'est moi le salaud. J'ai emprunté quarante francs, ça me regardait: c'était entre le surveillant et moi; c'est comme si j'avais commis un crime. Tout le monde emprunte de l'argent, non?

***

Les nuits sur le balcon sont froides et interminables. Quand je ne suis pas obligé de rester au garde-à-vous jusqu'à minuit ou une heure du matin, je me recroqueville sur le dallage froid et je tremble sous la lune et les étoiles qui ne me réchauffent pas. À fixer la nuit, j'en ai presque des hallucinations. Le cosmos immense et insondable me fait parfois peur. Qu'est-ce que je suis au milieu de tout ça? À quoi ça sert, d'avoir froid comme ça? À quoi ça sert tout le reste? Qu'est-ce que ça leur donne à tous ces gens, dans tous ces immeubles, toutes ces villes et tous ces pays, de regarder la même télévision? Est-ce qu'il y a eu le big bang et des milliards d'années d'évolution pour en arriver à ce que la seule créature connue capable de dire «je suis» s'avachisse dans un fauteuil devant des niaiseries accablantes? À quoi ça sert?

Comment se poser d'autres questions quand on a tout l'univers au-dessus de la tête et le froid de la nuit qui chaque soir rentre un peu plus profondément dans les os? Ça ne me ferait rien de vivre sous les étoiles, si au moins il y avait autour de moi la chaleur de l'amitié, le réconfort de l'affection. Ça ne me ferait rien si j'étais avec mes amis les gitans et les nomades, autour d'un feu, à rire, chanter et célébrer la vie.

Tout le monde, y compris Chantale, parle des méfaits de la cocaïne, du L.S.D. ou même de la colle à sniffer. Moi, j'en rêve. Si je pouvais en avoir, si je pouvais en prendre avant de rejoindre ce balcon, combien mes nuits seraient moins dures. Et je m'en fous que ça tue ou que ça brûle les cellules du cerveau; tout ce que je veux, c'est effacer cette souffrance qui recommence chaque soir. Qu'est-ce que ça peut me faire de ne pas vivre soixante-quinze ans à geler sur un balcon ou à gaspiller le temps qui m'est donné à regarder Jacques Martin ou ses compères à la télé?

Lorsqu'il fait très froid, vers une ou deux heures du matin, sans doute de crainte que je ne gèle sur le balcon et que ma dépouille ne crée des problèmes avec la Justice, la porte s'ouvre et la voix de Chantale me dit de filer en vitesse dans le débarras.

— Tu nous emmerdes à claquer des dents comme ça. Mauviette. Toujours à se plaindre d'un rien.

Accablé de fatigue, les lumières froides de la ville maussade imprimées dans la tête, je me laisse glisser dans un sommeil douloureux.

Ce soir, comme si cela devait me faire de la peine, elle m'a annoncé que je n'irais plus à l'école privée.

— C'est trop bien pour toi, m'a-t-elle dit. Tu ne mérites pas cette éducation privilégiée, et puis tu fais honte à Paul-André et Anne-Céline. Tu vas aller à l'école publique. L'école des déchets... Tu vas voir, tu vas y être à ton aise: il y a plein de têtes dures, comme toi. Mais là-bas, ça marche à la baguette. Et puis ne crois pas que tu vas faire la belle vie pour autant. Tous les soirs je vais avoir le directeur au téléphone. Je vais exiger chaque jour un rapport de ce que tu as fait de ta journée et des heures où tu auras franchi le portail de l'école. Tu vas voir...

Il paraît que je pue. C'est bien possible, vu que je dois me laver sur le balcon à l'eau froide, que je dois souvent dormir là où Stella fait ses besoins, et aussi que je dois tout de suite remettre le linge que je viens de laver pour qu'il me sèche sur le dos.

Il fait très froid et je viens de demander à rentrer; elle m'a dit non.

— Je viens de laver partout, ça sent bon; si tu crois que je vais te laisser vicier l'air frais, tu te trompes... Et pourquoi est-ce que tu pues comme ça? Regarde-toi, en plus! On dirait un hibou. C'est normal, tu me diras: tu vis dans le noir, ta vie est noire, tes cheveux sont noirs, tes yeux aussi, ton cœur est noir et ta peau n'est pas plus claire. Heureusement qu'on ne voit pas l'âme... Tiens, je crois que je vais te laver, ça ne serait pas un luxe...

Je suis debout sur le balcon, elle fait le va-et-vient avec des seaux d'eau à laquelle elle ajoute beaucoup d'eau de Javel et, entre chaque voyage, elle m'asperge et me frotte avec une grosse brosse à poils durs. Tout autour, le brouillard est à couper au couteau, personne ne peut avoir connaissance de ce qui se passe ici. J'ai l'impression de vivre un cauchemar dans un cauchemar. Je vois mes cheveux qui blanchissent à force de recevoir de l'eau javellisée. Mes sinus sont en feu et tout mon épiderme aussi. Je fume dans le froid.

— Tu as trop de cheveux, tu as l'air d'un pouilleux pour ne pas dire que tu ressembles à une fille souillon, décrète-t-elle; je vais raser tout ça...

Il n'y avait pourtant que mes cheveux pour me protéger un peu du froid; je les vois qui tombent sur le sol du balcon. Je ne peux réprimer des sanglots; je voulais porter des dreadlocks comme les rastas de la Jamaïque.

— Vas-y! dit-elle, crie encore plus fort. Je te jure que si les voisins sortent sur leur loggia à cause de toi, je te coupe la langue. Si tu ne me crois pas, essaie encore une fois de chialer...

Les voisins! Il y a longtemps que j'ai compris que les voisins ne veulent pas savoir ce que je fais durant toutes ces nuits d'hiver, nu sur le balcon au garde-à-vous ou dormant dans de vieux journaux. Pas une fois ils n'ont demandé ce que je faisais là. Il faut croire qu'il est normal que les *Chinois* dorment à poil sur leur loggia en décembre.

S'écartant un peu, elle remarque un tas à Stella près du mur.

— Qu'est-ce que ça fait là, ça? demande-t-elle en pointant les crottes du doigt.

— C'est Stella...

— Je sais bien que c'est Stella – encore heureux que ce ne soit pas toi, quoique tu en serais bien capable – mais je veux savoir pourquoi c'est encore là: tu n'as pas nettoyé la loggia, ce matin?

— Si, mais Stella est revenue depuis...

— Ce n'est pas vrai! Tu mens, Stella ne fait pas trente-six fois par jour. Ce n'est pas un modèle de propreté, mais elle n'est pas comme toi.

— Mais je t'assure, je l'ai entendue qui...

— Ta gueule! Oui, on va te dire gueule, maintenant, parce que tu es un animal, et les animaux, ça n'a pas de bouche mais une gueule. Maintenant, tu vas manger ça...

— Quoi!

— Non, non, s'il te plaît, pas de ça avec moi, tu as très bien compris ce que j'ai dit: tu vas bouffer cette merde.

— Mais je... Non!

— Si tu ne l'avales pas toi-même, c'est moi qui vais te la mettre dans la gueule; tu as le choix...

Sur une impulsion, je grimpe d'un saut sur le balcon de ciment qui borde la terrasse. Je suis en équilibre six étages au-dessus de la rue. Elle hausse les épaules, rentre dans la chambre et ferme la porte vitrée.

— Alors, me demande-t-elle à travers la vitre, pourquoi tu ne sautes pas? À quoi bon tout ce cinéma si c'est juste pour faire semblant? De toute façon, je sais très bien que tu n'auras jamais le courage de nous rendre ce service...

J'hésite... Un flot de peine incompréhensible m'envahit et j'éclate en sanglots. Non, je ne peux pas sauter; de l'autre côté du cauchemar il y a la vie qui m'attend. Elle m'en a fait la promesse dans les collines de Lozère, sur la plage de Wessant et dans les souvenirs flous qui me restent d'avant tout ça. Je retombe sur le balcon.

— Bouffe! ordonne-t-elle en pointant toujours du doigt le tas de Stella. Bouffe ça tout de suite!

Je ne sais pas ce que je fais. Je sais que je pleure et que j'en prends dans mes doigts. Ce n'est pas pour obéir, non; c'est pour la punir... Oui, c'est pour la punir que je le fais, que je porte ça à ma bouche, que mon cœur tressaute, que je déglutis, que tout me remonte dans la gorge et que j'avale encore. Le goût est infect, horrible, mon corps est sali pour toujours.

Derrière la porte, Stella qui a vu ça gémit comme si elle était blessée. Je crois qu'elle a compris ce qui se passait. Oui, même la chienne en est révoltée.

Je ne bouge plus. Debout, immobile, je tiens mes yeux fermés très fort. Je ne veux plus rien savoir. Que tout ceci passe et que le souvenir s'en efface. Je veux oublier mon corps, oublier cette infection dans ma bouche.

Elle n'a pas redit un mot. J'espère, je souhaite de toutes mes forces que, comme Stella, elle a compris ce qu'elle a fait. Je veux qu'elle s'en souvienne jusqu'à son dernier souffle. C'est peut-être pour ça que j'ai réussi à le faire. Sans la haine, je n'aurais pas pu.

La nausée jusque dans le fond de mon âme, je reste toujours droit et totalement immobile sur le balcon. Je n'ouvre même pas les yeux, de l'autre côté de mes paupières il n'y a que la saleté grise. Je sais que de temps en temps la folle vient voir derrière la porte, je sens sa présence. Qu'elle me regarde bien! Je me répète que désormais je refuserai tout ce qu'elle peut croire; dès maintenant et pour toujours, je refuse tout ce qu'elle a pu m'inculquer et qui peut conduire à ça. Très bientôt, dès qu'une porte s'entrouvrira, je vais l'enfoncer et quitter l'Europe et ses ruines mentales. Je vais partir loin d'ici. Rien ne pourra plus me retenir, personne ne pourra plus me faire manger de la merde. Jamais!

18

Je vais sur mes quinze ans. L'hiver est passé et je ne comprends toujours pas comment tout ce froid ne m'a pas glacé pour l'éternité. À croire que je ne mérite pas le soleil, à présent que revoici les beaux jours, on m'a retourné dans mon débarras obscur. Il n'y a pas long-temps, Laurent, Chantale et une partie des enfants sont allés en Provence pour deux semaines. Il n'est resté là que Paul-André et Anne-Céline. Une fois par jour, l'un ou l'autre venait m'ouvrir la porte du débar-ras et j'avais le droit à une heure de lumière sur le balcon. Une heure, pas davantage.

Mathieu, le jeune trisomique, est arrivé, mais je ne le connais pas beaucoup car je ne le vois presque pas. Tout ce que j'en sais, c'est que pour moi il est un peu comme un enfant sacré. Il a tout le temps le sourire et la bonté pure inscrite sur le visage. Pourvu que la folle ne lui fasse jamais de mal! J'enrage rien que d'y penser.

Il y a eu aussi Linh, un Vietnamien qui n'a passé que deux semaines chez les Bastarache. Il devait rester plus longtemps, mais il a perdu le contrôle dans l'atmosphère de cette maison et a tenté de se jeter de l'endroit même où j'ai bien failli le faire. Il s'en fallut peu qu'il eût réussi: Chantale a juste eu le temps de le rattraper par les jambes. Elle a refusé de le garder davantage et a prétendu qu'il avait fait cela parce qu'il se droguait. Pour avoir jasé avec lui à quelques reprises, je crois plutôt que c'est parce qu'il n'avait pas trouvé, dans ce foyer, la chaleur qu'il attendait. Laurent lui parlait bien quelquefois en vietnamien, mais Chantale avait commencé à exiger de lui ce qu'elle exige toujours de moi: autrement dit, qu'il ne soit plus lui-même pour être ce qu'elle voulait. Lorsqu'il est parti, il m'a laissé en douce un billet de vingt francs en me disant que j'en aurais plus besoin que lui.

Je crois que c'est en quelque sorte par solidarité que je me suis mis à sniffer de la colle. Aujourd'hui je confonds mes rêves, mes espoirs et mes hallucinations. Je m'en fous. Je ne ferai jamais le plaisir à Chantale de préparer mon lendemain. L'avenir, ce sera quand tout ce présent d'humiliation sera terminé.

L'autre jour, elle avait des invités, elle m'a fait les servir uniquement vêtu de la chemise de nuit à Laetitia. Elle trouvait ça drôle.

— Ce n'est pas de ma faute, a-t-elle dit, c'est lui qui veut porter ça. Il veut qu'on l'appelle Mathiasine, il est efféminé de nature.

Après ces mots, je n'ai eu que le temps de courir à la salle de bains pour vomir. Voilà qu'elle me diminuait à plaisir devant les étrangers. Ça ne lui suffisait pas; elle m'a suivi, a refermé la porte derrière elle et m'a tiré l'oreille douloureusement.

— Tu n'as pas un pot de chambre à toi?

— Oui...

— Alors qu'est-ce que tu fous dans la toilette du vrai monde? C'est pour les gens qui savent vivre, ici. Ce n'est pas parce qu'on te permet de servir les invités qu'il faut te croire tout permis. Allez, dégage, efface ta sale gueule de métèque. Ouste!

Ça ne va pas mieux avec mes prétendus frères. Francis, lui, est entré dans l'armée pour y faire carrière. Il joue au bon fils, il a acheté une nouvelle télévision à ses parents, a refait sa garde-robe et porte dorénavant des gants de cuir noir. Il s'est aussi payé une voiture toute neuve, mais elle ne sort jamais car il n'a plus d'argent pour mettre de l'essence dedans. Une fin de semaine, alors que Chantale me criait après, ce qui n'avait rien de nouveau, il s'est fâché contre moi:

— J'en ai marre d'entendre gueuler à cause de ta sale gueule! Fous le camp dans ton trou...

Il m'a poursuivi en me frappant de ses souliers sous le regard attendri de sa mère...

— Ne compte pas sur moi pour vous séparer, m'a-t-elle dit.

Ces paroles ont encouragé Francis qui m'a attrapé pour carrément me lancer à bout de bras. Ma figure a heurté une marche de bois et le sang a giclé de ma bouche. Ça ne l'a pas calmé, il m'a bourré de coups de pied. Chaque fois que je le regarde, je sais très bien qu'il a peur que je parle. Pour lui, je dois représenter une faiblesse qu'il a eue, et son souhait secret doit sûrement être de me voir disparaître d'une manière ou d'une autre. Tout comme Paul-André et Chantale. Il n'y a qu'Anne-Céline qui est plus humaine avec moi. Elle m'apprend à jouer aux échecs et elle a même tenté de prendre ma défense en insistant pour que je partage sa chambre.

— Si nous n'étions pas tout le temps sur son dos, il ne serait pas comme ça, a-t-elle dit à sa mère. S'il avait une vie normale, il n'aurait pas envie de te regarder comme tu dis qu'il te regarde.

Elle a abandonné sur le partage de la chambre au bout d'une semaine, car mes sinus sont tellement abîmés qu'il paraît que mes ronflements viendraient à bout de la patience de n'importe qui.

À l'école publique, c'est pareil. À cause des vêtements que m'oblige à porter Chantale, je suis la risée de tout le monde. Mes lèvres déchirées, mes paupières tombantes à la Rambo, mon crâne rasé, mes éternelles bottes de caoutchouc et mes shorts de fille, l'odeur que je dégage parce que je dois toujours remettre mes vêtements mouillés sur mon dos pour qu'ils sèchent: tout cela ne m'attire aucune sympathie. De mon côté, je deviens mauvais. À ceux qui me parlent de mes bottes, j'invente des histoires: je raconte que mes parents ont une péniche et que je dois y travailler en rentrant le soir; à ceux qui me frappent, je pique le portefeuille et, tous les jours à présent, je sniffe de la colle et j'oublie.

Mais aujourd'hui, c'est mon jour le plus noir depuis qu'il m'a fallu manger les crottes de Stella! Chantale a été invitée par le curé à parler lors d'une émission de la radio locale. Pour signifier combien est difficile la vie de mère adoptive, elle me décrit comme un véritable rejet humain. Elle a d'abord raconté sa foi, ses adoptions et sa bonté, puis, après les soucis causés par la cataracte de Laetitia, le soin d'un petit mongolien, des trémolos dans la voix, elle a mis tout le paquet sur moi:

— Vous savez, a-t-elle commencé, Mathias est un caractériel...

— Pouvez-vous nous expliquer ce qu'est un caractériel? lui demande le prêtre. Avez-vous des exemples de comportement?

— Oui, tout à fait! Mathias vient de Corée du Sud. Depuis qu'il est avec nous, il n'est pas comme les autres enfants. Il ne parle pas, il reste toujours seul, il est d'une jalousie maladive et réclame toujours ce que les autres peuvent avoir, il vole à l'étalage et si vous lui donnez un matelas, il va faire ses besoins dessus, par exemple...

— À ce point!

— Ah! tout à fait.

— Ça ne doit pas être drôle tous les jours, nous devinons quel degré d'abnégation il vous faut avoir pour accepter cela...

— Oh, vous savez, nous prenons soin de lui pour l'amour du bon Dieu. C'est certain que nous sommes des êtres humains: parfois, cela nous semble dur, mais l'on se reprend; et puis il y a toujours la satisfaction du devoir accompli...

— Je vous félicite!

— Oh ce n'est rien, je ne fais que mon pauvre devoir...

— Quand même... Cet enfant qui fait ses besoins partout, qui vole dans les magasins... Quel âge a-t-il?

— Il va bientôt avoir quinze ans.

— Voilà une bien dure épreuve...

Marie-Frédérique enregistre toute l'émission, je voudrais démolir son appareil, effacer toutes ces paroles qui abusent de moi. Voilà à présent que mon nom circule sur les ondes comme celui d'un moins que rien. Toute la ville, tous les environs croient maintenant savoir qui je suis. Chantale a réussi à me salir jusque sur les ondes.

En rentrant, les enfants ont félicité leur mère. Marie-Frédérique lui a dit qu'elle avait vraiment bien parlé.

— Et regardez ce que m'a donné monsieur le curé, a répondu Chantale en exhibant un chèque d'un joli montant. Il y a des gens qui savent apprécier ce que nous faisons et qui ont décidé de nous aider.

En plus de la faim, c'est un peu pour ça, par vengeance de son utilisation de moi pour réveiller la générosité des gens, que, quelques jours plus tard, je suis allé dans une boulangerie ouvrir un compte au nom de mes parents, dont j'ai affirmé que le nom de famille était Dauville. Mais ça n'a pas duré longtemps, la boulangère a appris mon vrai nom de famille et a appelé Chantale.

Celle-ci, debout et raide comme la Justice outragée, interpelle Laurent dans le but évident de le mettre en colère.

— Tu te rends compte combien de pâtisseries il a pu bouffer... Il en a pris pour plus de trois cents francs... Pendant qu'ici on se serre la ceinture pour accueillir des pauvres petits enfants qui en ont besoin, lui il se gave comme un goret alors qu'on s'imagine en toute bonne foi qu'il est en train d'étudier à l'école. La boulangère m'a même demandé s'il n'était pas dyslexique, c'est pour te dire... (Elle se tourne vers moi.) Te rends-tu compte que tu n'es qu'un *morveux*! Est-ce que tu t'en rends compte!

Les mots me montent à la bouche sans que je puisse les arrêter:

— Et toi, est-ce que tu te rends compte que j'ai faim! Est-ce que tu te rends compte que tu me fais manger la merde de Stella, des yaourts à la moutarde...

Laurent lève la main.

— Ça suffit pour ce soir, dit-il, j'en ai assez! Je vais m'occuper de lui demain, je vais l'emmener passer des tests à la base militaire et s'ils veulent bien de lui, on aura la paix.

Je veux leur faire savoir qu'ils peuvent avoir la paix encore plus vite et leur propose une solution:

— Je vais m'en aller, voilà ce que je vais faire...

— Si tu veux, réplique Chantale en prouvant bien qu'elle tient à garder sur place son esclave oriental, mais n'oublie pas que sans papiers d'identité, sans argent, tu vas te faire arrêter. Moi je m'en fous, ce serait bien pour toi, tu ne serais plus qu'un numéro dans une prison aux frais de l'État. Je te jure que si la police t'arrête, je ne te connais pas! Ça non!

L'armée ne veut pas de moi. Curieusement, ça a été un choc, même si j'ai fait en sorte de répondre au test avec dans l'idée de ne jamais aller dans un endroit où l'où pourrait m'apprendre à manipuler des objets destinés à tuer. Et ce n'est pas le seul nuage aujourd'hui, car Audrey vient de me dire qu'elle ne veut plus me parler. Audrey, c'est ma seule amie depuis que je suis dans cette école où elle est déléguée de la classe. C'est aussi la seule fille que j'ai embrassée, et voilà qu'elle me dit froidement qu'elle ne veut plus me voir. Par hasard, elle a appris que j'avais fait marquer sur le fameux compte à la boulangerie la boîte de chocolats que je lui ai offerte pour la Saint-Valentin.

— Tu me déçois, Mathias...

— Je ne voulais pas que tu le prennes comme ça... C'était pour te faire plaisir.

— Eh bien tu m'as fait de la peine, c'est tout ce que tu as réussi à faire. Je ne comprends pas pourquoi tu agis comme ça. Je crois qu'il vaut mieux en rester là, nous deux...

— Tu ne veux plus me parler!

— Non, Mathias. Il ne fallait pas me mentir. Je ne pourrais plus te faire confiance maintenant.

— Je vois, ils ont gagné...

— Qui a gagné quoi?

— Ceux qui m'obligent à porter ce linge ridicule, ces bottes. Tout le monde me prend pour un idiot avec ces vêtements-là, et toi, c'est normal, tu en as marre d'être l'amie de l'idiot. Je comprends ça...

— Ce n'est pas ça du tout!

— Tu ne le sais peut-être pas toi-même, mais c'est

comme ça. Tu sais, tu es la seule qui m'ait jamais invité chez elle. Rien que pour ça, je me souviendrai de toi toute ma vie.

— Et toi, tu es le seul qui me fait rire, Mathias, mais ce que tu as fait, c'était de trop.

— C'était une blague...

— Une blague! Une curieuse blague, alors... Et puis pourquoi est-ce que tu crois toujours qu'il faut rire de tout?

— Parce qu'il vaut mieux rire que pleurer, non?

— Il faut être sérieux, aussi.

— Ça, c'est un luxe que je ne peux pas me permettre, pas maintenant...

— Moi, j'ai besoin d'un peu de sérieux, je suis désolée... Fais attention à toi...

— Toi aussi, Audrey.

Je voudrais lui dire de rester avec moi, de repenser à sa décision. Je voudrais lui dire de m'attendre, mais je sais que ça ne sert à rien. Ça me fait mal de la voir se détacher de moi. Toutes ces dernières semaines, je pensais qu'il y avait au moins elle pour qui je comptais, mais je réalise que je me suis encore raconté des histoires. Il n'y a personne qui m'aime. Personne et moi j'en ai assez!

Je me suis sauvé sur un coup de tête et j'ai déambulé dans les rues de Douai. J'ai pensé à Rimbaud qui était passé par là et qui n'avait pas pu faire autrement que de s'exiler dans la lointaine Afrique. Comme je le comprends! Moi aussi je déteste ces murs gris, cette tristesse ambiante chargée de tout le poids des préjugés et de la mesquinerie; en revanche, je ne comprends toujours pas pourquoi je suis revenu à l'appartement. Ce n'est même pas la faim ou le froid qui m'a ramené, c'est plutôt le sentiment incompréhensible mais incontournable qu'il fallait revenir, qu'il fallait aller jusqu'au bout de je ne sais même pas quoi.

Je regarde Chantale. Non, vraiment, je ne comprends pas pourquoi je suis revenu. Elle me hait, c'est écrit dans ses yeux. Souvent, malgré tout, j'ai espéré y lire quelque chose qui ressemblerait à de l'affection ou de l'intérêt, mais non, jamais rien que le dégoût et la haine. Pourquoi m'a-t-elle arraché à mon pays? Elle n'a jamais rien voulu savoir de la Corée. Pour elle, c'était un pays sous-développé, un point c'est tout. Ma religion d'origine ne l'intéressait pas davantage; Bouddha, l'incinération, tout cela représente toujours pour elle des coutumes de barbares. Du reste, quand elle parle de ce que j'étais avant d'arriver, elle dit que j'étais protestant. Elle est incapable d'imaginer qu'il puisse y avoir autre chose que ses propres croyances. Je dis croyances, mais dans le cas de Chantale, je ne crois pas que ce soit le bon mot: je devrais écrire habitudes. Elle me bouscule:

— Alors tu te sauves, maintenant!

— J'en avais marre...

— Ah tu en avais marre... Et de quoi en avais-tu marre, s'il te plaît? Peux-tu m'expliquer ça?

— J'en sais rien...

— Je vois, tu ne veux pas parler; eh bien, puisque tu veux te taire, je vais te fermer la gueule pour de bon, moi.

Elle a pris un torchon à vaisselle, et elle me le rentre d'office dans la bouche.

— Comme ça, on va être tranquilles, dit-elle. On ne t'entendra plus. File sur la loggia et n'en bouge plus avant que je te le dise. Je vais t'en faire, moi, des fugues.

Mathieu est là qui nous regarde avec ses grands

yeux sans malice. Il ne comprend pas ce qui se passe. Il est incapable de comprendre le mal.

— Ne le regarde pas, Mathieu, dit-elle: Machiasse, il est le mal, il pue. Ne t'occupe pas de lui, il n'existe pas.

Il est le mal: elle l'a encore dit. Qu'est-ce que ça signifie exactement pour elle? Voit-elle vraiment en moi un diable, ou est-ce que c'est plus pratique pour sa conscience de me voir comme ça?

Je monte sur la terrasse. La ville s'enfonce dans une brume épaisse et humide. J'ai la langue et le palais blessés par le torchon. Pourquoi est-ce que je suis revenu? Ça fait deux fois. Deux fois de trop.

***

J'ai été pris sur le fait à voler dans un supermarché. C'est un policier qui se charge de mon arrestation et contacte Laurent.

Chantale s'excuse presque comme si elle était responsable de mon larcin. Elle promet que je ne recommencerai plus, puis elle explique que je suis un caractériel, qu'elle-même et sa famille n'y sont pour rien, que mon geste relève d'un problème qui les dépasse, malgré tout ce qu'ils ont pu faire pour moi, pour me procurer une vie heureuse et saine. Elle relate tous les sacrifices qu'elle a dû faire pour me faire venir de Corée.

— Et voilà la récompense, ajoute-t-elle comme pour appeler cette fois la pitié du policier qui, pour un peu, s'attablerait avec eux devant un petit calva pour les consoler.

Pourtant, moi, il ne m'a pas écouté quand je lui ai dit que j'avais faim. La faim, on dirait que personne ici ne sait ce que c'est: ils ne comprennent pas. Ils n'ont jamais ressenti ce grand trou noir au fond de soi, ce trou qui engloutit tout et en demande toujours davantage. C'est autrement plus douloureux que d'avoir un fils adoptif qui vole à l'étalage pour prendre ce qu'on lui refuse chez lui.

— Là, maintenant tu es content de toi! m'apostrophe-t-elle, à peine le policier parti. Tu as eu ce que tu voulais, tu as sali notre nom... Par ta faute, le nom Bastarache est maintenant fiché à la police!

Comment lui faire comprendre qu'elle a sali mon âme? Je hausse les épaules. À quoi bon lui dire quoi que ce soit. Elle a toutes les raisons qu'il lui faut pour se livrer à son plaisir.

Je m'apprête à en subir les effets lorsque le téléphone sonne et l'arrache à ce que je pense bien être son passe-temps favori.

Je crois comprendre que c'est cette femme chez qui ils sont passés lorsqu'ils ont été en Provence. Une certaine Pénélope qui, d'après ce que j'ai pu entendre, vit là-bas sur une ferme où elle accueille des enfants dans le besoin.

— Je n'en peux plus, dit Chantale dans l'appareil. Il a tout fait, et maintenant c'est la police qui nous le ramène pour vol à l'étalage. Je vous le dis bien franchement, je suis complètement découragée... Comment... Vous feriez cela... Non, non, je ne voudrais pas vous l'imposer... Vous êtes certaine?... Un an... Peut-être que ce serait une solution dans le fond... Mais je n'ose pas... Vraiment?... Oh! c'est trop gentil à vous. Nous allons encore en discuter avec Laurent, mais... je ne sais pas quoi vous dire, vous êtes trop bonne.

Elle pose doucement le combiné en me regardant d'un air méditatif.

— Tu as gagné, me dit-elle en raccrochant, cette trop brave femme accepte de te prendre chez elle. Tu vas voir ce que c'est que la vie à la dure... Ça va être autre chose que de chiper dans les magasins. Ça fait des années que je te préviens, eh bien tu viens de décrocher le gros lot: tu vas voir ce que c'est de ramasser le crottin de cheval à six heures du matin... Là-bas, finie la vie de château, il va falloir que tu travailles. Tu vas voir si tu vas pouvoir ouvrir des comptes dans les boulangeries...

Elle croit me faire peur, moi je ne sais pas comment cacher ma joie. Je ne voudrais surtout pas qu'elle change d'idée. Je vais partir! Ça m'est égal de ramasser du crottin de cheval à n'importe quelle heure de l'aube, je sais que là-bas, même si cette femme est sévère, ma vie ne pourra jamais être ce qu'elle est ici. Là-bas, ce serait un trop grand hasard de retrouver une autre femme qui me hait pour le plaisir. Peut-être que cette Pénélope ne m'aimera pas, c'est le droit de chacun, mais je ne peux pas croire que je puisse tomber sur deux Chantale au cours d'une même vie. Ça aussi, je voudrais le lui dire, mais encore là, je ne veux surtout pas qu'elle change d'idée.

— Tu réalises ce qui va t'arriver? me demande-t-elle.

— Oui, un peu, enfin non...

— Eh bien tu devrais... Tu n'as même pas l'air de te rendre compte que tu vas nous quitter: ça t'est égal?

— Non...

— J'espère, après tout ce qu'on a fait pour toi... Ah! tu pourras les remercier, tes frères et sœurs. Quand tu vas être loin, tu vas comprendre à quel point ils ont été gentils pour toi... Mais ma parole! on dirait vraiment que tu t'en fous de les laisser... Tu n'as donc pas de cœur?

Je ne réponds pas. Je me contente de la regarder. Je ne peux tout de même pas lui laisser croire que je suis triste de les quitter, même si, comme elle m'en a prévenu, ce n'est que pour une année. Je voudrais même lui dire tout ce que j'ai sur le cœur, mais elle m'effraie encore. Je me demande si elle m'effraiera comme ça toute ma vie.

— J'espère que quand tu seras là-bas, dit-elle, tu n'auras pas l'impudence d'aller colporter des mensonges sur ta famille?

— ...

— Je t'ai posé une question.

— Hein! oh oui, non...

— J'espère bien, parce que moi aussi je pourrais raconter des choses... N'oublie pas qu'aux yeux de tous, je serai toujours ta mère...

Je ne sais pas à quelles *choses* elle fait allusion, mais je préfère ne pas le lui demander. Si moi je ne le sais pas, elle doit l'ignorer tout autant.

— De toute façon, ajoute-t-elle, n'oublie pas non plus que tu dois revenir dans un an. Si tu as changé, ce qui m'étonnerait, on te fera la vie plus facile; sinon... Allez, disparais dans ton cagibi et que je ne t'entende plus.

***

Tout s'est passé très vite, comme lorsque j'ai été arraché à mon orphelinat, ou sans doute lorsque je me suis retrouvé orphelin. Les grands bouleversements viennent sans crier gare. Il n'y a pas eu d'au revoir particulier, tout au plus une dernière mise en garde avant que Laurent ne me conduise à l'aéroport de Lille:

— Eh bien tu vas voir, Zigomar... Ça faisait des années que tu étais prévenu, maintenant tu vas y goûter...

Je lui ai dit au revoir comme on le dit normalement, mais, dans ma tête, c'était bel et bien un adieu. Quoi qu'il arrive, l'an prochain j'aurai seize ans et je demanderai mon émancipation. Je n'ose encore me le confirmer, mais je crois que cette fois c'est fini. J'en tremble encore.

Au dernier moment, je l'ai regardée: cheveux poivre et sel coupés court, un visage vulgaire aux traits épais, grosso modo la forme générale d'une barrique. Je me suis soudain demandé comment cet être si commun avait pu me terroriser jusqu'à cet instant. N'y avait-il que la force de ses gros bras? Je ne comprends toujours pas.

Puis, à peine parti, dans la voiture de Laurent, je me suis rendu compte qu'il doit y avoir quelque chose comme de l'amour dans la haine; je me suis aperçu qu'elle occupait toujours mes pensées. Et je me suis dit que de me faire mal était peut-être la façon qu'elle avait de m'aimer. Mais j'ai secoué la tête, c'était trop ridicule. Déjà, je revoyais ces lointaines nuits à Grand-Couronne à faire des pompes à ses pieds en suivant la vitesse du métronome, ces après-midi où je devais sauter à la corde dans la cour lorsque, par étourderie, j'avais utilisé un mot de coréen, et tout le reste, toutes ces années, jusqu'à la pauvre Stella qui depuis qu'elle m'a vu manger ses crottes, sans doute pour me l'épargner de nouveau, les mange elle-même. Non, il n'y avait pas d'amour là-dedans, il faut que je me le dise une fois pour toutes. J'aurais bien voulu, mais, comme le dit Chantale elle-même, «il ne faut pas prendre ses désirs pour des réalités».

Et puis pourquoi ne pas laisser tout ça derrière, à présent?

L'avion roule sur la piste, dehors c'est le gris du Nord; tout à l'heure je vais monter dans les nuages comme il y a de ça plus de dix ans. Il faut oublier, ce n'était qu'une escale...

L'avion est dans le ciel, des ailes d'argent dans l'or de la lumière! Tout autour le soleil et l'azur, dans mon cœur c'est la joie qui gronde. Pur, immense, partout le ciel est le même; il n'y a que la terre qui soit parfois trop basse.

— Monsieur, un Orangina, un Coca?

Je souris à l'hôtesse qui me sourit.

— Les deux, s'il vous plaît...

— Bien sûr, pourquoi pas...

Dans ma poitrine, il y a un torrent de montagne printanier qui emporte tout.

Je pleure. Je pleure, car je retrouve la lumière de ma vie, celle que j'avais perdue en atterrissant à Paris. Je pleure parce que le cauchemar est fini. Je pleure parce que j'ai failli ne plus croire à la vie. Je pleure... oui, je pleure pour Chantale qui ne connaîtra jamais ça...

L'espoir vit
lorsqu'on se souvient...

J'ai cru qu'il fallait oublier, je me suis trompé. Il faut se souvenir pour exorciser, il faut se souvenir pour dénoncer, et il faut se souvenir pour ne pas oublier, pour ne pas que ça recommence.

C'est un ami qui œuvre pour le Centre Simon Wiesenthal qui m'en a convaincu. C'est pour que l'espoir vive que j'ai voulu écrire au présent mon journal du passé.

J'ai beaucoup changé depuis que l'avion a quitté Lille. Pénélope, la personne chez qui je suis allé, est en fait une personne généreuse et sympathique. Chantale m'avait dit que là j'allais en baver, mais, même s'il m'a fallu donner beaucoup de moi, pas une minute je n'ai souffert. Et puis, s'occuper des chevaux, même à six heures du matin, ce n'est pas une corvée. Surtout lorsqu'on sait que l'on est aimé. Pénélope est une de ces trop rares personnes qui ne vivent que pour donner. Avec elle, au lieu de continuer à voler et à mentir, j'ai appris à donner. J'ai passé un an chez elle, et durant cette année, j'ai grandi de quinze centimètres.

Je ne suis jamais retourné chez les Bastarache. Au terme de cette année chez Pénélope, j'ai commencé un apprentissage en cuisine qui a duré trois ans. Puis, mon diplôme en main, après avoir réussi à éviter le service militaire, j'ai commencé à arpenter le monde avec mon appareil photo, mon violon et mon tam-tam. J'ai vu beaucoup de pays et rencontré beaucoup d'amis, de poètes de la jungle, des shamans, des artisans de toutes sortes, plein de frères et de sœurs. Tous m'ont convaincu que je ne suis pas si puant que ça. Au Canada, qui avait été pour moi le pays des loups et des grands espaces, avec l'aide de l'homme le plus extraordinairement humble que j'ai rencontré, Alfred, j'ai posé mes bagages et fait des économies pour me faire réparer ma lèvre supérieure et mes paupières. Alfred s'est occupé de moi comme si j'étais son fils. Il m'a aidé à mettre fin à six années d'accoutumance au L.S.D., à la cocaïne et à l'alcool. Aujourd'hui, je le considère comme mon père spirituel.

Depuis, je suis présentable et les filles m'aiment plutôt bien. Moi j'en aime une à la folie et je le lui dis tous les jours en musique.

Car j'ai repris mon violon pour de bon et je commence à en vivre, même s'il me faut parfois faire la plonge ici et là. Mais tout ça, c'est une autre histoire, une histoire qui a traversé des défis difficiles, mais une histoire de vie sous le signe du chant, du reggae, du rap, de la danse, des transes et de la poésie.

Je n'ai jamais revu Chantale. Il n'y a pas longtemps, un peu pour vérifier si je n'avais pas rêvé toutes ces années, je l'ai appelée:

— Chantale?

— Hein! Comment tu m'as appelée?

— Chantale...

— Qui t'a permis de m'appeler comme ça?

— Moi-même...

— Toujours aussi impertinent... Qu'est-ce que tu veux?

— Je voulais prendre des nouvelles, et aussi savoir

si tu avais toujours des photos de moi quand j'étais petit, et aussi mes plantes séchées.

— Des photos, oui, j'ai des photos...

— Est-ce que tu pourrais m'en envoyer ou faire faire des doubles? c'est tout ce qui peut me relier à autrefois...

— Il n'en est pas question. C'est à nous.

— Ah bon... Tu sais, j'ai fait faire des recherches sur moi, en Corée: on s'est aperçu que je n'avais pas cinq ans quand je suis arrivé à Paris. Il y avait une erreur, je n'avais que trois ans et demi. C'est pour ça qu'on pensait toujours que j'étais en retard sur les autres.

— Nous n'y sommes pour rien.

— Moi non plus... Oh! Il y a autre chose aussi, je réapprends le coréen.

— Tu ne le savais plus?

— Non.

— Tu as toujours eu une petite mémoire.

— Ce n'est pas ce que disent les gens qui m'entourent. Je n'ai pas oublié et je parle toujours l'allemand, l'anglais, le latin. J'ai aussi appris divers créoles et, comme je te l'ai dit, je commence à reparler le coréen et aussi le japonais.

— C'est très bien pour toi, et qu'est-ce que tu vas faire avec tout ça?

— Rien de spécial, parler avec les gens que j'aime. Comment vont les autres?

— Francis est en Bretagne, toujours dans l'armée, il a une bonne place dans la Santé et il fait aussi de la traduction. Paul-André, lui, il travaille à Valenciennes et enseigne le catéchisme au collège privé où tu es allé. Les filles sont à l'université pour des maîtrises, ça va très bien pour elles.

— Et Laetitia, et Mathieu?

— Ça va aussi...

— Tu ne me demandes pas ce que je fais?

— J'ai toujours su que tu ne ferais jamais rien de bon.

— Je vois que rien n'a changé chez toi... Mais il y a une chose que tu ne sais pas encore, Chantale: je n'ai plus peur de toi. C'est fini... Au fait, tu peux être tranquille, je fais changer le nom que tu m'as donné. Pour l'état civil, je ne serai plus Mathias Bastarache, je vais être Johnny Subrock; c'est déjà le nom dont je me suis servi pour publier trois recueils de photographies et de poésie.

— J'imagine le genre... Du porno, sans aucun doute.

— Tu te trompes. Ce sont, au contraire, des photos d'amour, de mon amour pour la vie. Tu vois toujours les autres comme toi-même. Tu sais, il faut que je te le dise, je n'ai eu qu'une seule maman: elle est morte en Corée lorsque j'étais tout petit. Adieu, Chantale.

Et j'ai raccroché, car ça me faisait mal que là-bas, de l'autre côté de l'Atlantique, Chantale soit toujours la même.

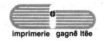

imprimerie   gagné ltée

IMPRIMÉ AU CANADA